数字时代图书馆学情报学青年论丛（第三辑）

YOUNG SCHOLAR MONOGRAPH SERIES ON LIBRARY AND INFORMATION SCIENCE IN THE DIGITAL AGE

武汉商学院学术著作基金资助（商科类）

网络消费者评论挖掘研究

Research on the Mining of Online Consumer Reviews

刘莉琼 著

WUHAN UNIVERSITY PRESS
武汉大学出版社

图书在版编目(CIP)数据

网络消费者评论挖掘研究/刘莉琼著.—武汉：武汉大学出版社，2020.11(2022.4 重印)
数字时代图书馆学情报学青年论丛.第三辑
ISBN 978-7-307-21875-8

Ⅰ.网…　Ⅱ.刘…　Ⅲ.网络营销—顾客满意度—研究　Ⅳ.F713.365.2

中国版本图书馆 CIP 数据核字(2020)第 204664 号

责任编辑:徐胡乡　　责任校对:汪欣怡　　版式设计:马　佳

出版发行：**武汉大学出版社**　(430072　武昌　珞珈山)
(电子邮箱：cbs22@ whu.edu.cn　网址：www.wdp. com.cn)
印刷:武汉邮科印务有限公司
开本:720×1000　1/16　印张:15.75　字数:227 千字　插页:2
版次:2020 年 11 月第 1 版　2022 年 4 月第 2 次印刷
ISBN 978-7-307-21875-8　定价:50.00 元

内容简介

网络消费者满意度是网络消费行为研究的重要内容。以往研究表明满意度是影响忠诚度的一个重要决定变量，提升消费者满意度、维系消费者忠诚度是企业的核心任务。在线评论蕴含大量有价值的消费体验信息，能在一定程度上反映消费者对产品、服务和交互等方面的满意度水平。随着越来越多的电子商务企业开展全渠道营销，多平台评论信息已成为企业开展差异化营销和服务的重要依据。但是，目前对网络消费者满意度影响因素的分析主要基于单一平台，总结的满意度影响因素难以全面反映平台间用户的差异，进而造成平台间个性因素未有效纳入消费者满意度的研究体系，不利于电子商务企业对消费行为做出准确判断并开展差异化营销。因此，本书的研究问题是：如何基于在线评论研究网络消费者满意度影响因素？不同类型平台满意度影响因素的构成和影响程度如何？不同类型平台满意度影响因素的异同及原因？

本书以服装 B2C 电商企业在网络零售平台和社交媒体平台上的在线评论为研究对象，以图像匹配、特征抽取、情感计算和计量分析为主要技术手段，以消费体验理论和社会支持理论为基础，构建了网络消费者满意度影响因素模型，对不同类型平台的网络消费者满意度影响因素进行了对比分析。最后，在实证研究的基础上，进行了跨平台网络营销实践。本书的主要研究内容包括以下七个方面：

(1)基于结构方程模型构建了网络消费者满意度影响因素概念

模型。基于消费体验理论和社会支持理论，提出网络消费者满意度的五个维度(包括：产品体验、服务体验、价值体验、交互体验和社会支持)，构建了网络消费者满意度影响因素概念模型；通过网络问卷调查，面向服装网络消费者获取数据，并利用结构方程模型进行实证分析。研究表明：感知便利、感官体验、质量体验、社会关系、感知价值、推荐和信任对网络消费者满意度具有正向影响，消费者满意度作为中介变量对消费者忠诚度和购买意向具有正向影响。网络消费者满意度影响因素概念模型的构建，为后续的基于海量在线评论文本数据的研究提供参考和依据。

(2)基于图像匹配技术实现了跨平台在线评论的关联。本书选取淘宝网10个深受用户喜爱的金冠级别的女装店铺，分别采集了它们在淘宝网及新浪官方微博中的在线评论信息，两类平台的在线评论通过商品图片形成潜在联系。通过图像匹配技术实现了网络零售平台和社交媒体平台在线评论的关联。跨平台在线评论关联为后续的特征词典建立、网络消费者满意度影响因素分析以及对比研究奠定了基础。

(3)基于LDA模型抽取了不同类型平台的在线评论特征并构建了服装特征词典。根据本书提出的特征抽取的具体研究思路完成了以下工作：基于LDA模型分别对网络零售平台和社交媒体平台的在线评论进行特征抽取，并进行对比分析，发现评论特征主要包括产品特征和交互特征两大类，从而确定服装在线评论的特征构成框架，共分为四级指标体系：类别、特征、子特征和特征项，并人工对各特征项的特征词进行筛选；基于同义词词林对特征词进行特征的归并和特征词的拓展，并完成遗漏词增补，分别确定了网络零售平台和社交媒体平台的特征词表；整合两个特征词表，构建了跨平台在线评论服装特征词典。特征词典兼顾考虑了服装产品在不同类型平台上的在线评论，融合了产品特征和交互特征，为细粒度情感分析的科学有效性提供了保障。

(4)基于情感分析方法完成了不同类型平台的在线评论特征的情感极性和强度计算。通过对在线评论进行情感分析，计算评论特征的情感值，从而将自然语言文本从非结构化数据转化为结构化数据。基于句法依存关系的情感计算主要由情感词典建立、“特征-观点对”抽取、情感极性和强度计算三个主要环节构成。基于中国知网 HowNet 情感词典，结合在线评论中提取的形容词、动词和副词，构建了通用情感词典，并针对服装领域加入了具有情感特性的先验知识，以提升情感分类效果，构建了领域情感词典；在跨平台在线评论特征词典和情感词典的基础上，采用依存句法分析方法抽取了“特征-观点对”；明确情感词的权值，通过情感极性和强度计算得到了各特征的情感值，实现了细粒度情感分析。情感计算为网络消费者满意度影响因素的实证研究创造了条件。

(5)基于计量分析方法构建了网络消费者满意度影响因素模型。运用多元线性回归方法，分别分析了网络零售平台和社交媒体平台的网络消费者满意度影响因素。以服装特征词典的 22 个特征项的情感值为自变量，以网络消费者满意度的代表性指标为因变量，采用逐步回归法分析了网络消费者满意度的影响因素。分别构建了两类平台的网络消费者满意度影响因素模型。

(6)基于对比研究发现了不同类型平台的网络消费者满意度影响因素的异同并分析了原因。两类平台的差异性表现在：第一，质量体验(质量、面料)、感知价值(价值)、感知便利是影响网络零售平台消费者满意度的主要因素；而功能体验(款式)、社会化促销、信任是影响社交媒体平台消费者满意度的主要因素。第二，功能体验(颜色、款式)、社会化促销不是影响网络零售平台消费者满意度的显著因素；而感知便利、感知响应和推荐不是影响社交媒体平台消费者满意度的显著因素。两类平台的相似性表现在：第一，感官体验(如穿着效果、搭配)和社会关系(如朋友)对两类平台的消费者满意度均产生显著影响。第二，信息交互对两类平台的消费者满意度均不产生显著影响，并从网络消费行为的特点、不同类型平台的特点和 B2C 电子商务企业经营的特点三个方面分析了差异性的原因。基于研究结论提出了对策和建议，分别为：构建社交电商全过程购物体验；针对不同类型平台的消费者满意度开展差异化营销；推动网红模式由单向主导向双级共生发展；建立多平台联动机制。

（7）基于案例分析方法完成了跨平台的网络营销实践。在网络消费者评论挖掘的结论的基础上，运用案例分析方法完成了跨平台的网络营销实践，其中体验营销是基础，社交电商营销是主要体现，全渠道营销是趋势。以特定的服装网络店铺为研究对象，运用三种可视化客户体验工具（客户画像、客户体验图和客户旅程图）进行分析，客观化、简洁化和逻辑化地展示了研究结果，进而针对性地提出服装企业体验营销策略。通过典型案例分析和对比研究，总结了开展社交电商的营销三部曲：打造爆款、精准营销、品牌提升，并提出了服装企业社交电商营销策略。以全渠道客户旅程体验图为实践基础，总结了服装企业全渠道营销策略。

基于网络零售平台和社交媒体平台的在线评论对网络消费者满意度影响因素和网络营销策略进行研究，有助于服装 B2C 电子商务企业从不同的视角全面认识消费者满意度的影响因素，从不同的场景分析消费者行为和体验，为服装 B2C 电子商务企业的科学经营决策提供指导；有助于相关学者全面系统地研究消费者满意度和消费体验，为相同领域研究者提供研究方法和理论参考。

前　言

本书以服装 B2C 电商企业在网络零售平台和社交媒体平台上的在线评论为研究对象，以图像匹配、特征抽取、情感计算和计量分析为主要技术手段，以消费体验理论和社会支持理论为基础，构建了网络消费者满意度影响因素模型，对不同类型平台的网络消费者满意度影响因素进行了对比分析。最后，在实证研究的基础上，进行了跨平台网络营销实践。

本书的创新点主要包括以下三个方面：

(1)融合产品特征和交互特征完善了网络消费者满意度影响因素体系

在线评论是使用自然语言以文本形式表达的消费者的体验、评价或意见。研究在线评论特征有助于挖掘网络消费者满意度影响因素。本书基于消费体验理论和社会支持理论，对网络零售平台和社交媒体平台的在线评论分别进行特征抽取，提出了服装在线评论的特征构成框架，共分为四级指标体系：类别、特征、子特征和特征项。一级指标包括产品特征和交互特征 2 个类别；二级指标包括产品体验、服务体验、价值体验、交互体验和社会支持 5 个特征；三级指标包括质量体验、感知便利、感知价值、社会化促销、信任等 11 个子特征；四级指标包括颜色、款式、搭配、物流、朋友等 22 个特征项。为后续的细粒度情感分析奠定了理论基础。提出的社会化促销、信息交互、社会关系等因素丰富了交互特征的构成维度，完善了网络消费者满意度影响因素体系，以跨平台评论大数据驱动了网络消费者满意度理论的扩展，具有一定的理论价值。

(2)通过对比研究发现了不同类型平台网络消费者满意度影响因素的异同

本书通过对不同类型平台的消费者满意度影响因素进行对比研究发现，差异性主要表现在：第一，质量体验(质量、面料)、感知价值(价值)、感知便利是影响网络零售平台消费者满意度的主要因素；而功能体验(款式)、社会化促销、信任是影响社交媒体平台消费者满意度的主要因素。第二，功能体验(颜色、款式)、社会化促销不是影响网络零售平台消费者满意度的显著因素；而感知便利、感知响应和推荐不是影响社交媒体平台消费者满意度的显著因素。另外，通过对在线评论特征进行对比分析发现，网络零售平台消费者十分关注质量体验(质量)和感知便利，而社交媒体平台消费者对二者的关注度大幅下降。通过对比研究发现，不同类型平台也存在相同的影响因素，相似性具体表现在：第一，感官体验(如穿着效果、搭配)和社会关系(如朋友、亲人)对两类平台的消费者满意度均产生显著影响。第二，信息交互对两类平台的消费者满意度均不产生显著影响。通过对比研究明确了不同类型平台的消费者满意度影响因素的差异性和相似性，并从网络消费行为的特点、不同类型平台的特点和 B2C 电子商务企业经营的特点三个方面分析了差异性的原因，对 B2C 电子商务企业的多平台联动提供决策依据，具有一定的实践价值。

(3)运用技术增强手段丰富了网络消费者满意度影响因素的研究方法

面向多平台大规模评论语料对网络消费者满意度影响因素进行分析，对于国内外学者和管理者们而言都是富有挑战的课题。本书运用技术增强手段，将理论驱动与数据驱动结合起来，实证研究了网络消费者满意度影响因素。在消费体验理论和社会支持理论的基础上，利用结构方程模型构建了网络消费者满意度影响因素概念模型。运用图像匹配技术对服装 B2C 电商企业在网络零售平台和社交媒体平台的在线评论进行关联，并建立语料库。基于 LDA 模型分别抽取不同类型平台的在线评论的产品特征和交互特征，确定服装在线评论的特征构成框架，进而构建跨平台在线评论特征词典。采用情感分析方法完成了在线评论特征的情感极性和强度计算。借助计量分析方法构建了网络消费者满意度影响因素模型。本书运用技术增强手段进行研究，丰富了网络消费者满意度影响因素的研究方法，具有一定的研究参考价值。

目　　录

图 目 录

表 目 录

1 绪 论

1.1 背景及意义

1.1.1 背景

(1) 多平台在线评论成为研究网络消费行为的重要来源

在线评论是用户生成内容(user generated content，UGC)的一种重要形式，是消费者基于个人使用体验创建的产品信息。随着互联网技术的快速发展，发布在线评论的网络平台呈现多元化趋势，主要有以下三大类：网络零售平台、独立第三方评价平台和社交媒体平台。① 在线评论来源已由单一平台向多平台转换。

网络零售平台主要以淘宝网、天猫网、京东商城等电子商务网站为典型代表。网络零售平台是在线评论的主要来源。在线评论系统由亚马逊网站首创，并推动各类零售网站的评论系统涌现。在电子商务网站购买过商品的消费者在交易成功后，可对其所购买的产

① 李兵，徐玮佳，张婧璇．利用微博数据的产品评价方法研究——以“安卓系统”评价为例[J]．现代图书情报技术，2014(4)：92-98.

品以文字、符号、图片、视频等形式进行评价，并给出相应的评分或评级。消费者通过在线评论分享有关产品、服务、品牌等的体验、观点和情感倾向，同时通过阅读他人的评论来辅助购物决策。

独立第三方评价平台有 Yelp. com、Epinions. com、大众点评网等。第三方平台主要为用户提供商户信息、消费评价及消费优惠等本地生活信息服务，搭建的互动平台为消费者以第三方角度发布消费体验提供了渠道。此类网站自身并不产生点评内容，而是一个信息聚合平台，将相关评价信息进行分类整合后展示给受众参考。①

社交媒体平台包括博客类（如 Twitter、新浪微博、网易博客）、SNS 类（如 Facebook、MySpace、人人网、开心网）、Mobile chat 类（如微信）等。用户在这些社交媒体平台中生成、获取、使用、分享的信息包含大量的在线评论信息。社交媒体是深受大众喜爱的记录心情、交流意见、参与话题、抒发情感的网络场所，其中蕴含的在线评论内容通常是非刻意产生，相对而言更为真实，但大部分信息具有零散性、高噪声、随机性和碎片化等特征。②

多平台在线评论成为研究网络消费行为的重要来源。随着越来越多的电子商务企业开展全渠道营销，多平台评论信息已成为企业提供差异化服务的重要依据。本研究中所涉及的在线评论为消费者在商家的网络零售平台及社交媒体平台上发布的评论。这些商家为服装 B2C 型的电子商务企业，他们在网络零售平台销售产品的同时，也在社交媒体平台上开通了官方的账号。目标消费者群体在购买商品后或者与商家交流互动时，产生了海量的在线评论。

① 吕秀莹．浅析 Web2.0 环境下我国第三方点评网站的发展现状——以大众点评网和豆瓣网为例[J]．东南大学学报（哲学社会科学版），2011，13(S1)：87-92.

② Yang C C, Ng T D. Analyzing and visualizing web opinion development and social interactions with density-based clustering [J]. IEEE Transactions on Systems, Man, and Cybernetics-Part A: Systems and Humans, 2011, 41(6): 1144-1155.

(2)社交电商成为推动多平台联动经营的重要因素

随着互联网时代的快速发展，消费者的地位发生着显著的变化。电子商务已经从以产品为导向转化为以消费者为导向，消费者的购物体验和价值共创已受到研究人员的关注。在网络购物过程中，消费者不仅追求快速、方便、安全等需求，更加追求经验分享、体验评价、情感交流等社交性和娱乐性的功能，消费者的多平台参与和购买习惯逐渐形成。B2C 电子商务企业积极开展全渠道营销，线上通过多平台联动，尝试将网络零售功能和社交媒体技术有机结合起来，在吸引注意力、增强消费体验的同时，促进销售并提升满意度水平。

社交电商(social commerce)是新型电子商务的重要表现形式之一。广义上来说，所有运用社会化技术手段的商务形式都属于社交电商范畴。主要借助 SNS、微博、社交媒介、网络媒介等传播途径，通过用户自生内容、社交互动等手段来辅助商品的购买和销售行为。近年来我国的社交媒体发展迅速，例如：截至 2017 年 12 月 31 日，新浪微博的月活跃用户高达 3.92 亿，已成为中国领先的社交媒体。① 许多企业为了提高用户体验和满意度都尝试采用网络购物与网络社交相结合的方式。按照业务侧重点的不同，我国的社交电商可分为如下三种类型：基于社交媒体的社交电商(如人人爱购、微信商城)、基于电子商务的社交电商(如淘宝网的淘江湖、蘑菇街)和第三方社交电商。② 社交电商具有巨大的发展空间。

社交电商的发展结合了人、商业、技术和信息多个维度，其中人的社会关系以及人际互动是十分重要的环节。研究表明，网络口

① 新浪微博 . 2017 年第四季度及全年财报[EB/OL]. [2018-02-13]. https://weibo.com/1642634100/G2Wk5pMaq? type=comment.

② 朱小栋，陈洁 . 我国社交化电子商务研究综述[J]. 现代情报，2016，36(1)：172-177.

碑对消费者购买意向存在影响,① 其中意见领袖起着关键性的作用，因此持续成为关注焦点。近年来，互联网技术和社交电商的发展为网络红人(简称“网红”)的多元泛化提供了土壤。具有人格魅力的网红，凭借强大的号召力聚集同属性人群，带动社群形成，不仅可以降低电子商务平台流量成本，而且能提升网络营销的效率和转化率。2016年，由易观智库和蘑菇街②联合发布的《中国网红经济下的女性社会化电商发展研究报告2016》指出，网红经济下，女性社交电商深度挖掘网络红人自制内容、自生流量的价值，与网上购物消费场景构建相结合，直播成为网红电商重现消费场景的重要工具。③ 数据显示，目前网红以女性、21~26岁、一二线城市、模特等为主要特征，网红能够帮助网络店铺提升经营效率、增加用户黏性，如在客单价、单品价、复购指标中，网红店均高于普通店。目前，社交电商发展迅速、形式多样、注重体验，吸引了实践界和理论界的广泛关注。社交电商成为推动多平台联动经营的重要因素。

(3)多方法融合成为研究网络消费者满意度影响因素的重要方式

已有研究成果中，网络消费者满意度的研究方法主要使用建模、测验和调查三种方法中的两种或者三种，即先建立模型，然后通过问卷调查等方式搜集数据，最后运用一定的统计或数理方法对数据进行处理和分析，并得出结论。另外，网络消费者满意度影响因素的研究方法主要以结构方程模型和层次分析等应用较多。传统研究方法在面对评论文本数据时无法达到预期目标。

现阶段，面向多平台大规模评论语料对网络消费者满意度影响

① 高琳，李文立，柯育龙．社会化商务中网络口碑对消费者购买意向的影响：情感反应的中介作用和好奇心的调节作用[J]．管理工程学报，2017(4)：15-25.

② http：//www. mogujie. com/.

③ 易观智库(Analysys)，蘑菇街．中国网红经济下的女性社会化电商发展研究报告2016[EB/OL]．[2016-11-02]．https：//www. analysys. cn/analysis/trade/detail/1000368/.

因素进行分析，对于国内外学者和管理者们而言都是富有挑战的课题。目前从非结构化的评论文本中挖掘满意度影响因素的方法比较单一，总结的满意度影响因素体系不够完整，特别是对不同类型平台的消费者满意度影响因素的差异缺乏系统研究。

面对新形势需要运用新思维新方法，迫切需要探索多方法融合的研究方式解决复杂的研究问题。大数据时代已由数据驱动(data-driven)的1.0阶段发展为理论驱动(theory-driven)的2.0阶段，并向数据驱动理论(data-driving-theory)的3.0阶段演进。本书将在此背景下，运用技术增强的手段，将模型驱动与数据驱动结合起来，尝试通过图像匹配、特征抽取、情感计算和计量分析等多种研究方法分析网络消费者满意度影响因素，并比较不同类型平台的异同。多方法融合成为研究网络消费者满意度影响因素的重要方式。

(4)服装产品成为网络零售热门产品的重要代表

中国网络零售业蓬勃发展，网络购物用户规模庞大，交易规模增长快速。中国互联网络信息中心(CNNIC)发布的第41次《中国互联网络发展状况统计报告》显示，截至2017年12月，中国网民规模达7.72亿，互联网普及率为55.8%，超过全球平均水平(51.7%)4.1个百分点。商务交易类应用持续高速增长，其中网络购物用户规模达到5.33亿，相较2016年增长14.3%。① 根据国家统计局发布的《中华人民共和国2017年国民经济和社会发展统计公报》数据，网络零售继续保持高速增长，2017年全年网上零售额71751亿元，比上年增长32.2%。其中网上商品零售额54806亿元，增长28.0%，占社会消费品零售总额的比重为15.0%。②

服装作为网络零售的主力产品，线上交易呈稳定增长态势。

① 中国互联网络信息中心(CNNIC). 第41次《中国互联网络发展状况统计报告》[EB/OL]. [2018-03-05]. http://www.cnnic.net.cn/hlwfzyj/hlwxzbg/hlwtjbg/201803/P020180305409870339136.pdf.

② 中华人民共和国国家统计局. 中华人民共和国2017年国民经济和社会发展统计公报[EB/OL]. [2018-02-28]. http://www.stats.gov.cn/tjsj/zxfb/201802/t20180228_1585631.html.

Euromonitor International(欧睿信息咨询有限公司)统计数据显示，2011年我国网购服饰市场规模仅为525.95亿元，而至2016年这一规模则增长至5590.77亿元。中商产业研究院预测，2017年我国网购服饰市场规模将达6320.11亿元。相关公开数据显示，2017年天猫全球狂欢节“双11”全天成交额1682亿元，同比增长39.35%，增速惊人。热门产品品类包括家电、手机、服装、个人护理、母婴用品等。其中，当日销售额排行前50的店铺中有20个为服装类店铺。另外，目前中国女装品牌有1.1万家，女装网店有400多万家。可见，服装产品成为网络零售热门产品的重要代表。本书以服装产品为例，对网络消费者满意度影响因素展开探讨。

1.1.2 意义

(1)理论意义

将图像匹配技术拓展到跨平台在线评论研究领域。图像匹配技术作为图像信息处理领域的一项极为关键的技术，已经被广泛地应用于机器视觉领域、医学分析领域、对运动目标的检测领域、工业检测领域等，但较少运用于电子商务领域，特别是社交电商在线评论研究方面。同时，以往关于社交电商的研究受到研究手段的制约，主要选择典型的社交电商平台作为研究对象，缺乏对当今应用面广、受众群体大的“零售平台+社交媒体平台”模式的研究。因此，本书通过图像匹配技术，实现B2C电商企业在网络零售平台和社会化平台的在线评论的关联，将对于拓展社交电商研究范围和促进商务智能的发展奠定一定的理论基础。

构建服装跨平台在线评论的特征词典。特征抽取是细粒度情感分析的基础，特征抽取的准确性对后续研究非常重要。因此，特征词典的建立能有效提高情感计算的效率。本书基于消费体验理论和社会支持理论，通过跨平台在线评论抽取产品特征及交互特征，并构建服装特征词典。采用无监督主题模型对大规模文本语料的特征进行抽取，并基于同义词词林进行特征词拓展，能够在一定程度上保障服装特征词典构建的效率和普适性。基于跨平台在线评论构建服装特征词典有助于服装领域特征词典的进一步完善。

完善网络消费者满意度影响因素体系。以往关于网络消费者满意度的研究主要立足于美国消费者满意度指数模型 ACSI，从顾客期望、感知质量、感知价值的角度进行延展讨论，理论上的突破空间有限。本书基于消费体验理论和社会支持理论，对网络零售平台和社交媒体平台的在线评论进行特征抽取，提出了服装在线评论的特征构成框架，共分为四级指标体系：类别、特征、子特征和特征项。一级指标包括产品特征和交互特征 2 个类别；二级指标包括产品体验、服务体验、价值体验、交互体验和社会支持 5 个特征；三级指标包括质量体验、感知便利、感知价值、社会化促销、信任等 11 个子特征；四级指标包括颜色、款式、搭配、物流、朋友等 22 个特征项。这为后续的细粒度情感分析奠定了理论基础，完善了网络消费者满意度影响因素体系，具有一定的理论价值。

(2) 实践意义

深度挖掘在线评论数据价值。在线评论特征抽取是对网络用户生成内容中有关产品评论的文本数据进行处理，挖掘的特征信息是潜藏在海量的在线评论中的信息聚合。对在线评论的情感分析，能从文本中分析出人们对于企业、产品等实体及其属性所持有的观点和情感倾向。消费者在产品评论或交互环节中生成的内容，会产生大量的有价值的信息。本书基于跨平台在线评论进行图像匹配、特征抽取、情感计算和计量分析，能够提高基于社交电商研究视角的在线评论挖掘价值。

为 B2C 电子商务企业的多平台联动提供决策依据。通过对网络消费者满意度影响因素进行实证研究和对比研究，能够系统总结网络消费者满意度影响因素，确定各因素的影响程度，比较不同类型平台的异同，从而为服装 B2C 电商企业的多平台联动提供决策依据。企业需要同时关注产品特征因素和交互特征因素，不仅从产品质量、穿着效果、物流配送等传统环节提升质量，而且要从社会化促销、朋友关系等方面增强营销互动和需求满足能力。在多平台联动经营过程中，能够明确不同类型平台的满意度影响因素的相似性和差异性，从而合理分配资源，开展差异化营销。网络消费者满意度影响因素是决定网络消费者购物体验和评价的基础，网络消费者满意度影响因素模型是企业满足网络顾客需求、提高自身核心竞争力的保障。

为相关领域研究者提供研究方法参考。目前基于非结构化的评论文本分析网络消费者满意度影响因素的任务难度大，方法比较单一，特别是在面对跨平台在线评论时难以实现预期目标。本书运用技术增强手段，将理论驱动与数据驱动结合起来，综合运用图像匹配、特征抽取、情感计算和计量分析等技术，以及对比研究和实证分析等方法，得出了明确的研究结论。有助于相关学者全面系统地研究消费者满意度，能为相关领域研究者提供研究方法参考。

为网络消费者提供购物决策支持。消费者在网络购物时习惯从在线评价中寻求有价值的信息作为参考，并结合自身的专业知识和以往的交易经验做出决策，但总体而言决策依据具有感性认知、随机性、参差不齐等特点。网络消费者满意度影响因素模型的提出，给网络消费者提供了更为完整有效的决策支持体系，从而帮助其理性、科学决策，并最终提升满意度水平。

1.2 国内外研究现状分析

1.2.1 相关文献梳理

本书基于在线评论主要采用文本挖掘的方法对网络消费者满意度进行研究，按照涉及范围可以从以下五个方面对其相关研究进行归纳：在线评论文本挖掘、在线评论特征抽取、在线评论情感分析、社交电商情境下的在线评论分析以及基于在线评论的消费者满意度研究。

在国内文献的数据源方面，本书选择了 CNKI 网络期刊总库、中国博士学位论文全文数据库、中国优秀硕士学位论文全文数据库，并以万方数据知识服务平台作为补充，论文发表的起止时间不限，检索时间为 2017 年 11 月 10 日。在国外数据源方面，选择科睿唯安的 Web of Science 数据库平台进行文献的搜集和整理，检索时间与国内文献相同，并以 EI 数据库为补充。以在线评论(online reviews/online consumer reviews/online customer reviews/online product reviews/user-generated reviews)为第一关键词，以文本挖掘(text mining)、特征抽取(feature extraction)、情感分析(sentiment analysis)、社交电商(social commerce)、消费者满意度(consumer satisfaction/customer satisfaction)为第二关键词分别对主题、题名、关键词、摘要等可检索字段进行检索，并将重复或与研究主题不相符的文献剔除，获得国内外相关文献趋势如图 1-1 所示。

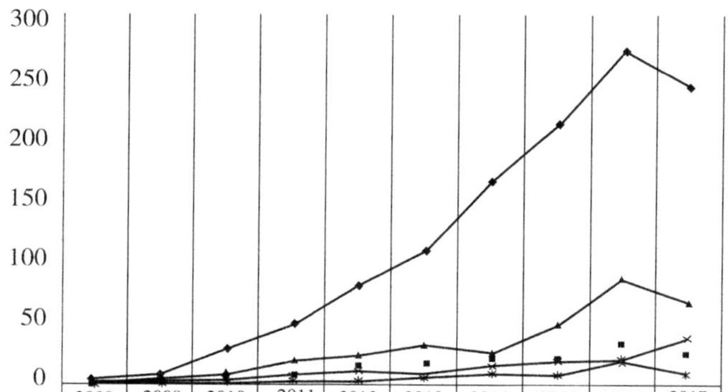

	2008	2009	2010	2011	2012	2013	2014	2015	2016	2017
—◆—在线评论&文本挖掘	4	8	27	49	80	107	163	212	271	243
—■—在线评论&特征抽取	1	3	5	7	16	18	22	21	34	26
—▲—在线评论&情感分析	3	2	7	19	22	31	24	49	86	66
—×—在线评论&消费者满意度	3	2	2	7	10	8	15	19	19	38
—✳—在线评论&社交电商	0	0	1	2	3	5	9	8	21	9

图 1-1 国内外相关文献统计

以“在线评论”为研究对象的文献中，“文本挖掘”“特征抽取”“情感分析”均于 2008 年左右开始出现相关研究成果，并呈现上升趋势，近两年达到最热，至今分别有 1164、153 和 309 篇相关论文，其中关于文本挖掘的研究成果最多。基于“在线评论”探讨“消费者满意度"的论文从 2008 年开始出现，2017 年达到最热，呈现明显的上升趋势，至今共有 123 篇论文。另外，在"社交电商"情境下对"在线评论"进行研究的科研论文较少，至今只有 58 篇。可见，基于在线评论的网络消费者满意度影响因素研究，技术上已经相对成熟，并且具有很强的研究热度。综上所述，本研究既有一定的技术和理论研究支撑，又有较强的发展与研究空间。

1.2.2 在线评论研究进展

大多数的电子商务网站、独立第三方评价网站和和社交媒体平台可以为用户提供星级评价和评论功能。目前，很多消费者已经形成在网络购物前查看他人评价的习惯。在线评论内容十分丰富，能提供大量的有价值的产品信息，可以帮助消费者减少购物风险并做出更理智的购物决策。① 企业也可以借助在线评论深入地了解消费者需求，掌握市场和技术动态，发现商业机会，从而更好地提升网络消费者满意度和企业综合实力。近年来，在线评论引起了学者们的关注，并已积累了一定的研究成果。

在线评论(online reviews，ORs)，又称在线消费者评论(online consumer reviews，OCRs)或用户生成内容(UGC)。② 在线评论和传统的口碑概念较为相似，属于网络口碑，被定义为由潜在的、实际的或者过去的消费者对产品或企业发表的任何积极的或消极的言论，并通过互联网公布给众多的人和机构。③ 在线评论是使用自然

① Chen Y，Xie J. Online consumer review：Word-of-mouth as a new element of marketing communication mix[J]. Management Science，2008，54(3)：477-491.

② 王永，陶娅芝，张勤. 中文网络评论中的产品特征情感倾向提取算法研究[J]. 重庆邮电大学学报(自然科学版)，2017，26(1)：75-83.

③ Hennig-Thurau T，Gwinner K P，Walsh G，et al. Electronic word-of-mouth via consumer-opinion platforms：What motivates consumers to articulate themselves on the Internet? [J]. Journal of Interactive Marketing，2004，18(1)：38-52.

语言以文本形式表达的消费者的体验、评价或意见，具有及时性、数量巨大、非结构化和内容复杂等特点。①

国内外学者对在线评论的研究成果主要包括三个方面：在线评论的价值评估、在线评论文本挖掘和在线评论的商业应用。

(1)在线评论的价值评估

以往关于在线评论的价值评估方面的研究，主要目的是探讨在线评论文本的重要性，以及其对各种参数的影响。

在线评论的重要性。相关的研究尝试探索了不同情境下，包括评分评级在内的各种评论因素的影响。Gordon 等研究并总结了在线评论的重要性及其对公众舆论的影响。因此，评论中透露出的良好情绪和偏好直接关系到产品和服务的提供企业。② Gretzel 和 Yoo 讨论了消费者怎样使用酒店的在线评论。③ 在线评论的可信度受到了学者的检验。Cheung 等通过问卷调查数据，把评论的来源可靠性、论证质量、评论一致性、评论片面性、评论人的专业知识和重要性作为审查可信度的前提。④ 研究人员进一步研究了驱使消费者贡献在线评论的动机。Cheung 和 Lee 论证了声誉、互惠、归属感、帮助他人的乐趣和道德义务，都是促使在线评论产生的可能前提。

---

① 马艳丽，胡正明．2006—2011 年在线评论研究：主题分析和趋势展望[J]．经济与管理评论，2012(6)：69-75.

② Gao G，Gu B，Lin M. The dynamics of online consumer reviews[J]. 2006.

③ Gretzel U，Yoo K H. Use and impact of online travel reviews[C]// Information and Communication Technologies in Tourism，Enter 2008，Proceedings of the International Conference in Innsbruck，Austria. DBLP，2008：35-46.

④ Cheung M Y，Sia C L，Kuan K K Y. Is this review believable? A study of factors affecting the credibility of online consumer reviews from an ELM perspective[J]. Journal of the Association for Information Systems，2012，13(8)：618-635.

在这些因素中，声誉、归宿感和帮助他人的乐趣成为重要的激励因素。① 为了检验在线评论的相关性，一些评论的属性也被研究提及。Hao 等探讨了评论属性的影响，以及产品类型(搜索型产品和体验型产品)对消费者决策的影响。对消费者决策的显著影响证实了在线评论的相关性。②

在线评论的构成及属性。在线评论的效价、体量、质量和风格等属性均被讨论涉及。Chang 和 Wu 研究了读者对网络口碑的采用，并以品牌承诺为调节变量。③ Sparks 等探索了酒店如何应对负面的在线评论和客户的看法。虽然该文的基本目标是围绕酒店给出的响应和响应的属性，如速度、源、声音或动作等，但反应完成的中心变量是负的在线评价的效价。④ Pan 和 Chiou 从评论的网络来源、评论的效价和产品类型(体验型产品和搜索型产品)的角度，探讨在线信息的可信度。⑤ Shen 等对在线评论的量化特征进行了评估，以研究其对产品质量的影响。研究了效价极性、效价强度和社会背景三种在线评论属性的影响。⑥ 在线评论的上下文差异也被

① Cheung C M K, Lee M K O. What drives consumers to spread electronic word of mouth in online consumer-opinion platforms[J]. Decision Support Systems, 2012, 53(1): 218-225.

② Hao Y Y, Ye Q, Li Y J, et al. How does the valence of online consumer reviews matter in consumer decision making? Differences between search goods and experience goods[C]//Hawaii International Conference on System Sciences. IEEE, 2010: 1-10.

③ Chang H H, Wu L H. An examination of negative e-WOM adoption: Brand commitment as a moderator[J]. Decision Support Systems, 2014, 59(1): 206-218.

④ Sparks B A, So K F K, Bradley G L. Responding to negative online reviews: The effects of hotel responses on customer inferences of trust and concern[J]. Tourism Management, 2016(53): 74-85.

⑤ Pan L Y, Chiou J S. How much can you trust online information? Cues for perceived trustworthiness of consumer-generated online information[J]. Journal of Interactive Marketing, 2011, 25(2): 67-74.

⑥ Shen Y, Li S, Demoss M. The effect of quantitative electronic word of mouth on consumer perceived product quality [J]. International Journal of Management & Marketing Research, 2012(5).

作为评论属性进行了研究，结论表明它对感知不同的有价值的评论具有显著的影响。① 这些发现表明，在理解上下文时应保持审慎态度。而消费者在评论享乐产品和实用产品时的写作风格，也被研究者视为评论文本的属性进行了论证。结论是产品类型对评论文本中的修辞语言存在调节作用，并且具象性的写作风格只有对享乐产品才具有影响力。②

在线评论的有用性。国内外的大量文献集中在探讨在线评论的有用性(review helpfulness)方面。中外学者先后从感知价值③、有用程度④和影响力⑤的角度定义在线评论有用性。概括而言，能够增强或降低在线评论有用性的影响方面主要有6个，分别是评论特征、评论者特征、阅读者特征、产品类型、评论平台和品牌声誉。通过对现有研究成果进行分析和汇总，可以发现每个影响方面的因素构成。评论特征主要包括：评论内容、评论星级、评论长度、可读性和及时性。评论者特征主要包括：个人身份信息、声誉和专业知识(或评论者经验)。阅读者特征即消费者特征，主要包括：个人特点(如是否为防御型)、购物经验、时间距离和社会距离。评论平台主要包括：平台类型(如卖家平台、第三方平台、消费者自建平台)、平台特点(如易用性感知、可信度和专业性等)。产品类

① Wulff J, Hardt D. Can you trust online ratings? Evidence of system-atic differences in user populations[C]//Proceedings of the 22nd European Conference on Information Systems. Association for Information Systems, 2014: 0-12.

② Kronrod A, Danziger S. "Wii will rock you!" The use and effect of figurative language in consumer reviews of hedonic and utilitarian consumption[J]. Journal of Consumer Research, 2013, 40(4): 726-739.

③ Mudambi S M, Schuff D. What makes a helpful online review? A study of customer reviews on amazon. com[M]. Society for Information Management and The Management Information Systems Research Center, 2010.

④ Pan Y, Zhang J Q. Born Unequal: A study of the helpfulness of user-generated product reviews[J]. Journal of Retailing, 2011, 87(4): 598-612.

⑤ 黄卫来，潘晓波．在线商品评价信息有用性模型研究——纳入应用背景因素的信息采纳扩展模型[J]. 图书情报工作，2014(s1): 141-151.

型主要包括：搜索型产品和体验型产品、实用型产品和享乐型产品、渐进性产品和革新性产品。品牌声誉包括：高品牌声誉和低品牌声誉。其中，评论特征、评论者特征和阅读者特征对在线评论有用性的影响显著，研究较多；评论平台、评论类型和品牌声誉近年来逐渐受到关注，成为有益补充。

大量研究结果表明：学者们对于评论星级对评论有用性的影响并没有得出一致结论，但负面评论的价值日益受到关注。①② 非正式内容、产品优缺点信息、比较性描述等会提高评论有用性，不同类型的情绪也会对其产生影响。评论长度（评论内容的字数）越长，评论有用性越高，但是，当评论长度超过一定范围，则会起反作用。③④ 评论及时性和可读性也被证明正向影响评论有用性。在评论者特征方面，学者们观点比较一致，认为评论者身份信息（如姓名、照片、地址、性别等）披露、评论者声誉显著影响评论有用性，但对于专业知识的作用意见大相径庭，分别持正向、负向、无显著影响的观点。与评论特征、评论者特征的研究文献相比，有关阅读者特征对评论有用性的研究较少，研究发现消费者倾向于认为时间距离和社会距离有助于增加评论价值。⑤ 另外，结合产品类型的研究越来越多。虽然对在线产品的分类不尽相同，结论也有差

① 廖成林，蔡春江，李忆．电子商务中在线评论有用性影响因素实证研究[J]．软科学，2013，27(5)：46-50.

② Park S，Nicolau J L. Asymmetric effects of online consumer reviews[J]. Annals of Tourism Research，2015(50)：67-83.

③ 殷国鹏，刘雯雯，祝珊．网络社区在线评论有用性影响模型研究——基于信息采纳与社会网络视角[J]．图书情报工作，2012，56(16)：140-147.

④ Kuan K K Y，Hui K L，Prasarnphanich P，et al. What makes a review voted? An empirical investigation of review voting in online review systems[J]. Journal of the Association for Information Systems，2015，16(1)：48-71.

⑤ 王军，丁丹丹．在线评论有用性与时间距离和社会距离关系的研究[J]．情报理论与实践，2016，39(2)：73-77.

异，但多项研究结果显示产品类型对评论有用性存在调节作用。①②③ 对评论平台的研究不多，主要集中在两个方面，一方面关注不同类型的平台对评论有用性的影响；另一方面分析平台特点对评论有用性的影响。目前有学者提出品牌声誉同样能起到调节作用，但总体而言研究成果偏少，且结论不统一。

在线评论的重要性和有用性已被学者们证实，同时对于在线评论中结构化数据的价值挖掘已较为充分。然而，这部分研究虽然对评论内容有所涉及，但不够深入，相关实证研究发现评论的语义特征（评论中的情感倾向）对评论有用性影响最大，而评论的格式特征（如评论字数、评论中包含的句子数等）对评论有用性的影响最小。④ 仍需进一步运用文本挖掘技术进行语义分析，从而从海量的非结构化文本数据中发现隐含的有用信息。

（2）在线评论文本挖掘

文本挖掘（text mining）是从以文本形式存在的非结构化数据中抽取新颖、有效、可理解、有价值的知识，并且利用这些知识更好地组织信息的过程。以交互为主要特征的 Web2.0 时代的来临，催生了海量的 UGC 文本数据，文本挖掘日益成为信息管理和电子商务领域的研究热点。1995 年，Feldman 首次提出文本挖掘的概念，即文本挖掘（文本知识发现）是从非结构化的文本数据中抽取用户

① Bae S, Lee T. Product type and consumers' perception of online consumer reviews[J]. Electronic Markets, 2011, 21(4): 255-266.

② 王平，代宝．消费者在线评论有用性影响因素实证研究[J]．统计与决策，2012(2)：118-120.

③ 江晓东．什么样的产品评论最有用？——在线评论数量特征和文本特征对其有用性的影响研究[J]．外国经济与管理，2015，37(4)：41-55.

④ Cao Q, Duan W, Gan Q. Exploring determinants of voting for the "helpfulness" of online user reviews: A text mining approach[J]. Decision Support Systems, 2011, 50(2): 511-521.

感兴趣的、重要的模式或知识的过程，它可以看作是数据挖掘的延伸。① 1996 年，Etzioni 最早将数据挖掘技术应用于网上文本信息抽取，研究对象为互联网上大量的超文本资源。②

以往学者们将文本挖掘方法概括为：信息抽取、主题抽取、分类、摘要和聚类。③④ 在此基础上，Anand 等认为以前的文献贡献主要表现为两个方面：特征抽取及文本摘要、情感挖掘。⑤ 在文本挖掘领域广泛使用计算机辅助分析和人工分析两类技术方法。关于在线评论文本挖掘的实现技术，中国学者认为主要集中于在线评论信息抽取(特征提取)、情感分析和文本分类。⑥ 其中，情感分析以信息抽取为基础，同时文本分类以信息抽取和情感分析为基础。因此本书将根据学者们的研究结论从信息抽取和情感分析两个方面对在线评论文本挖掘进行综述和研究。

信息抽取。信息抽取(information extraction)即网络信息抽取，是指从在线平台的文本数据中抽取特定的、需要的、事实性的信息。

特征提取是信息抽取中重要的研究内容。一般而言，特征提取包括两大类方法：一类方法为特征选择(feature selection)，指的是

① Feldman R, Dagan I. Knowledge discovery in textual databases (KDT)[C]//International Conference on Knowledge Discovery and Data Mining. AAAI Press, 1995: 112-117.

② Etzioni O. The world-wide web: Quagmire or gold mine? [J]. Communications of the Acm, 1996, 39(11).

③ Gupta V, Lehal G S. A survey of text mining techniques and applications [J]. Journal of Emerging Technologies in Web Intelligence, 2009, 1(1): 60-76.

④ Devi S, Kini M. A survey on text mining approaches[J]. International Journal of Combined Research & Development (IJCRD), 2015, 4(2): 251-256.

⑤ Anand O, Srivastava P R, Rakshit A. Assessment, implication, and analysis of online consumer reviews: A literature review[J]. Pacific Asia Journal of the Association for Information Systems, 2017, 9(2): 43-74.

⑥ 房文敏，张宁，韩雁雁. 在线评论信息挖掘研究综述[J]. 信息资源管理学报，2016(1)：4-11.

从原有的特征(词汇)中提取出少量的、代表性的特征，但是特征的类型没有发生变化，并实现了文档的降维。另一类方法为特征抽取(feature extraction)，指的是从原有的特征中重构出新的特征(如将文档转化为矩阵，或者一些概率分布的参数)，新的特征具有更强的代表性，并耗费更少的计算资源。目前的研究主要集中在特征抽取方法的运用上，对象多为产品特征或其他有价值的内容。作为在线评论文本分析的一个基础而又重要的步骤，产品特征抽取的主要目的是自动鉴别在线评论中的产品特征。产品特征即产品所具备的属性或功能，使用户方便快速地了解到产品的特点。以手机产品为例，功能、屏幕、图片、价格等均属于手机类产品的产品特征。产品特征抽取主要有三类方法：监督学习、半监督学习、无监督学习。

监督学习中最常用的基于统计的模型有：隐马尔科夫模型(hidden Markov models, HMM)①和条件随机场(conditional random fields, CRF)②。产品特征抽取是一种特殊的文本信息提取方法，许多基于监督学习的文本提取算法都适用于特征抽取任务，其中最主要的方法是基于序列学习(或者序列标注)。HMM 和 CRF 是目前最有效的序列学习方法。同其他所有的监督学习方法一样，它们需要手动标识训练数据，也就是需要手动标识出训练语料中的每一个句子的特征词和非特征词。Wong 和 Lam 使用 HMM 提取拍卖网站的热门商品的产品特征,③ 并且在后面的研究中使用 CRF 将产品

① Lawrence R. A tutorial on hidden Markov models and selected applications in speech recognition[J]. Readings in Speech Recognition, 1990, 77(2): 267-296.

② Lafferty J D, Mccallum A, Pereira F C N. Conditional random fields: Probabilistic models for segmenting and labeling sequence data[C]//Eighteenth International Conference on Machine Learning. Morgan Kaufmann Publishers Inc., 2001: 282-289.

③ Wong T L, Lam W. Hot item mining and summarization from multiple auction Web sites[C]//IEEE International Conference on Data Mining. IEEE Computer Society, 2005: 797-800.

特征抽取作为图形标注问题。① Hu 和 Liu 提出类序规则挖掘模式从在线评论中抽取产品特征。② CRF 被证明是较为有效的方法，但是 CRF 也有一定的局限性，它只能捕获本地模式，而不适应于远程模式。Qiu 等的研究显示，许多特征和观点词间具有广泛的依赖性。他们的实验结果表明，CRF 的表现不佳，③ 由于连续向量空间表示在自然语言处理领域得到了广泛的应用，这为特征抽取提供了一个新的研究视角。特征提取方法的另一个范例是基于规则的方法，通常使用来自未发现模式的规则。双重传播（double propagation，DP）算法是一种优秀的基于规则的半监督方法，用以提取基于名词短语的特征。④ DP 算法是建立在产品特征和观点词之间的句法依存关系模式的基础上。研究者对亚马逊网站中的电子产品运用 DP 算法进行了产品特征抽取的尝试。虽然监督学习可以获得较好的效果，但是该类方法领域独立性较差，一旦改变了产品的领域则需要重新标注训练数据，而且对大量的人工标注工作的准确性依赖性强。目前，无监督学习方法在抽取特征观点词方面吸引了学者们的注意力，它能在不同产品的评论中都取得较好的效果，具有更强的适应性。

与监督学习方法不同，无监督学习的方法不需要训练数据。Hu 和 Liu 应用关联规则挖掘（association rule mining，ARM）提取网络评论中的频繁项。⑤ 基本思路是假设人们在评论相同的产品特征

① Wong T L，Lam W. Learning to extract and summarize hot item features from multiple auction web sites[J]. Knowledge & Information Systems，2008，14(2)：143-160.

② Hu M，Liu B. Opinion feature extraction using class sequential rules[J]. 2006：61-66.

③ Qiu G，Liu B，Bu J，et al. Expanding domain sentiment lexicon through double propagation [C]//International Jont Conference on Artifical Intelligence. Morgan Kaufmann Publishers Inc.，2009：1199-1204.

④ Qiu G，Liu B，Bu J，et al. Opinion word expansion and target extraction through double propagation[J]. Computational Linguistics，2011，37(1)：9-27.

⑤ Hu M，Liu B. Mining opinion features in customer reviews[C]//National Conference on Artifical Intelligence. AAAI Press，2004：755-760.

时倾向于使用相同的词语，因此，频繁名词项更有可能是产品特征，而非频繁名词项则不太可能是产品特征。再通过紧凑剪枝和冗余剪枝对频繁特征进行缩减，移除非特征词得到最后的特征，实现对产品特征的自动抽取。李实等关于中文产品特征挖掘的实证也表明 Hu 的方法具有较好效果。① 但是该方法的局限性也客观存在，主要表现为：其一，Apriori 算法不适用于海量的在线评论文本，在占用资源和计算时间方面相对不足；其二，基于关联规则的挖掘算法将名词和短语集合的词频作为支持度和置信度的主要依据，但是词频低的名词或短语集合也可能是产品特征，而词频高的名词不一定都是产品特征，该模型虽然目前被运用得较多，但由于其对噪音的处理能力有限，导致非频繁的特征被忽略。Popescu 和 Etzioni 对点互信息（pointwise mutual information，PMI）进行了调整，以适应特征抽取的问题。② 将产品特征看作是产品的一部分，使用候选产品特征和领域特征之间的共现提取商品特征，并使用 PMI 表示关联程度，最终按关联程度大小选择产品特征。Scaffidi 等比较了从一个英语评论语料库中提取的频繁名词和名词短语的频率，以确定真正的特征。③ 近年来，在产品特征抽取中主题模型应用较多。主题建模是对文档中隐含主题进行无监督学习。Chen 等探讨如何将领域知识整合到主题建模中，以提高产品特性提取的性能，④ 并随后在隐狄利克雷分配（latent Dirichlet allocation，LDA）模型的基础上提出 MC-LDA 模型，以学习先验知识并生成产品特性。⑤ 在研究

① 李实，叶强，李一军，等．中文网络客户评论的产品特征挖掘方法研究[J]．管理科学学报，2009(2)：142-152.

② Popescu A M，Etzioni O. Extracting product features and opinions from reviews[J]. Natural Language Processing and Text Mining，Springer，2007：9-28.

③ Scaffidi C，Bierhoff K，Chang E，et al. Red opal：Product-feature scoring from reviews[C]//ACM Conference on Electronic Commerce. DBLP，2007：182-191.

④ Chen Z，Mukherjee A，Liu B，et al. Exploiting domain knowledge in aspect extraction[C]//EMNLP. 2013.

⑤ Chen Z，Mukherjee A，Liu B. Aspect extraction with automated prior knowledge learning[C]//ACL. 2014.

如何从评论中自动提取产品特征词汇以及情感词汇方面，Zheng 等提出一种基于非监督的依赖分析的方法——评价表达模式(appraisal expression patterns，AEPs)，并基于此结合 LDA 模型构建了 AEP-LDA 模型，实验结果显示：对于餐馆、酒店、MP3 播放器和相机的评论，AEP-LDA 模型在识别产品特征和情绪词汇上的表现优于其他方法。① 有研究进一步提出具有语法格式的关联规则挖掘算法。国外学者将英文语法规则根据英语使用习惯归纳为 5 类，例如“CP + Prep + NP”，其中“NP”代表部分特证词，“CP”代表整体概念词，典型的例子有“battery of the camera”。近年来，中国学者提出中文语境下特征挖掘的语法规则。② 另外，Zhang 等用部分-整体模式和“没有”模式扩展了 DP 算法。③ Weichselbraun 等在抽取产品特征时利用句法模式(如依赖关系)把句子关系考虑进去。④ Poria 等为了解决隐式特征和显式特征的抽取，在 RbM 中手工编码了三组规则，包括主观名词关系、非主观名词关系和其他规则。⑤ Kang 和 Zhou 提出基于规则的方法 RubE (Rule-based Extraction)从在线消费者的评论中提取产品的主观特征和客观特征。⑥ 通过合并部分-整体的关系和特定评

---

① Zheng X, Lin Z, Wang X, et al. Incorporating appraisal expression patterns into topic modeling for aspect and sentiment word identification [J]. Knowledge-Based Systems, 2014, 61(1): 29-47.

② 王伟，王洪伟，盛小宝．中文在线评论的产品特征与观点识别：跨领域的比较研究[J]．管理工程学报，2017(4)．

③ Zhang L, Liu B, Lim S H, et al. Extracting and ranking product features in opinion documents [C]//International Conference on Computational Linguistics: Posters. Association for Computational Linguistics, 2010: 1462-1470.

④ Weichselbraun A, Weichselbraun A, Scharl A. Rule-based opinion target and aspect extraction to acquire affective knowledge[C]//International Conference on World Wide Web. ACM, 2013: 557-564.

⑤ Poria S, Cambria E, Ku L, et al. A rule-based approach to aspect extraction from product reviews[C]//Proceedings of the Second Workshop on Natural Language Processing for Social Media(SocialNLP), 2014: 28-37.

⑥ Kang Y, Zhou L. RubE: Rule-based methods for extracting product features from online consumer reviews[J]. Information & Management, 2017(54): 166-176.

论的模式来识别客观特征，通过扩展间接依赖和比较结构的双重传播算法，提取了主观特征。实验结果表明，Rub E 显著优于最先进的产品特征提取技术，对搜索产品和体验产品都是通用的。基于规则的产品特征抽取方法需要枚举特征依存关系表达模式，领域依赖性强，对网络中文语言的复杂性和随意性，该类方法仍有一定不足。

产品特征抽取有两个重要任务，即：特征词抽取和特征词归类。相较而言，主题模型在产品特征及观点抽取任务中的优势在于它能自动对抽取的特征词进行归类，获取其对应的属性。现有主题模型通常基于两种无监督模型：隐狄利克雷分配(LDA)和概率化隐含语义分析(probabilistic latent semantic analysis，PLSA)。其中主题模型中 LDA 模型最具有代表性，因为后续的特征抽取和情感分析的许多主题模型都是在 LDA 模型的基础上进行的改进。基于主题模型进行产品特征抽取和情感分析逐渐成为文本挖掘和电子商务领域的一大热点，但国内相关研究成果较少。

产品特征抽取的相关研究见表 1-1。

情感分析(sentiment analysis)，又称评论挖掘或观点挖掘(opinion mining)，是指通过分析在线评论的文本内容，发现消费者对于实体及其属性所表达的观点、态度、情感和情绪。① 其中实体可以是产品、服务、个人、机构、事件或问题等。对于产品而言，属性即为产品特征。情感分析被应用于多个领域，并有助于实现诸如公众对政治的情绪变化、市场智能②、顾客满意度测量③和电影销售预测④等

① 刘兵．情感分析[M]．北京：机械工业出版社，2017：1.

② Li Y M, Li T Y. Deriving market intelligence from microblogs [J]. Decision Support Systems, 2013, 55(1): 206-217.

③ Kang D, Park Y. Review-based measurement of customer satisfaction in mobile service: Sentiment analysis and VIKOR approach [J]. Expert Systems with Applications, 2014, 41(4): 1041-1050.

④ Rui H, Liu Y, Whinston A. Whose and what chatter matters? The effect of tweets on movie sales [J]. Social Science Electronic Publishing, 2012, 55(4): 863-870.

表 1-1　　产品特征抽取的相关研究

方法	研究文献	研究技术	产品类型/资源
无监督基于统计	Hu 和 Liu (2004)	关联规则挖掘	亚马逊网站中的电子产品
	Popescu 和 Etzioni(2007)	基于词频抽取和 PMI	亚马逊网站中的电子产品
	Scaffidi 等 (2007)	一种基于不同语料库的差异统计分布的语言模型方法	亚马逊网站中的 7 种产品(如：电子产品、书籍和游戏)
	李实等 (2009)	改进关联规则算法	从 2 个电子商务网站(it168、卓越网)中选取 5 种产品(诺基亚手机、佳能 2 款数码相机、魅族 MP3 播放器、图书)
	余传明 (2009)	自组织映射(SOM)	点评网中的餐馆数据
	Chen 等 (2013)	基于扩展通用 E-GPU 模型的 MC-LDA	亚马逊网站中的 4 种产品(相机、食品、计算机和护理产品)
	王永等 (2013)	FP 增长算法、独立支持度、频繁项名词非特征规则及 PMI 阈值过滤技术	数据堂网站提供的手机产品评论
	Titov 和 McDonald (2008)	多粒度 LDA 模型(Multi-Grain LDA)	TripAdvisor 网站中的酒店
	Chen 等 (2014)	利用先验的知识提取方面，提出 AKL 用以学习知识和处理错误知识，构建 MC-LDA 模型	亚马逊网站中的电子产品

续表

方法	研究文献	研究技术	产品类型/资源
无监督基于统计	Zheng 等(2014)	基于 AEP 的 LDA 模型(AEP-LDA)	TripAdvisor 和亚马逊网站上的 4 种产品
	马柏樟和颜志军(2014)	潜在狄利特雷分布模型的产品特征抽取方法	京东网上的相机和手机
	刘通等(2016)	利用 N-Gram 的边界平均信息熵的指标以及子串依赖关系	北理工网络搜索挖掘与安全实验室提供的在线评论情感挖掘语料 ChnSentiCorp
	孟园和王洪伟(2016)	在改进 HITS 算法基础上，提出一种基于置信度排序模型的抽取方法	亚马逊网站中的 2 种产品(诺基亚手机、佳能相机)
	李杰和李欢(2017)	卷积神经网络算法	亚马逊中国网站上的电脑、中关村在线网站上的手机
无监督基于规则	Zhang 等(2010)	部分-整体和“没有”模式基于修剪的 HIT	亚马逊网站中的 4 种产品(汽车、床垫、手机和液晶显示屏)
	Gindl 等(2013)	句法格式(依存关系)指代消解	亚马逊网站中的电子产品
	Poria 等(2014)	用主观名词关系或其他特定条件对句子进行人工编码的规则	亚马逊网站中的电子产品

续表

方法	研究文献	研究技术	产品类型/资源
无监督基于规则	郗亚辉(2014)	改进双向传播算法，使用产品特征和观点间的依存关系扩展 HUB 节点，利用 HITS 算法对候选产品特征和观点排序	4 个电子商务网站(亚马逊中国、京东商城、中关村在线、it168)中的电子产品(手机、数码相机)
	Kang 和 Zhou(2017)	基于规则的抽取方法(RubE)	2 个数据集：5 种电子产品(佳能相机、尼康相机、诺基亚手机、MP3 播放器和 DVD 播放器)、电影
监督/半监督基于统计	Wong 和 Lam(2005)	基于 HMM 的学习方法	3 个竞价网站中的电子产品
	Hu 和 Liu(2006)	类序规则挖掘模式匹配	亚马逊网站中的电子产品
	Probst 等(2007)	朴素贝叶斯结合多视图半监督算法(co-EM)	2 款 DICK 运动产品
	Kobayashi 等(2007)	结合上下文和统计线索模板填充	日本博客网站中的餐馆
	Wong 和 Lam(2008)	基于 CRF 的学习方法	拍卖网站中的电子产品
	Jin 和 HO(2009)	词汇化的 HMM	亚马逊网站中的 16 个相机产品
	Mukherjee 和 Liu(2012)	两个新型的统计模型：SAS 和 ME-SAS	TripAdvisor 网站中的酒店
	李昌兵等(2017)	运用 TF-IDF 和方差选择、基于矩阵和权重改进的 Apriori(关联规则)算法	数据堂网站提供的手机产品评论

续表

方法	研究文献	研究技术	产品类型/资源
监督/半监督基于规则	Qiu 等(2009)	双向传播(Double propagation)算法	5 个数据集：2 种数码相机、DVD 播放器、MP3 播放器、手机
	Qiu 等(2011)	双向传播(Double propagation)算法	亚马逊网站中的电子产品

目标。对在线评论进行语义分析，利用文本挖掘技术，旨在判断消费者的观点是“赞同”还是“反对”，态度是“肯定”还是“否定”，或者识别用户的情感是“高兴”还是“伤悲”。情感分析包括多个子任务，如：主观分类(subjectivity classification)、情感分类(sentiment classification)、确定极性、多-跨语言情感分析、跨领域情感分析、评论有用性测量(review usefulness measurement)、词典创建(lexicon creation)、观点词和产品方面提取(opinion word and product aspect extraction)、观点垃圾监测(opinion spam detection)以及观点挖掘的应用(the applications of opinion mining)。从分析粒度来看，情感分析包括粗粒度(文档级)和细粒度(词语级)两种分析方法。①②

粗粒度分析是对文本文档级的情感极性和强度进行判断，主要包含监督学习、半监督学习和无监督学习的情感分类。一般而言，基于监督学习的情感分类包括两个阶段：首先抽取或选择信息特征，接着使用类似支持向量机(support vector machines，SVM)、最大熵(maximum entropy，ME)和朴素贝叶斯(naïve Bayes，NB)模型进行评论分类。Pang 等使用以上三种机器学习技术判断在线电影

① 张紫琼，叶强，李一军．互联网商品评论情感分析研究综述[J]．管理科学学报，2010，13(6)：84-96.

② 王伟，王洪伟．特征观点对购买意愿的影响：在线评论的情感分析方法[J]．系统工程理论与实践，2016，36(1)：63-76.

评论是正面还是负面，并发现机器学习技术肯定比人工方式更有优势。① 然而，三种技术在情感分类上的表现不如传统的基于主题的分类，因此提出需要考察使用对情感分类问题更具挑战性的方法。SVM 已经被广泛应用于情感学习领域，而人工神经网络(artificial neural networks，ANN)在情感分析文献中较少提及，Moraes 等对 SVM 与 ANN 的文档级情感分析进行了实证比较。对训练集采用监督方法进行特征选择和加权。总体而言，ANN 产生的结果优于 SVM。特别是在电影评论的基准数据集上，即使在数据不平衡的情况下，ANN 的表现也优于 SVM。实证同时提出 SVM 在计算运行时长以及 ANN 在训练时间上存在着局限性。② 唐晓波等提出了基于情感本体和 K 最近邻(K-NearestNeighbor，KNN)算法的在线评论情感分类模型。以电影评论建立训练集和测试集，采用褒义量和贬义量作为 KNN 算法的特征向量，取得了良好的分类效果，但对贬性评论分类效果优于褒性评论。③ 除了使用机器学习方法外，研究者还提出了专门用于评论的情感分析技术。Dave 等④为了识别评论文档的正面或负面情感倾向而提出的打分函数就是其中之一。首先使用算法为训练集中的每个词进行打分，然后将每个文档的所有词的情感倾向(sentiment orientation，SO)得分加起来，从而求得每篇文档的分类。为了解决在情感分类中长期存在的人工标记数据短缺的问题，有些研究提出了半监督学习方法。以往多数研究都假设在

---

① Pang B，Lee L，Vaithyanathan S. Thumbs up? Sentiment classification using machine leaning techniques[C]//Conference on Empirical Methods in Natural Language Processing，2002.

② Moraes R，Valiati J F，Neto W P G. Document-level sentiment classification：An empirical comparison between SVM and ANN[J]. Expert Systems with Applications，2013，40(2)：621-633.

③ 唐晓波，朱娟，杨丰华. 基于情感本体和 KNN 算法的在线评论情感分类研究[J]. 情报理论与实践，2016(6)：110-114.

④ Dave K，Pennock D M，Pennock D M. Mining the peanut gallery：Opinion extraction and semantic classification of product reviews[C]//International Conference on World Wide Web. ACM，2003：519-528.

标注和未标注数据中正面的和负面的样本之间存在平衡，但事实情况并非如此，为此，Li 等提出了一种不平衡情感分类的半监督学习方法，通过动态生成各种随机子空间来处理不均衡的类别分布问题。① Kim 和 Lee 提出了一种有效的情感可视化和分类的方法，该方法利用半监督学习来节约标签成本，虽然功能减少，但可视化和预测精度都有所提高。② 因为情感词常常主导了情感分类的结果，因此可以将它们以无监督学习的方式进行情感分类。主要有两种方法，一种是使用句法模板的情感分类方法。如 Turney 使用一种简单的无监督的学习算法对评论进行分类并推荐。根据基于词性标记的模板(带约束的词性标签序列)抽取在线评论文本中符合模板的两个连续的词，例如“This piano produces beautiful sounds”，beautiful sounds 就是要抽取的词。然后使用点互信息(PMI)估计所抽取短语的情感倾向性。如果评论的情感倾向值为负，则该评论的情感为贬义，反之则为褒义情感。③ 第二种常见的无监督方式是使用情感词典的情感分类。此类方法基于一个包括了情感倾向性和情感强度的情感词典或观点词典。思路是将文档中所有情感表达的 SO 值求和，从而判定文档的情感类型(正面、负面、中性)和强度。最初学者们为每个正面情感表达赋值+1，为每个负面表达赋值-1，如果出现否定词，如 not 和 never 等，则将 SO 值取反。Taboada 等进一步扩展了上述方法。明确了情感表达的 SO 值和权重百分比，SO 取值范围从-5(极度否定)到+5(极度肯定)，不含 0

① Li S, Wang Z, Zhou G, et al. Semi-supervised learning for imbalanced sentiment classification[J]. Journal of the Royal Statistical Society, 2011, 172(2): 530-530.

② Kim K, Lee J. Sentiment Visualization and Classification Via Semi-Supervised Nonlinear Dimensionality Reduction[M]. Elsevier Science Inc. 2014.

③ Turney P D. Thumbs up or thumbs down? Semantic orientation applied to unsupervised classification of reviews[C]//Meeting on Association for Computational Linguistics. Association for Computational Linguistics, 2002: 417-424.

值；加强词的权重为正，减弱词的权重为负。① 有一些研究关注网上十分常见的非正式文本交流，如 Twitter、MySpace 等社交网站中的讨论、推文和评论等。Paltoglou 等提出一种直观的基于词典的非监督方法，估测文本中包含的情感强度水平，以便做出预测。该方法在两种不同但互补的环境中进行了主观性监测和极性分类，实验结果表明，该算法在大多数情况下都优于机器学习方法。② 词典通常是人工编撰的并且针对某个特定领域，因此如果一个领域有大量标注数据，那么监督学习因为自动学到了特定领域的情感表达而分类准确性更好。但监督学习因具有领域限制性，且分类的精准性建立在每个领域的大量训练数据基础上，从这个角度而言，使用情感词典的方法具有相对优势。就目前应用来看，监督机器学习方法在文档级情感分析中应用较广泛。总体而言，文档级情感分类不考虑情感或观点所评价的对象且评价不涉及产品特征等细节，难以满足实际需要。

细粒度分析是对特征观点的词语级的情感极性和强度分析，主要包括两类方法：基于监督学习和基于词典的无监督学习。目前，监督学习主要是生成依赖于评价对象(实体或特征)的特征。Jiang 等基于句法分析树，对 Twitter 数据进行了情感分析，通过整合与目标相关的特性以及考虑相关推文，生成依赖于观点评价对象的特征集。实验结果表明该方法提高了目标依赖性情感分类的性能。③ Zhang 等将 NB 和 SVM 纳入在线餐馆评论的领域，自动将用户的评论分类为积极或消极的，探讨了特征描述和特征尺寸对

① Taboada M, Brooke J, Tofiloski M, et al. Lexicon-based methods for sentiment analysis[J]. Computational Linguistics, 2011, 37(2): 267-307.

② Paltoglou G, Thelwall M. Twitter, MySpace, Digg: Unsupervised sentiment analysis in social media[J]. Acm Transactions on Intelligent Systems & Technology, 2012, 3(4): 1-19.

③ Jiang L, Yu M, Zhou M, et al. Target-dependent Twitter sentiment classification[C]//Meeting of the Association for Computational Linguistics: Human Language Technologies. Association for Computational Linguistics, 2011: 151-160.

分类结果的影响。① 另外一种方法使用较少，通过确定句子中每处情感表达的作用范围，从而判别当前情感表达是否包含目标实体或特征。例如，"This scarf works well in bad weather"，情感词 bad 对 weather 有效，并不影响 scarf。但是这种方法的前提是系统对情感表达十分清楚。基于词典的无监督学习方法的基本思路，计算词典中词语的原子极性，并根据该原子极性计算词语之间的相关性得出每个评价词的情感。Ding 等研究如何确定在线评论中的情感倾向(积极的、消极的或中性的)以及对产品特征表达的观点。② 为了解决这一问题，大多数现有的技术使用了一系列观点词汇(也称为观点词典)。观点词典是表达令人满意的(例如：伟大的、惊人的等)或不受欢迎的(例如：坏的、贫穷的等)状态，但这些方法都有一些缺陷。该研究中提出一种整体基于词典的有效算法，能自动地发现那些上下文依赖的情感词的情感倾向。李兵等针对"安卓系统"这一特定产品进行了实证研究，基于情感词词典的情感分析方法对微博产品评价模式进行了深入分析，为电子商务产品评价研究提供一种新的研究思路。③ 细粒度情感分析中有一项重要的子任务，即"特征-观点对"(Feature Opinion Pair，FOP)提取，此任务以特征抽取为基础，以观点挖掘为目标。Popescu 等介绍一种无监督信息抽取系统 OPINE，该系统可以挖掘在线评论，从而构建重要产品特征及消费者评论观点的模型。④ Ojokoh 和 Kayode 为了总结

---

① Zhang Z, Ye Q, Zhang Z, et al. Sentiment classification of Internet restaurant reviews written in Cantonese [J]. Expert Systems with Applications, 2011, 38(6): 7674-7682.

② Ding X, Liu B, Yu P S. A holistic lexicon-based approach to opinion mining [C]//International Conference on Web Search and Data Mining. ACM, 2008: 231-240.

③ 李兵，徐玮佳，张婧璇．利用微博数据的产品评价方法研究——以"安卓系统"评价为例[J]．现代图书情报技术，2014，30(4)：92-98.

④ Popescu, AnaMaria, Etzioni, et al. Extracting product features and opinions from reviews[M]//Natural Language Processing and Text Mining. Springer London, 2007: 9-28.

和确定在线评论的推荐状态，提出一种从在线评论中提取特征和意见对的方法，确定了这些观点的极性和强度。对数码相机的评价结果进行了评价，证明了该方法的有效性。① Yin 等根据中国特有的表达方式，提出了一个基于本体的语义模型，用来鉴别中国产品评论中的特征-观点对。通过对细粒度层次的进一步情感分析，提出了一种自动本体构建方法。② 郗亚辉认为产品特征及观点的抽取是产品评论挖掘中的基本工作，其质量的好坏直接决定着后续工作的效果。通过对双向传播算法进一步改进，利用产品特征和观点的间接句法依存关系模式，提高了在中文产品评论中特征及观点抽取的准确率和召回率。③ 王伟等结合中文在线评论的语言特点，选取词频统计方法、规则匹配、关联规则挖掘、具有句法格式的关联规则、CRF 和 SVM 6 种代表性的识别算法，分析各种方法在产品特征及观点识别上的性能。实验结果显示，不同算法适用于不同领域，机器学习算法整体优于统计学方法。④

总体而言，基于监督学习和基于词典的词语级情感分类方法各有利弊。基于监督学习的情感分类方法能够自动从各种特征中学到一个有效的分类模型，适用于特定领域存在标记数据训练集的情况。但这种方法依赖于人工标注训练语料，成本较高，且鲁棒性和可移植性不尽理想。现有基于监督学习的情感分析方法很难应用于大规模、多领域的实际应用，也不能有效处理低频长尾数据。基于词典的无监督学习方法鲁棒性良好且领域独立，有利于算法的扩展和提升，适用于大规模、多领域的实际应用场景，

① Ojokoh B A, Kayode O. A feature-opinion extraction approach to opinion mining[J]. Journal of Web Engineering, 2012, 11(1): 51-63.

② Yin P, Wang H W, Guo K Q. Feature-opinion pair identification of product reviews in Chinese: A domain ontology modeling method[J]. New Review of Hypermedia & Multimedia, 2013, 19(1): 3-24.

③ 郗亚辉. 产品评论特征及观点抽取研究[J]. 情报学报, 2014, 33(3): 326-336.

④ 王伟, 王洪伟, 盛小宝. 中文在线评论的产品特征与观点识别: 跨领域的比较研究[J]. 管理工程学报, 2017(4): 52-62.

特别是存在经验积累的一些模板和规则最佳。但是在面对一个新领域的情感分类任务时，仍需要处理新领域所特有的语言现象。目前对于那些情感倾向依赖于领域和上下文的情感词进行发现和挖掘的方法效果始终不佳。因此，随着海量在线评论的产生，文本数据集规模越来越大，需要设计鲁棒性和可移植性更强的机器学习算法以满足实际需要。①

(3)在线评论的商业应用

关于在线评论的商业应用的研究内容主要从消费者和商家两个维度展开，具体包括：对消费者购买意向的影响、对产品销售的影响、对定价策略的影响、对离线和在线营销的影响等。

对消费者购买意向的影响。在线评论是否会决定性地影响购买意愿或产品采纳，取决于与在线评价的显示属性相关的因素(如效价、质量、数量等)或行为因素(个体的态度、意图、背景、文化等)。在评论的背景下研究人的特征，这些评论有助于影响网络市场的产出。②③④ 一系列研究突出了在线评论对评估产品的作用。对社会特征的分析是对个性特征研究的延伸。评论属性，如数量、质量、价格可以由消费者个体的个性特征来调节，这将影响到评价对产品的改进意见，从而使市场受益。有学者反驳了不同国家(美国和中国)的两种消费者在网上撰写评论存在不同倾向的观点。这组研究确立了消费者对评价结果的心理影响。Koh 等将社会行为

① 刘兵．情感分析[M]．北京：机械工业出版社，2017：97.

② Park C, Lee T M. Antecedents of online reviews' usage and purchase influence: An empirical comparison of U.S. and Korean consumers[J]. Journal of Interactive Marketing, 2009, 23(4): 332-340.

③ Tian J, Chen Y, Wang L. Research on the relationship between online reviews and customer purchase intention: The moderating role of personality trait[C]. 2014.

④ Tian Y. Engagement in online hotel reviews: A comparative study[J]. Discourse Context & Media, 2013, 2(4): 184-191.

(个人主义或集体主义)的观点与两类消费者的评论进行了比较。① 另一部分的工作重点是关于消费者购买决策的口碑特性。Lee 等研究了一些特定的因素，如负面评论、与用户参与的交互、评论的质量等对消费者决策的影响。诸如消费者参与和评论质量对负面评论占总评价人数的比例的影响起调节作用。② 有学者也进行了类似的研究，强调了评论内容的特点、评论的专业知识、写作风格以及来源可信度对消费者购买决策的重要性。Sparks 和 Browning 研究了与评价相关的各种因素，这些因素可能影响购买意愿和对产品(酒店)的信任。③ 无论消费者在提供在线评论时是否给出了数字评级，作者都测试了重要的评估目标(核心人物或人际关系)、一组评价的总体效价(正或负)、评论的框架(负面或正面的信息)。所有因素都有一定的意义，要么单独的，要么相互作用的产生作用，比如消费者似乎更容易受到早期负面信息的影响，尤其是在总体评价为负面的情况下。Mauri 和 Minazzi 分别对交易型和非交易型旅游网站进行了研究，以探讨在线预订酒店的期望水平，结果表明，消费者的酒店预定意向与期望和评价的效价均呈正相关关系。与此相反，酒店经理对客人评论的反应会对购买意图产生负面影响。④ 有些学者研究评论的属性对消费者购买意向产生的影响，比如评论中提到的细节的程度，发现其产品类型具有调节作用。

对产品销售的影响。这是涉及组织战略相关的商业应用。Hu

---

① Koh N S, Hu N, Clemons E K. Do online reviews reflect a product's true perceived quality? An investigation of online movie reviews across cultures [J]. Electronic commerce research and applications, 2010, 9(5): 374-385.

② Lee J, Park D H, Han I. The effect of negative online consumer reviews on product attitude: An information processing view [J]. Electronic Commerce Research & Applications, 2009, 7(3): 341-352.

③ Sparks B A, Browning V. The impact of online reviews on hotel booking intentions and perception of trust[J]. Tourism Management, 2011, 32(6): 1310-1323.

④ Mauri A G, Minazzi R. Web reviews influence on expectations and purchasing intentions of hotel potential customers. [J]. International Journal of Hospitality Management, 2013, 34(6): 99-107.

等分别检验了评级和评论，得出的结论是情感直接影响销售，评级通过对情感的影响间接影响销售，即在线评论的情感对产品销售具有调节作用。① 另一类研究包含在线评论的体量和效价对销售的影响。对评论文本中提到的产品和服务的质量进行对比，通过多面情感分析和实证验证发现评论效价能对销售产生显著的影响。② 评论文本分析研究表明服务质量对于在售产品质量具有缓慢影响。在售产品产生的海量评论的质量得到了关注，有的研究对产品的销售弹性进行监测，研究产品评论的属性(体量和效价)以及它们的影响。③ Hyrynsalmi 等研究效价(数值)对销售的影响。④ 以往典型的小样本研究表明，积极的网络口碑会增加销售，而影响取决于评论以及评论的数量和效价。这项研究的贡献在于，在一个移动应用程序生态系统(Google Play)中，用一个大的数据集测试网络口碑和应用程序的销售之间的关系。结果表明，较高的在线评论效价与较高的销售额有显著的相关性。评级的数量与长期销售呈正相关，但在短期内是负相关。Gu 等研究在线评论效价对利基产品或者流行产品的销售的影响。⑤ 他们探索在线评论开发长尾信息的能力，并得到否定的答案。另一项针对酒店行业的工作研究在线评论对销售的

---

① Hu N, Koh N S, Reddy S K. Ratings lead you to the product, reviews help you clinch it? The mediating role of online review sentiments on product sales[J]. Decision Support Systems, 2014, 57(1): 42-53.

② Liang T P, Li X, Yang C T, et al. What in consumer reviews affects the sales of mobile apps: A multifacet sentiment analysis approach[J]. International Journal of Electronic Commerce, 2015, 20(2): 236-260.

③ Floyd K, Freling R, Alhoqail S, et al. How online product reviews affect retail sales: A meta-analysis[J]. Journal of Retailing, 2014, 90(2): 217-232.

④ Hyrynsalmi S, Aarikka-Stenroos L, Suominen A, et al. Busting myths of electronic word of mouth: The relationship between customer ratings and the sales of mobile applications [J]. Journal of Theoretical & Applied Electronic Commerce Research, 2015, 10(2): 1-18.

⑤ Gu B, Tang Q, Whinston A B. The influence of online word-of-mouth on long tail formation[J]. Decision Support Systems, 2013, 56(1): 474-481.

影响，结果显示在线评论能产生积极的影响。① 其他的学者还对电影、电子游戏产业、书籍等的在线评论对销售的影响展开了讨论。在此基础上，研究的范围进一步扩大。外部评论，如社交网站的在线评论被证实对网络口碑和在线销售起调节作用。通过下载公司网站和亚马逊网站的数据，分析了贝叶斯层次结构中同时存在的等式模型的影响。研究人员发现外部的网络口碑和第三方网站的评论对内部口碑的销售结果的影响是不同的。接收外部消费者评论会放大过去销售对内部口碑作用的影响。然而，第三方网站的评论削弱了过去销售对内部口碑的影响。② 在线评论与销售的关系被进一步用于建立一个预测模型，尝试用评论信息预测销售。③

对定价策略的影响。一部分学者基于在线评论的情境，探索了网络市场参与者的定价策略，这些研究进一步证实了评价的重要性。Guo 等认为如何通过在线评论制定最大利润的价格，对于在线卖家来说是一个真正的挑战。消费者的购买决策信息渠道分为三类：在线信息、离线信息、在线和离线信息结合。在此基础上，基于效用理论和博弈论，构建了一种基于视图的定价模型。④ Li 和 Hitt 认为在线产品评论存在价格效应。通过对在线产品的价格效应进行实证分析，发现消费者评价不仅反映了质量，而且反映了质量和价格感知价值之间的差异。提出价格优化模型，认为前期价格对

---

① Ög˘üt H, Tas¸ B K O. The influence of internet customer reviews on the online sales and prices in hotel industry[J]. Service Industries Journal, 2012, 32(2): 197-214.

② Zhou W, Duan W. An empirical study of how third-party websites influence the feedback mechanism between online Word-of-Mouth and retail sales[J]. Decision Support Systems, 2015, 76(C): 14-23.

③ Schneider M J, Gupta S. Forecasting sales of new and existing products using consumer reviews: A random projections approach[J]. Social Science Electronic Publishing, 2016, 32(2): 243-256.

④ Guo K, Wang H, Song Y, et al. The effect of online reviews on e-tailers' pricing in a dual-channel market with competition[J]. International Journal of Machine Learning & Cybernetics, 2015: 1-11.

评级的间接影响，最终影响了后期的定价策略。①

对离线和在线营销的影响，探讨离线和在线营销的影响具有一定的现实意义。在离线和在线这两种不同的情境中，消费者的行为特征和偏好存在很大的差异，对于商家的营销部门而言是一个不小的挑战。为了制定适销对路、切实可行的营销策略，必然需要对离线和在线消费者进行充分的调研，而观察和分析离线或在线评论是一个有效的途径。Chen 和 Xie 研究发现网络口碑的内容中包含丰富的产品特征，这些特征能对消费者对产品的判断态度造成影响，并在产品沟通中发挥重要的作用。目前的广告通过多种不同渠道向消费者发送产品信息，网络口碑能够通过其文本内容同样使消费者获取到有用信息。研究者试图通过调节广告中关于在线评论的信息来降低沟通的隐性属性。这些在线评论可以优化低成本产品或高成本产品的利润。如何在特定的时间把在线评论提供给特定的用户也进入研究的范畴。为了收集更多的评论，许多网站鼓励用户交互，比如允许一个用户订阅另一个。这些互动真的能促进产品评论的产生吗？更重要的是，这种互动会产生什么样的评论？通过应用面板数据，研究发现随着用户越来越受欢迎，他们会发表更多更客观的评论。然而，网站的数字评分系统也发生相应的变化，变得更加消极和多样化。这样的取舍对产品评论和其他用户生成的内容网站都有重要的影响。② 网络社区的影响较早地被运用于研究在线评论影响和有用性的分类分析中去了。③

① Li X, Hitt L M. Price effects in online product reviews: An analytical model and empirical analysis[J]. Mis Quarterly, 2008, 34(4): 809-831.

② Paulo B. Goes, Mingfeng Lin, Ching-man Au Yeung. "Popularity effect" in user-generated content: evidence from online product reviews[J]. Information Systems Research, 2014, 25(2): 222-238.

③ Chen P Y, Dhanasobhon S, Smith M D. All reviews are not created equal: The disaggregate impact of reviews and reviewers at amazon. com[J]. Social Science Electronic Publishing, 2006, 10(11): 396-401.

1.2.3 网络消费者满意度的相关研究

全球零售额的快速增长，促使企业采用信息技术和新型沟通方式来维持和提高业绩。因此，在这样的竞争环境中，吸引新顾客是一项具有挑战性的任务。然而，留住现有消费者对企业生存至关重要。研究发现，更高的消费者满意度转化为更高的未来利润、重复购买和积极的口碑。满意度是影响忠诚度的一个重要决定变量，提升满意度是培育消费者忠诚度的关键环节。① 1965 年，美国学者 Cardozo 首次将消费者满意度(customer satisfaction)应用于营销学的范畴，认为消费者对某产品的满意度会增加对该产品的重复购买行为。② 消费者满意度开始引起学者们的广泛关注。

(1)消费者满意度定义

对消费者满意度的概念界定主要从过程和结果的角度进行解释。③ 从过程来看，客户将效果与预期进行比较，通常一个人的期望越高(越低)，他随后的满意度就越高(越低)。④ Kotler 也将满意度定义为："是人们通过比较产品的感知效果或结果与他们的期望

① Eggert A, Ulaga W. Customer perceived value: A substitute for satisfaction in business markets? [J]. Journal of Business & Industrial Marketing, 2002, 17(2/3): 107-118.

② Cardozo R N. An experimental study of customer effort, expectation, and satisfaction [J]. Journal of Marketing Research, 1965, 2(3): 244-249.

③ Parker C, Mathews B P. Customer satisfaction: Contrasting academic and consumers' interpretations[J]. Marketing Intelligence & Planning, 2009, 19(1): 38-44.

④ Oliver R L, Desarbo W S. Response determinants in satisfaction judgments [J]. Journal of Consumer Research, 1988, 14(4): 495-507.

而产生的开心或失望的感受。”①从结果来看，满意度是服务质量②、认知③、评价以及对产品或服务的消费体验的心理反应④的结果。还有学者将消费者满意度从性质上划分为认知性评价和情绪性评价。从认知评价来看，满意度是一种态度，是消费者对于产品互动和购买行为的评价，是顾客期望和实际效果相比较的差异。⑤从情绪性评价来看，满意度是使用产品的感觉⑥或者表现为购后评价⑦。既是消费者购买后的喜爱程度，也是一种以经验为基础的整体性消费态度。

(2)消费者满意度指数模型

20世纪末，国际上相继出现了多种消费者满意度研究模型，其中4种有代表性的模型根据时间出现的先后顺序依次为：1989年瑞典消费者满意度晴雨表模型(Swedish Customer Satisfaction Barometer，SCSB)、1994年美国消费者满意度指数模型(American

① Kotler P. Marketing management：Millennium edition[J]. International Edition，2000(Jan).

② Bitner M J，Booms B H，Tetreault M S. The service encounter：Diagnosing favorable and unfavorable incidents[J]. Journal of Marketing，1990，54(1)：71-84.

③ Homburg C，Koschate N，Hoyer W D. The role of cognition and affect in the formation of customer satisfaction：A dynamic perspective[J]. Journal of Marketing，2006，70(3)：21-31.

④ Yi Y. A critical review of consumer satisfaction[J]. In V. A. Zeithaml (Ed.)，Review of Marketing，1989(4)：68-123.

⑤ Zeithaml V A，Berry L L，Parasuraman A. The nature and determinants of customer expectations of service[J]. Journal of the Academy of Marketing Science，1993，21(1)：1.

⑥ Woodruff R B，Cadotte E R，Jenkins R L. Modeling consumer satisfaction processes using experience-based norms.[J]. Journal of Marketing Research，1983，20(3)：296-304.

⑦ Woodside A G，Frey L L，Daly R T. Linking service quality，customer satisfaction，and behavioral intention[J]. Journal of Health Care Marketing，1989，9(4)：5-17.

Customer Satisfaction Index，ACSI）、1999年欧洲消费者满意度指数模型（European Customer Satisfaction Index，ECSI）、2001年中国消费者满意度指数模型（Chinese Customer Satisfaction Index，CCSI）。代表性消费者满意度指数模型见表1-2。

表1-2　　代表性消费者满意度指数模型

时间	模型名称	所属国家	指　标
1989年	SCSB	瑞士	顾客期望、感知价值、顾客满意、顾客忠诚、顾客抱怨
1994年	ACSI	美国	顾客期望、感知质量、感知价值、顾客满意、顾客忠诚、顾客抱怨
1999年	ECSI	欧洲	顾客期望、感知质量、感知价值、顾客满意、顾客忠诚、企业形象
2001年	CCSI	中国	顾客期望、感知质量、感知价值、顾客满意、顾客抱怨、顾客忠诚

（3）网络消费者满意度影响因素研究

相比国外，国内的消费者满意度起步较晚，研究从2000年左右进入增长阶段。① 研究内容主要集中在：介绍国外消费者满意度的模型与测量方法；探讨消费者满意度测量；探索各国消费者满意度测量；消费者满意度的测量技术与方法；网络消费者满意度。其中，网络消费者满意度的研究方法主要使用建模、测验和调查三种方法或其中的两种，即先建立模型，然后通过问卷调查等方式搜集数据，最后运用一定的统计或数理方法对数据进行处理和分析，并得出结论。另外，网络消费者满意度的测量方法以结构方程模型、回归分析和层次分析等应用较多。

国内外关于网络消费者满意度的研究成果主要集中在分析和挖

① 张文利．顾客满意度国内研究综述——基于2000—2014年中国知网文献的分析[J]．商业时代，2015（31）：66-68.

掘影响因素方面。表 1-3 为网络消费者满意度影响因素一览表。

通过对以往研究成果的分析汇总可以发现：一部分学者倾向于采用预期不确认理论，沿用消费者满意度指标模型的原理，认为顾客在网店购物实际感受到的绩效和对网店购物的期望的比较决定了购物的满意程度。但有研究显示，消费者网络购物感知价值对网络购物满意度的影响不明显。① 一些学者把注意力转向网络购物平台，认为网站质量维度(交易能力、信息适用性、响应时间)等对网络消费者满意度有显著影响。研究进一步聚焦到产品要素(质量、外观、价格和尺码)和服务要素(商品描述、配送速度、服务态度和退换货处理)，如智能手机的产品特征续航能力、软件、品牌、服务、噪音等。有研究表明决定消费者满意度的因素往往是产品质量而不是产品价格。②③ 研究还发现，在评论中消费者提及最多的产品主题特征并不一定对他们的满意度影响最大。

表 1-3　　　　网络消费者满意度影响因素一览表

研究文献	影响因素
Ho 和 Wu(1999)	物流支持、技术特点、信息特点、主页展示和产品特性
Szymanski 和 Hise (2000)	便利性、网站设计和财务安全
Jones 等(2000)	转换壁垒
Kim 和 Lim(2001)	娱乐、速度、信息质量和可靠性
Koivumaki(2001)	地图类型界面(map-type interface)

① 仲伟伫，席菱聆，武瑞娟．基于 ACSI 模型的网络购物满意度影响因素实证研究[J]．软科学，2014，28(2)：100-105.

② Fornell C，Johnson M D，Anderson E W，et al. The American customer satisfaction index：Nature，purpose，and findings [J]．Journal of Marketing，1996，60(4)：7-18.

③ You W，Xia M，Liu L，et al. Customer knowledge discovery from online reviews[J]．Electronic Markets，2012，22(3)：131-142.

续表

研究文献	影响因素
Cho 和 Park(2001)	产品信息、附加的信息服务、配送时间和费用、消费者服务、产品销售、易用性、购买结果和配送、网站设计、支付方式和购买过程
Bhattacherjee(2001)	认知信念和影响
Petrick 等(2001)	过去的行为、感知价值
Madu 和 Madu (2002)	性能、结构、可靠性、可用性、信任、产品/服务差异化和定制、声誉、保障、特征、美学、存储能力、安全性和系统完整性、响应性、网络店铺制度和共鸣
Devaraj 等(2002)	感知易用性和有用性
McKinney 等(2002)	相关性、及时性、可靠性、范围、感知有用性、可访问性、可用性、导航、交互性
Yang 等(2003)	网络服务质量维度(响应性、便利性、可信性、可靠性、易用性)
Wolfinbarger 和 Gilly (2003)	客户服务、履约/可靠性、网站设计和隐私/安全
Jun 等(2004)	网络零售服务质量维度(可靠性/迅速反应、注意力和易用性)
Shih(2004)	感知易用性和感知有用性
Yang 和 Fang(2004)	响应性、服务可靠性、易用性、能力、访问、系统可靠性、及时性、安全性
Kim 和 Stoel(2004)	网站质量维度(交易能力、信息适用性、响应时间)
Lin 等(2005)	感知娱乐性、感知有用性
Zhang 和 Prybutok (2005)	服务便利性、网站服务质量、风险
Balabanis 等(2006)	转化壁垒

续表

研究文献	影响因素
查金祥和王立生(2006)	网络购物感知服务质量(网络安全性、价格优势、便利性、网络互动性、产品质量保证、操作难易度)
Yang(2007)	服务质量和信息质量
Cristobal 和 Flavia (2007)	感知质量(网站设计客户服务、保障和订单管理)
Ranaweera 等(2008)	网站满意度、技术准备
Nosrati(2008)	质量、网络信任
Bai 等(2008)	网站质量
Hsu(2008)	网络服务质量、信任、感知价值
王海萍(2008)	在线质量因素、便利性因素、吸引力因素、支付与购后服务因素
Kim 等(2009)	网络零售维度(履约/可靠性、网站设计)
Collier 和 Bienstock (2009)	产出质量和恢复质量评估
Herington 和 Weaven (2009)	个人需求、网站组织和用户友好性
Roy 和 Butaney (2010)	网站质量维度(导航质量、网站外观、交互功能和站点组织)
Gounaris 等(2010)	网络服务质量
Eid(2011)	用户界面质量和信息质量
Finn(2011)	下载速度
Wu 等(2011)	虚拟社区凝聚力
Limbu 等(2011)	无欺诈、履约、保障
叶作亮等(2011)	物流交互质量、运作质量、第三方物流服务质量
孙建红等(2011)	商品信息、物流配送、交易水平、售后服务
孙莹等(2011)	服务质量

续表

研究文献	影响因素
李海英和林柳(2011)	网站设计、履约/安全性、客户服务、功能价值、享乐价值、交易经验(调节作用)
You 等(2012)	续航能力、软件、品牌、服务、噪音
Kuo 和 Wu(2012)	感知正义(分配、程序、交互性)和情感
涂智寿(2012)	网络产品质量、服务质量、企业品牌形象
Abu 和 Mohammad(2013)	网络购物情绪状态(刺激、快乐和支配)
Moon(2013)	网络服务质量
谢毅和张红霞(2013)	个体特征、游戏体验
张杰等(2014)*	产品要素(质量、外观、价格和尺码)、服务要素(商品描述、配送速度、服务态度和退换货处理)
邹晓峰(2014)*	企业形象、顾客期望、产品感知质量、感知价值
仲伟伫等(2014)	顾客期望、感知质量
邓爱民等(2014)	信任、在线网站特性、线下物流服务质量
Khan 等(2015)	价格、便利、产品信息、退货政策、财务风险、产品风险和交货风险
沈蕾和刘娜(2016)	线上因素：网页设计、物流、产品质量保证、网站客服服务。线下因素：产品吸引力
陈梅梅和谢松年(2016)	商品查询功能、促销活动、购物满足感、提供促销信息、商品的独特性、图片导向性、商品性价比、图片展示方式、商品丰富性、网站内容的更新速度、网站布局合理
王旭和杨福军(2017)	网购保障、商品信息、售后服务、网购系统

注：*代表该研究文献的研究对象为服装产品。

1.2.4 社交电商的相关研究

社交电商(social commerce)也称为社会化商务、社会化电商、社会化电子商务。2005年，Yahoo网站上最先出现社交电商这一概念，2007年，公开发表的科学文献中才出现这一专业术语。① Liang和Turban将社交电商定义为主要通过社交网络和使用Web2.0软件等社交媒体环境实现电子商务活动及交易的转变。并归纳出三个主要属性：社交媒体技术、社区互动和商业行为。② 社交电商的演变进程可以分为三个阶段：萌芽阶段(2005—2010年)、探索阶段(2011年)和发展阶段(2012年至今)。③ 从传统的电子商务添加社交功能到社交媒体开辟电子商务板块，再到现在的商业巨头争夺社交媒体资源。本书认为，所有运用社会化技术手段的商务形式都属于社交电商范畴。

Web 2.0技术和社交媒体的出现，改变了人们沟通、协作和生活的方式，也改变了企业的运营方式。社交电商的基本思路是，企业通过社交媒体与消费者建立联系，丰富关系质量，从而促进销售并提高消费者忠诚度。④ 从电子商务到社交电商的变革改变了消费者的角色。在网络环境中，讨价还价的能力已经从卖方转移到了买方，消费者的集体议价能力的增强可以在社交电商中窥

---

① Jascanu N, Jascanu V, Nicolau F. A new approach to e-commerce multi-agent systems[J]. Annals of Dunarea De Jos, 2007(1).

② TingPeng Liang, Efraim Turban. Introduction to the special issue social commerce: A research framework for social commerce[J]. International Journal of Electronic Commerce, 2011, 16(2): 5-14.

③ 陶晓波，杨学成，许研．社会化商务研究述评与展望[J]．管理评论，2015，27(11)：75-85.

④ Hajli M N. The role of social support on relationship quality and social commerce[J]. Technological Forecasting & Social Change, 2014, 87(1): 17-27.

见一斑。①② 社交电商促使电子商务从产品导向的平台转向消费者导向的环境。③ 社交电商正在以惊人的速度增长，吸引了实践界和理论界的广泛关注。全球电子商务先驱——Amozon 和 eBay 公司正在积极探索社交媒体技术的潜力，不断提高其在 Facebook 等社交网站上的地位。在中国，微信商城和"拼多多"的快速发展，充分展示了这种由顾客主动参与来推动交易的商业模式的发展前景。④ 在实践中，社交电商的发展结合了人、商业、技术和信息多个维度，⑤ 表明社交电商是一个综合性的研究领域。根据对现有文献的梳理，关于社交电商的研究主要涉及 3 个方面：组织(organization)、广告(advertising)和网络口碑(e-WOM)。⑥ 近年来社交电商的研究主题见表 1-4。

表 1-4 **社交电商研究主题**

序号	研究主题	子主题
1	社交电商与组织	创新、企业声誉、用户生成内容等
2	社交电商与广告	社会化商务研究、社交媒体广告、移动营销等

① Hajli N, Sims J. Social commerce: The transfer of power from sellers to buyers[J]. Technological Forecasting & Social Change, 2015(94): 350-358.

② Kim D. Marketing games in social commerce [M]//Game Theory for Networks. Springer Berlin Heidelberg, 2012: 125-137.

③ Huang Z, Benyoucef M. From e-commerce to social commerce: A close look at design features[J]. Electronic Commerce Research & Applications, 2013, 12(4): 246-259.

④ 刘莉琼. 社会化电子商务中消费者主动与被动好评的影响[J]. 武汉商学院学报, 2015, 29(6): 56-59.

⑤ Wang C, Zhang P. The evolution of social commerce: The people, business, technology, and information dimensions [J]. Communications of the Association for Information Systems, 2012, 31(5): 105-127.

⑥ Lin X, Li Y, Wang X. Social commerce research: Definition, research themes and the trends[J]. International Journal of Information Management, 2016: 190-201.

续表

序号	研究主题	子主题
3	社交电商与网络口碑	社交媒体评论，社交媒体中的交互，文化、信任和网络口碑，网络口碑采纳和效果等

有关社交电商与组织的研究成果最多，主要涉及创新、企业声誉和用户生成内容等。内容包括：讨论社交电商对组织创新的影响；① 探讨使用社交媒体进行声誉管理的优势和挑战；② 关注与用户生成内容相关的问题。③ 有关社交电商与广告的研究成果最少，主要涉及社会化商务研究、社交媒体广告和移动商务等。广告占据社交电商的中心地位。社交电商与传统商务和电子商务之间的主要区别之一是前者依赖于社交媒体来投放广告。有关社交电商和网络口碑的研究领域较新，涉及的子主题较多，主要研讨社交电商中在线评论的作用；④ 社交电商的社会化方面；⑤ 社交媒体中信任和文

① Nordlund H, Lempiala T, Holopainen M. Openness of innovating: The new roles of customers and users in business-to-business context[J]. International Journal of Entrepreneurship & Innovation Management, 2011, 14(4): 282-297.

② Floreddu P B, Cabiddu F, Evaristo R. Inside your social media ring: How to optimize online corporate reputation[J]. Business Horizons, 2014, 57(6): 737-745.

③ Hajli N, Lin X. Exploring the security of information sharing on social networking sites: The role of perceived control of information [J]. Journal of Business Ethics, 2016, 133(1): 111-123.

④ Xiang Z, Du Q, Ma Y, et al. A comparative analysis of major online review platforms: Implications for social media analytics in hospitality and tourism[J]. Tourism Management, 2017(58): 51-65.

⑤ Ran Huang, HaeJung Kim, Jiyoung Kim. Social capital in QQ China: Impacts on virtual engagement of information seeking, interaction sharing, knowledge creating, and purchasing intention [J]. Journal of Marketing Management, 2013, 29(3-4): 292-316.

化的作用;① 网络口碑的采纳和效果等。

以往研究的重点主要在与组织相关的主题方面，有关创新、企业声誉和用户生成内容构成了传统的社交电商研究课题，但目前呈现轻微下滑趋势。相较而言，最近几年研究人员越来越关注与网络口碑相关的话题，如社交媒体评论、网络口碑的采纳和效果等。这显示了从传统的组织驱动的社交电商到更加开放的社交电商的转变，集中于价值共同创造。由此可见，对在线评论和网络口碑的挖掘和应用是当前的重要课题。本书将在对在线评论的文本挖掘中关注社会化因素，并尝试将其应用于社会化营销。

1.2.5 国内外研究述评

从文献综述可以看出，以往的研究已在在线评论和网络消费者满意度方面积累了丰硕的成果，为后续的研究奠定了理论基础。但是，伴随着时代的快速发展变化，社会、商业、营销大数据层出不穷，基于在线评论的网络消费者满意度方面逐渐显露出一些研究空白，给后续的研究提供了一定的空间。

(1)在线评论文本挖掘为网络消费者满意度研究提供了新的思路

以往关于网络消费者满意度的研究主要立足于美国消费者满意度指数模型 ACSI，从顾客期望、感知质量、感知价值的角度进行延展讨论，多数采用结构方程模型、回归分析和层次分析等传统方法对网络消费者满意度进行测量，已经无法满足目前的研究需求。文本挖掘技术不断成熟，为基于海量的在线评论进行网络消费者满意度研究奠定了技术基础并为其发展提供了新的思路。

① Ng S P. Intention to purchase on social commerce websites across cultures: A cross-regional study[J]. Information & Management, 2013, 50(8): 609-620.

(2)关于网络消费者满意度影响因素的探讨缺乏对交互特征因素的关注

体验经济背景下，消费者不仅重视物质消费，同样注重精神满足。伴随人们对体验的需求日益增加，体验式消费形式层出不穷，文化、娱乐、旅游领域发展迅速，网络零售领域也推陈出新。消费者与商家之间，以及消费者与消费者之间的交流互动成为消费体验的重要组成部分。以往的研究已从产品和平台角度积累了大量的有关满意度影响因素的成果，但缺乏对交互特征因素的关注。对于入驻成熟网络平台的商家而言，产品特征因素和交互特征因素对消费者满意度的影响显得十分突出。

(3)关于在线评论文本挖掘的研究较多，但基于跨平台研究视角的成果较少

发布在线评论的网络平台可以分为三大类：网络零售平台、独立第三方评价平台和社交媒体平台。目前的研究成果中，关于在线评论文本挖掘的文献通常选择单一平台作为评论语料的来源，很少从跨平台研究视角分析和利用在线评论信息。可见，将口碑信息和电子商务要素联系起来，将不同类型平台的在线评论关联起来，将有助于发现新的研究方向，并在社交电商领域有所突破。

(4)研究对象主要集中在搜索型产品上，对体验型产品关注不足

在基于在线评论抽取产品特征的研究中，多数学者选择搜索型产品，如电子产品(智能手机、数码相机、MP3 播放器、DVD 播放器等)、书籍、床垫等，作为研究对象；少量的研究选择体验型产品，较为集中在餐饮、酒店、旅游等服务型产品上，缺乏对体验型实体产品的关注。服装是一种典型的体验型实体产品，而且是一种典型的网络零售热门产品，具有研究的意义和价值。

(5)特征抽取是细粒度情感分析的基础

特征抽取是细粒度情感分析的基础，有助于提高“特征-观点对”抽取的准确性，有助于提高情感计算的效率。特征词典的建立能为后续研究提供支撑。研究表明，主题模型在产品特征及观点抽取任务中的优势在于它能自动对抽取的特征词进行归类，获取其对应的属性。现有主题模型通常基于两种无监督模型：隐狄利克雷分配（LDA）和概率化隐含语义分析（probabilistic latent semantic analysis，PLSA）。其中主题模型中 LDA 模型最具有代表性，因为后续的特征抽取和情感分析的许多主题模型都是在 LDA 模型的基础上进行改进得来的。基于主题模型进行产品特征抽取和情感分析逐渐成为文本挖掘和电子商务领域的一大热点。

1.3 研究目标、内容、方法、重难点与创新点

1.3.1 研究目标

本书以服装 B2C 电商企业在网络零售平台和社交媒体平台的在线评论为研究对象，以网络消费者满意度影响因素模型为研究目标，选取淘宝网和新浪微博分别作为网络零售平台和社交媒体平台的代表。

本书的研究问题：如何基于在线评论研究网络消费者满意度影响因素？不同类型平台满意度影响因素的构成和影响程度？不同类型平台满意度影响因素的异同及原因？

研究范围包括：运用图像匹配技术关联网络零售平台和社交媒体平台的在线评论并建立语料库；基于 LDA 模型分别抽取不同类型平台的在线评论的产品特征和交互特征，并构建跨平台在线评论特征词典；借助情感分析方法计算在线评论特征的情感极性和强度；采用计量分析方法对网络零售平台和社交媒体平台的满意度影

响因素进行实证研究。在此基础上，对比研究网络消费者满意度的影响因素，并进行跨平台网络营销实践。

1.3.2 研究内容

本书一共分为8章，具体内容如下。

(1)绪论

本章首先阐述了本书的选题背景、理论意义及实践意义。根据研究涉及的主题，分别从在线评论研究、网络消费者满意度研究、社交电商研究三个方面对国内外相关文献进行梳理和述评。确定了本书研究目标和研究对象，提出了研究问题，列出了具体的研究内容和研究框架，明确了研究的方法与工具。最后归纳了研究的重难点和创新之处，为本书展开研究明确了指导性方向。

(2)理论基础

从研究的理论依据的角度出发，分别从消费体验理论、社会支持理论两个方面对跨平台在线评论的网络消费者满意度的理论基础展开论述。消费体验理论和社会支持理论是构建网络消费者满意度影响因素模型的理论依据，本章对两个理论的内涵、维度、作用进行了总结和阐述，为本书的后续研究奠定了理论基础。

(3)网络消费者满意度影响因素概念模型构建

网络消费者满意度是服装B2C电商企业经营成败的重要影响因素，系统研究网络消费者满意度，获取影响网络消费者满意度的因素，有助于提升满意度水平，提高服装网络消费平台的销量。本章基于消费体验理论和社会支持理论，提出网络消费者满意度的五个维度(产品体验、服务体验、价值体验、交互体验和社会支持)，构建了网络消费者满意度影响因素概念模型；通过网络问卷调查，面向服装网络消费者获取数据，并利用结构方程模型进行实证分析。研究表明：感知便利、感官体验、质量体验、社会关系、感知价值、推荐和信任对网络消费者满意度具有正向影响，消费者满意度作为中介变量对消费者忠诚度和购买意向具有正向影响。网络消费者满意度影响因素概念模型的构建，为后续的基于海量在线评论文本数据的研究提供参考和依据。

(4)跨平台在线评论特征抽取

选取淘宝网10个深受用户喜爱的金冠级别的女装店铺，分别采集了他们在淘宝网及新浪官方微博中的商品评论信息，通过图像匹配技术实现了网络零售平台和社交媒体平台的在线评论的关联。接着根据本书提出的特征抽取的具体研究思路完成了以下工作：基于LDA模型分别对网络零售平台和社交媒体平台的在线评论进行特征抽取，并进行对比分析，发现评论特征主要包括产品特征和交互特征两大类，从而确定服装在线评论的特征构成框架，共分为四级指标体系：类别、特征、子特征和特征项，并人工对各特征项的特征词进行筛选；基于同义词词林对特征词进行特征的归并和特征词的拓展，并完成遗漏词增补，分别确定了网络零售平台和社交媒体平台的特征词表；整合两个特征词表，构建了服装跨平台在线评论特征词典。特征词典兼顾考虑了服装产品在不同类型平台上的在线评论，融合了产品特征和交互特征，为细粒度情感分析的科学有效性提供了保障。

(5)跨平台在线评论情感计算

通过对在线评论进行情感分析，计算评论特征的情感值，从而将自然语言文本从非结构化数据转化为结构化数据。基于句法依存关系的情感计算主要由情感词典建立、“特征-观点对”抽取、情感极性和强度计算三个主要环节构成。基于中国知网HowNet情感词典，结合在线评论中提取的形容词、动词和副词，构建了通用情感词典，并针对服装领域加入了具有情感特性的先验知识，以提升情感分类效果，构建了领域情感词典；在跨平台在线评论特征词典和情感词典的基础上，采用依存句法分析方法抽取了“特征-观点对”；明确情感词的权值，通过情感极性和强度计算得到了各特征的情感值，实现了细粒度情感分析。情感计算为网络消费者满意度影响因素的实证研究创造了条件。

(6)跨平台网络消费者满意度影响因素研究

运用多元线性回归方法，分别分析了网络零售平台和社交媒体平台的网络消费者满意度影响因素。在此基础上，对比研究了不同类型平台的消费者满意度影响因素并得到相应结论。两类平台的差异性表现在：第一，质量体验(质量、面料)、感知价值(价值)、感知便利是影响网络零售平台消费者满意度的主要因素；而功能体验(款式)、社会化促销、信任是影响社交媒体平台消费者满意度的主要因素。第二，功能体验(颜色、款式)、社会化促销不是影响网络零售平台消费者满意度的显著因素；而感知便利、感知响应和推荐不是影响社交媒体平台消费者满意度的显著因素。两类平台的相似性表现在：第一，感官体验(如穿着效果、搭配)和社会关系(如朋友、亲人)对两类平台的消费者满意度均产生显著影响。第二，“信息交互”对两类平台的消费者满意度均不产生显著影响。本书还从网络消费行为的特点、不同类型平台的特点和 B2C 电子商务企业经营的特点三个方面分析了差异性的原因。在研究结论的基础上，进一步提出对策和建议：构建社交电商全过程购物体验；结合消费场景精准分析消费者满意度；推动网红模式由单向主导向双级共生发展；建立多平台联动机制。

(7)跨平台网络营销实践

基于网络消费者评论挖掘的结论以及案例分析方法完成了跨平台的网络营销实践，其中体验营销是基础，社交电商营销是主要体现，全渠道营销是趋势。以特定的服装网络店铺为研究对象，运用三种可视化客户体验工具(客户画像、客户体验图和客户旅程图)进行分析，客观化、简洁化和逻辑化地展示了研究结果，进而有针对性地提出服装企业体验营销策略。通过典型案例分析和对比研究，总结了开展社交电商营销的三部曲：打造爆款、精准营销、品牌提升，并提出了服装企业社交电商营销策略。以全渠道客户旅程体验图为实践基础，总结了服装企业全渠道营销策略。

基于网络零售平台和社交媒体平台的在线评论对网络消费者满意度影响因素和网络营销策略进行研究，有助于服装 B2C 电子商务企业从不同的视角全面认识消费者满意度的影响因素，从不同的场景分析消费者行为和体验，为服装 B2C 电子商务企业的科学经营决策提供指导；有助于相关学者全面系统地研究消费者满意度和消费体验，为相同领域研究者提供研究方法和理论参考。

(8) 总结与展望

总结了本书的主要研究工作。对研究中出现的不足之处进行了探讨，对未来的研究内容和研究方向进行了展望。

本书的具体框架和技术路线如图 1-2 所示。

1.3.3 研究方法

本书以研究目标为基础，注重信息科学、管理学、社会学和计算机科学等学科理论与方法的结合。采用科学的、可行的研究方法探讨具体问题，以突破重点和难点问题。主要研究方法包括以下三个方面。

(1) 文献调研方法

通过大量收集国内外有关在线评论及网络消费者满意度的研究文献，充分了解现有研究成果的研究视角和研究结论，全面掌握该领域的研究现状和发展态势，从而明确研究的目标和意义。通过文献调研方法还明确了本书的理论基础，以消费体验理论和社会支持理论作为研究的理论支撑。

(2) 对比研究方法

多平台联动成为电子商务企业提供全方位服务和提升网络口碑的重要途径。本书将对比研究方法用于网络零售平台和社交媒体平台的对比，从而发现两者在在线评论特征和网络消费者满意度等方面的相似性和差异性，进而得到更具有普适性及针对性的研究结论。

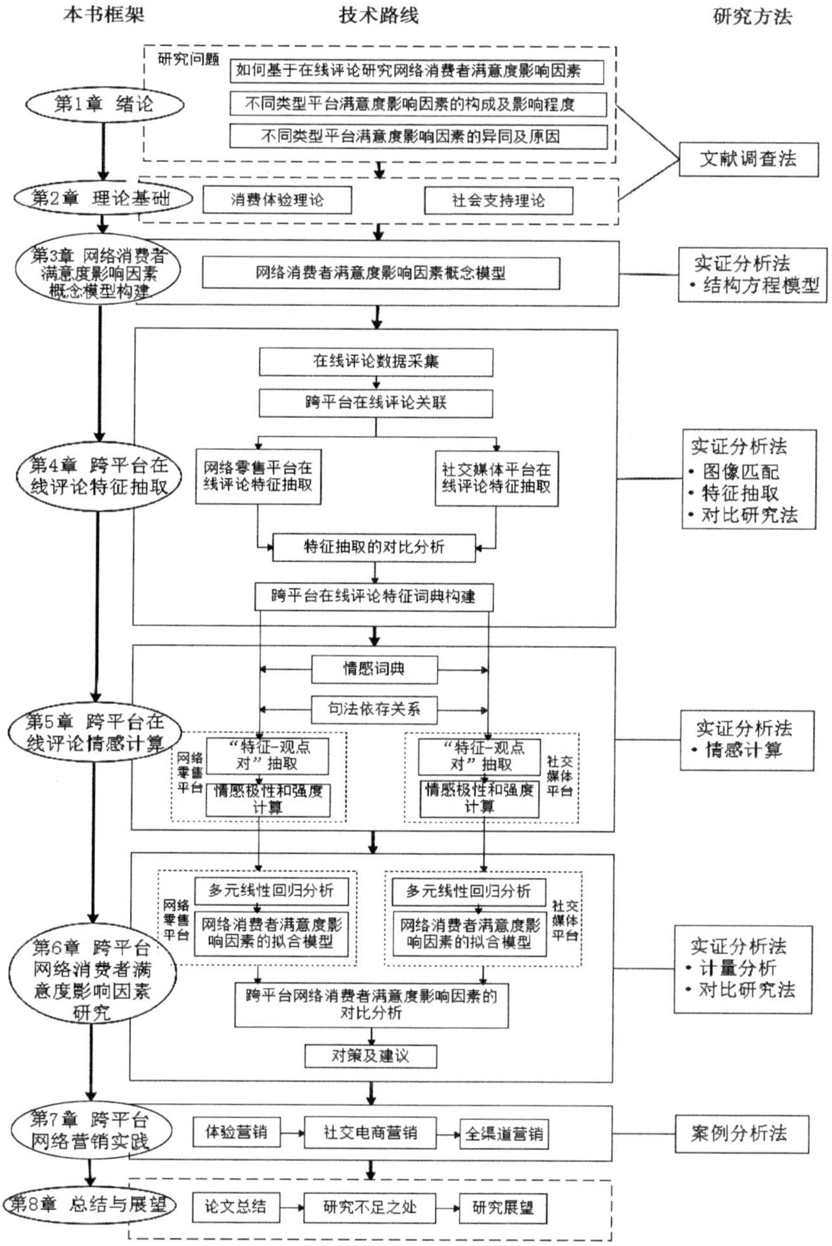

图 1-2 研究框架和技术路线图

通过图像匹配技术实现不同类型平台的在线评论的关联，是对比研究的前提条件。在此基础上，通过比较分析确定服装在线评论的特征构成框架，从而建立跨平台在线评论服装特征词典，为细粒度情感分析的科学有效性提供了保障。对不同类型平台的网络消费者满意度影响因素进行对比研究，有助于从社交电商视角全面认识消费者满意度状况，有助于从不同场景的角度具体问题具体分析，对于 B2C 电子商务企业的科学经营决策及消费者理性购物具有重要的现实意义。

(3)实证分析方法

本书运用技术增强的手段，将理论驱动与数据驱动结合起来，实证分析了网络消费者满意度影响因素。在消费体验理论和社会支持理论的基础上，对网络问卷数据利用结构方程模型，构建了网络消费者满意度影响因素概念模型。对网络零售平台和社交媒体平台的评论数据采用图像匹配技术进行关联，建立评论语料库；对不同类型平台的在线评论进行特征抽取，确定服装在线评论的特征构成框架，进而构建跨平台在线评论服装特征词典。对在线评论特征的情感极性和强度进行计算，得到评论特征的情感值。最后，以在线评论特征的情感值为自变量，以网络消费者满意度为因变量，采用计量分析方法实现对跨平台网络消费者满意度影响因素的研究。

1.3.4 研究的重难点

本书的重点在于：(1)构建跨平台在线评论特征词典。特征抽取是细粒度情感分析的前提，本书基于 LDA 模型和同义词词林构建跨平台在线评论特征词典，为建立网络消费者满意度影响因素模型提供了分析基础。(2)分析不同类型平台的网络消费者满意度影响因素的构成和影响程度。运用情感计算和计量分析方法，探讨网络零售平台和社交媒体平台的网络消费者满意度影响因素。本书通过对在线评论进行情感极性和强度计算，将自然语言文本从非结构化数据转化为结构化数据；以销量等指标代表网络消费者满意度，运用多元线性回归方法实现对影响因素的构成及影响程度的分析。(3)对比研究不同类型平台满意度影响因素的异同。通过对比研究，既明确不同类型平台的消费者满意度的共性影响因素，提高研究结论的普适性，又强调不同类型平台的个性影响因素，突出情境的差异性。这是本研究的最主要目标。(4)开展跨平台网络营销实践。在实证研究的基础上，运用案例分析方法指导实践，提出跨平台网络营销策略。

本书的难点在于：(1)实现不同类型平台在线评论的关联。社交电商背景下的网络零售企业的经营模式发生了较大变革，通过社交媒体进行网络营销和客户沟通成为企业效益的助推器。将网络零售平台和社交媒体平台的在线评论关联起来进行知识发现是本研究的一大难点。本书通过图像匹配技术实现在线评论的关联。(2)基于在线评论大数据研究网络消费者满意度影响因素的方法。如何将体量巨大、非结构化的在线评论文本的相关特征进行量化，是本研究的另一难点。本书运用技术增强手段，结合特征抽取、情感计算和计量分析等方法探讨研究问题。

1.3.5 研究的创新点

本书以服装 B2C 电商企业在网络零售平台和社交媒体平台上的在线评论为研究对象，以图像匹配、特征抽取、情感计算和计量分析为主要技术手段，以消费体验理论和社会支持理论为基础，构建了网络消费者满意度影响因素模型，对不同类型平台的网络消费者满意度影响因素进行了对比分析。最后，在实证研究的基础上，进行了跨平台网络营销实践。本书的创新点主要包括以下三个方面。

(1)引入产品特征和交互特征完善了网络消费者满意度影响因素体系

在线评论是使用自然语言以文本形式表达的消费者的体验、评价或意见。研究在线评论特征有助于挖掘网络消费者满意度影响因素。本书基于消费体验理论和社会支持理论，对网络零售平台和社交媒体平台的在线评论分别进行特征抽取，提出了服装在线评论的特征构成框架，共分为四级指标体系：类别、特征、子特征和特征项。一级指标包括产品特征和交互特征 2 个类别；二级指标包括产品体验、服务体验、价值体验、交互体验和社会支持 5 个特征；三级指标包括质量体验、感知便利、感知价值、社会化促销、信任等 11 个子特征；四级指标包括颜色、款式、搭配、物流、朋友等 22 个特征项。为后续的细粒度情感分析奠定了理论基础。提出的社会化促销、信息交互、社会关系等因素丰富了交互特征的构成维度，完善了网络消费者满意度影响因素体系，以跨平台评论大数据驱动了网络消费者满意度理论的扩展，具有一定的理论价值。

(2)通过对比研究发现了不同类型平台网络消费者满意度影响因素的异同

本书通过对不同类型平台的消费者满意度影响因素进行对比研究发现，其差异性主要表现在：第一，质量体验(质量、面料)、感知价值(价值)、感知便利是影响网络零售平台消费者满意度的主要因素；而功能体验(款式)、社会化促销、信任是影响社交媒体平台消费者满意度的主要因素。第二，功能体验(颜色、款式)、社会化促销不是影响网络零售平台消费者满意度的显著因素；而感知便利、感知响应和推荐不是影响社交媒体平台消费者满意度的显著因素。另外，通过对在线评论特征进行对比分析发现，网络零售平台消费者十分关注质量体验(质量)和感知便利，而社交媒体平台消费者对两者的关注度大幅下降。通过对比研究发现不同类型平台也存在相同的影响因素，其相似性具体表现在：第一，感官体验(如穿着效果、搭配)和社会关系(如朋友、亲人)对两类平台的消费者满意度均产生显著影响。第二，信息交互对两类平台的消费者满意度均不产生显著影响。通过对比研究明确了不同类型平台的消费者满意度影响因素的差异性和相似性，并从网络消费行为的特点、不同类型平台的特点和 B2C 电子商务企业经营的特点三个方面分析了差异性的原因，对 B2C 电子商务企业的多平台联动提供决策依据，具有一定的实践价值。

（3）运用技术增强手段丰富了网络消费者满意度影响因素的研究方法

面向多平台大规模评论语料对网络消费者满意度影响因素进行分析，对于国内外学者和管理者们而言都是富有挑战的课题。本书运用技术增强手段，将理论驱动与数据驱动结合起来，实证研究了网络消费者满意度影响因素。在消费体验理论和社会支持理论的基础上，利用结构方程模型构建了网络消费者满意度影响因素概念模型。运用图像匹配技术对服装 B2C 电商企业在网络零售平台和社交媒体平台的在线评论进行关联，并建立语料库。基于 LDA 模型分别抽取不同类型平台的在线评论的产品特征和交互特征，确定服装在线评论的特征构成框架，进而构建跨平台在线评论特征词典。采用情感分析方法完成了在线评论特征的情感极性和强度计算。借助计量分析方法构建了网络消费者满意度影响因素模型。本书运用技术增强手段进行研究，丰富了网络消费者满意度影响因素的研究方法，具有一定的研究参考价值。

1.4 本章小结

本章首先阐述了基于跨平台在线评论的网络消费者满意度影响因素研究的选题背景、理论意义及实践意义。然后通过对相关文献进行梳理，分别从在线评论研究、网络消费者满意度研究、社交电商研究三个方面对国内外相关研究进展进行论述和总结。再对本书的研究目标和研究范围进行了界定，列出了具体的研究内容和框架，明确了研究方法和研究工具。最后归纳了本书的重难点和创新之处。

2 理论基础

2.1 消费体验理论

1970 年，著名未来学家 Toffler 在《未来的冲击》一书中，就预示了未来经济形态的发展将由农业、工业、服务业走向体验经济。① 体验经济是服务经济的延伸。1998 年，Pine II 和 Gilmore 在《哈佛商业评论》发表的一篇文章中明确指出，体验经济(experience economy)已经来临。② 消费体验已经成为产生体验价值的来源，而不再是传统消费模式下无关紧要的一个过程。体验经济和消费体验引起了企业和学者们的关注。体验经济时代背景下，人们对体验的需求日益增加，在消费过程中越来越重视体验的价值。消费者对产品的体验与感受逐渐成为影响他们满意度与忠诚度的决

① [美]阿尔温·托夫勒. 未来的冲击[M]. 中国对外翻译出版公司，1987.

② Pine II B J，Gilmore J H. Welcome to the experience economy[J]. Harvard Business Review，1998，76(4)：97.

定性因素。①②③

2.1.1 消费体验的内涵

(1)消费体验的内涵

消费体验(consumption experience),也称“顾客体验”或“客户体验”(customer experience),相关研究涉及哲学、心理学、美学、教育学、经济学和管理学等众多领域,但国内外学者对于消费体验的定义尚未统一,主要包括从经济学、心理学和管理学三种视角进行的界定。1970 年,Toffler 最早从经济学角度提出“体验”是商品和服务心理化的可交换物。Pine II 和 Gilmore 认为体验是一种独特的经济提供物,是企业有意识地提供、使消费者以个性化的方式参与其中的事件。从经济学角度对消费体验的定义,实质是将消费体验视为一种经济物品。1977 年,Csikszentmihalyi 最早从心理学角度研究“体验”,提出心流体验(flow experience)的概念,认为心流体验是最优体验的过程,是个体完全投入某种活动的整体感觉。④ 心流体验是目前学者们在讨论消费体验时引用最多的心理学概念之一。Lofman 认为消费体验是想象、感觉和情感的综合反映。⑤ 陈建勋认为消费体验不仅包含积极体验,也包括

---

① [美]约瑟夫·派恩二世,詹姆斯·H. 吉尔摩. 体验经济[M]. 夏业良,鲁炜,译. 北京:机械工业出版社,2002.

② [美]Bernd H. Schmitt. 体验营销:如何增强公司及品牌的影响力[M]. 刘银娜,高靖,梁丽娟,译. 北京:清华大学出版社,2004.

③ [美]弗吉尼亚·波斯特莱尔. 美学的经济Ⅱ:美国社会变迁的 32 个微型观察[M]. 马林梅,译. 北京:中信出版社,2013.

④ Csikszentmihalyi M. Beyond boredom and anxiety [J]. San Francisco: Jossey-Bass, 1977.

⑤ Lofman B. Elements of experiential consumption: An exploratory study[J]. Advances in Consumer Research, 1991, 18(1): 729-735.

消极体验，是一种综合感受。① 从心理学角度对消费体验的定义，实质是将消费体验理解为消费者在消费过程中心里产生的感觉。1982 年，Holbrook 率先提出“消费体验”概念，并从管理学角度将其解释为消费的幻想、感觉和娱乐。② Crabone 等提出消费体验是指顾客在接触、使用甚至抛弃产品或服务时所产生的累积的消费感知。③ 体验营销之父 Schmitt 从互动的角度，认为消费体验是企业与消费者交流感官刺激、信息和情感要素的集合。④ Bolton 等指出消费体验是一种消费的结果，也是一个过程，将其定义为顾客与企业的所有互动过程中所得到的认知、情感、社交和知觉的反应。⑤ 从管理学角度对消费体验的定义，实质是将消费体验界定为消费者对企业相关活动的反应。

综上所述，本书将消费体验界定为通过消费者与企业及其代表之间的直接或间接的互动，而体现出的消费者对企业所提供的产品或服务的感知、情绪、情感和评价等一系列社会反应。

(2)消费体验的特性

消费体验的特性主要表现在以下五个方面：

第一，差异性。消费体验具有显著的个体差异性，消费者对产品和服务获得的体验因人而异。每个消费个体因个人特质、知识经验、生活习惯、思维方式和价值评判标准不同，在消费过程中会呈

① 陈建勋．顾客体验的多层次性及延长其生命周期的战略选择[J]．统计与决策，2005(12)：109-111.

② Holbrook M B, Hirschman E C. The experiential aspects of consumptions: Consumer fantasies, feelings and fun[J]. Journal of Consumer Research, 1982 (9).

③ Carbone L P, Haeckel S H. Engineering customer experiences [J]. Marketing Management, 1994(3).

④ [美]Bernd H. Schmitt. 体验营销：如何增强公司及品牌的亲和力[M]. 刘银娜，高靖，梁丽娟，译．北京：清华大学出版社，2004.

⑤ Bolton R N, Gustafsson A, Mccollkennedy J, et al. Small details that make big differences: A radical approach to consumption experience as a firm's differentiating strategy[J]. Journal of Service Management, 2014, 25(2): 22-31.

现出不同的主观性感觉和反应。不同的消费者对相同产品或服务的体验会存在差异，即使是同一消费者在不同时期不同环境下对相同产品或服务的体验也会不同，即消费体验因情境不同也有差异。① 这意味着消费体验具有情境依赖性，消费者不会出现两次一模一样的体验。②

第二，互动性。消费体验源于主客体的参与和互动，是消费者自身心智状态与其经历进行互动作用的结果。③ 没有互动就没有体验，互动是消费体验的前提。④ 消费者是参与互动的主体，产品或服务的提供方是互动中的市场角色。体验的产生是消费者通过各种平台(线上或线下)与产品或服务、各个市场角色、人员和自助服务技术之间所形成的互动。互动可以是直接的，如实际购买产品或服务，也可以是间接的，如阅读在线评论。⑤ 消费个体的互动源自于消费者过去的经验，以及消费现场的体验。过去的互动通常是在企业的设计、控制和安排之下开展的。然而，随着消费者参与性的增强，互动呈现由企业和消费者共同创造的态势。

第三，感知性。消费体验是消费者亲身经历购物过程中对产品或服务的认知以及心里所产生的情绪和感受。消费体验既是一个过程，也是一种结果。消费者经历信息搜索、商品比较、评估选择、购买决策和购买评价等一系列环节，在每个节点上都会产生认知、

① Bo E, Tronvoll B, Gruber T. Expanding understanding of service exchange and value co-creation: A social construction approach[J]. Journal of the Academy of Marketing Science, 2011, 39(2): 327-339.

② Gentile C, Spiller N, Noci G. How to sustain the customer experience: An overview of experience components that co-create value with the customer[J]. European Management Journal, 2007, 25(5): 395-410.

③ Addis M, Holbrook M B. On the conceptual link between mass customisation and experiential consumption: An explosion of subjectivity [J]. Journal of Consumer Behaviour, 2001, 1(1): 50-66.

④ Pollio H R, Thompson C J. The Phenomenology of Everyday Life: Empirical Investigations of Human Experience[M]. 1997.

⑤ Meyer C, Schwager A. Understanding customer experience[J]. Harvard Business Review, 2007, 85(2): 116.

情绪和行为反应，最终变成消费者的精神意识或记忆。① 可见，消费体验是一个感知过程。同时，消费体验是消费者在一段时间的经历后对产品或服务等客观事物形成的概念、推理和判断，从而产生的经验和感受，是一种结果。

第四，情感性。“情感”一词是用来描述消费者经历的感觉和情绪，是消费者在消费过程中所有心理体验状态的统称。从市场营销和消费者行为的角度，情感是人的需求是否得到满足时产生的一种对客观事物的态度和内心体验。消费者在对产品或服务形成初步或深刻的感知后，自然会发生情绪上的反应，会产生狂喜、愉悦、欢畅或恐惧、震撼、悲伤等不同的情感，并表现出喜欢、赞成、支持或厌恶、反对、抵制等或褒义或贬义的情感倾向。在实际购物中，消费者会在购后评价中借助好评、中评和差评，或者星级评分的方式来表达自己的喜恶。文字评价以及买家秀的图片也能很好地反映购买者的情感倾向。

第五，价值性。价值性一方面是指消费者在一系列互动中所获得的实际效用，能够满足消费者的体验需求，从而产生令人愉悦、满意的情绪和感受。另一方面，消费体验的价值性也体现在对他人的影响上。消费者分享购买体验，以文字、图片、语音和视频的形式将消费体验记录下来，其他消费主体阅读学习评价内容，从而积累经验和形成知识。

2.1.2 消费体验的维度

总体而言，消费体验维度的主要理论包括心流体验论、体验双因素论、战略体验模块论、消费体验二元论和整合的消费体验理论。

心流体验论。心流体验最早由 Csikszentmihalyi 提出，认为心

① Edvardsson B, Enquist B, Johnston R. Co-creating customer value through hyperreality in the prepurchase service experience[J]. Journal of Service Research, 2005, 8(2): 149-161.

流体验是最优体验的过程，是个体完全投入某种活动的整体感觉。心流体验是最佳体验，当人们进入心流体验状态时，身心轻松愉悦、全情投入。在后续的研究中，1997 年 Csikszentmihalyi 进一步总结了心流体验状态具有 9 个特点。①② 心流体验是目前学者们在讨论消费体验时引用最多的心理学概念之一。

体验双因素论。1998 年 Pine Ⅱ 和 Gilmore 认为影响用户体验的因素有两个，一是用户的参与类型，是主动参与还是被动参与；二是联系的类型，即环境上的相关性（消费者是接收信息还是融入情境），是吸收型联系还是沉浸型联系。根据影响因素将消费体验划分为 4 个维度。③

战略体验模块论。1999 年 Schmitt 主要基于心理学的角度，根据人的大脑是由不同功能模块组成，对应将用户体验分为 5 个既相互联系又各具特色的维度（亦称战略体验模块）。④ 该理论操作性最强，在体验营销实践方面提供了较强的指导意义。

消费体验二元论。部分学者在传统理性功能型消费的基础上，提出了感性体验型消费。⑤ 相应地，根据研究对象的不同将用户体验分为功能型用户体验和享乐型用户体验。⑥⑦ 功能型用户体验的

① Csikszentmihalyi M. Finding flow[J]. Psychology Today, 1997.

② Csikszentmihalyi M, Csikszentmihalyi I S. Optimal Experience: Psychological Studies of Flow in Consciousnes[M]. Cambridge: Cambridge University Press, 1988.

③ [美]约瑟夫·派恩二世，詹姆斯·H. 吉尔摩. 体验经济（修订版）[M]. 夏业良，鲁炜，等，译. 北京：机械工业出版社，2008.

④ Schmitt B H. Experiential marketing[J]. Journal of Marketing Management, 1999, 15(1-3): 53-67.

⑤ Fiore A M, Kim J. An integrative framework capturing experiential and utilitarian shopping experience[J]. International Journal of Retail & Distribution Management, 2007, 35(6): 421-442.

⑥ Holbrook M B. The experiential aspects of consumptions: Consumer fantasies, feelings and fun[J]. Journal of Consumer Research, 1982(9).

⑦ Li M, Dong Z Y, Chen X. Factors influencing consumption experience of mobile commerce: A study from experiential view[J]. Internet Research, 2012, 22(2): 120-141(22).

研究对象一般以耐用消费品为主，而享乐型用户体验的研究对象主要是具有休闲性、娱乐性和艺术性等产品，如网络游戏、旅游和画展等。Holbrook 针对享乐型体验提出了 3Fs 观点，认为应重视体验型消费中的幻想(Fantasies)、感觉(Feelings)和愉悦(Fun)。① 2000 年，Holbrook 进一步归纳了消费体验的 4Es 维度。② 相较而言，4Es 具有较高的理论学术价值。

整合的消费体验理论。在消费体验研究初期，学者们各自从不同角度提出的相关理论尚不成熟，并没有清晰地界定主要概念的内涵和外延，因此不能在学术界达成共识。学者们尝试从整合的视角研究消费体验。2001 年，Josko 构建了体验模块层级模型，首先提出 5 种代表信息沟通方式的体验模块：感官模块、情感模块、智力模块、身体模块和社交模块。③ 并对体验模块层级中的表层次和深层次的感受进行了区分：表层次体验主要源于对环境因素的直接反应，主要包括产品设计、包装、信息交流、网址等营销刺激的反应，而深层次体验则是对这些信息作长期深远的心理处理后所产生的感受。体验模块层级理论认为消费体验是一个对不同体验模块的逐级反应过程。Anthinodors 提出了一个消费体验整合理论模型，该模型根源于现象学的 4 个领域：意图、感知意义、个人历史与体验特征。④ 目前尚未形成“诸多学者信服且愿意遵守”的消费体验理论模型，⑤ 学术界对此展开了积极的探讨。Anthinodors、Josko 等做

① Hirschman E C, Holbrook M B. Hedonic consumption: Emerging concepts, methods and propositions[J]. Journal of Marketing, 1982, 46(3): 92-101.

② Holbrook M B. The millennial consumer in the texts of our times: Experience and entertainment[J]. Journal of Macromarketing, 2000, 20(2): 178-192.

③ Josko Brakus. A theory of consumer experiences [D].Columbia Universtiy, 2001.

④ Anthinodors C, Ronald H. Theory building for experiential consumption: The use of the phenomenological tradition to analyze international tourism [C]. American Marketing Association, Conference Proceeding, 2002(13): 319.

⑤ 晏国祥．消费体验理论评述[J]. 财贸研究，2006(6)：101-109.

出了一些有意义的尝试，但离达成共识还有一段距离。因此，现在的研究仍需结合时代的特征，探讨切合实际、行之有效的理论及方法，付诸消费体验的理论探讨与实践尝试中去。

消费者体验理论及维度见表2-1。

表2-1　消费体验理论及维度

理论文献	消费体验理论	消费体验维度	划分依据
Lofman (1991)		场景、感觉、思维、情感、行动和评价	消费体验的层面
Csikszent-mihalyi (1997)	心流体验论	即时反馈、清晰的目标、个体技能与任务挑战相匹配、专注于所做的事情、行动与意识的融合、潜在的控制感、失去自我意识、时间感的变化、自身有目的的体验	心流体验
Pine II 和 Gilmore (1998)	体验双因素论	娱乐、教育、逃避和审美	消费者的参与类型、联系类型
Schmictt (1999)	战略体验模块论	感官、情感、思考、行动和关联	大脑模块理论
Holbrook (2000)	消费体验二元论	4Es：体验、娱乐、表现欲、传递愉快	享乐型体验
Josko (2001)	整合的消费体验理论(体验模块层级模型)	感官、情感、智力、身体和社交	认知理论、层级模型
Anthinodors (2002)	整合的消费体验理论	意图、感知意义、个人历史与体验特征	现象学的四个领域
周兆晴 (2004)	战略体验模块论(扩展)	娱乐体验、情感体验和文化体验	大脑模块理论、需求层次理论

续表

理论文献	消费体验理论	消费体验维度	划分依据
郭红丽(2006)	整合的消费体验理论(客户体验维度层次金字塔模型)	底部：尊重、信任、便利和承诺。中部：掌控、选择和知识。顶部：认知、有益、身份和荣耀	层级模型
Klaus 和 Maklan (2012)	整合的消费体验理论	过程体验、产品体验、寿命周期成本、风险、与供应商的交互体验	服务体验
Schmitt 和 Zarantonello (2015)	整合的消费体验理论	产品体验 & 服务体验、线上体验 & 线下体验	

通过以上的分析可知，从管理学的角度对消费体验的定义，实质是将消费体验界定为顾客个体的感知和感受。消费体验既是一个过程，也是一种结果。根据消费体验二元论和体验模块层级理论的思想可知，体验可以分为功能型体验和享乐型体验，而体验模块具有层级结构，依次为感官、情感、智力、身体和社交。在现有理论的基础上，考虑到时代的发展变迁，体验消费的主体、对象和环境均发生着巨大的变化。特别是在电子商务领域，服装网络零售中的消费体验十分丰富，消费者的体验不仅会以心理活动的状态隐藏于每个个体之中，也会以海量的在线评论形式显现出来。综合考虑，本书将服装消费体验的维度归纳为：产品体验、服务体验、价值体验、交互体验和社会支持。前三者主要为功能型体验，后二者主要为享乐型体验中的交互与社交因素。另外“社会支持”这一维度的来源还有社会支持理论，将在本章的第 2.2 节重点阐述。

2.1.3 消费体验的价值

Britton 和 Lasalle 把消费过程看作是一种消费体验，他们认为消费体验是顾客与企业之间的互动，如果互动产生的反应是正面的，会促使消费者认可产品和服务的价值；如果造成的反应是负面的，结果则相反。① 人们通常通过不同的社会互动、交换、消费等行为或活动以达成个人价值实现。

根据消费体验二元论将消费体验价值分为两种：实用（功能）价值（utilitarian value）与享乐价值（hedonic value）。②③ 最具代表性的是 Holbrook 使用 3 个维度将消费体验价值分为 8 类。④ 3 个维度即外在价值（extrinsic value）/内在价值（intrinsic value）、自我导向的价值（self-oriented value）/他人导向的价值（other-oriented value）、主动的价值（active value）/被动的价值（passive value）。8 类体验价值即效率、卓越、游戏、美感、地位、尊敬、伦理与心灵。“外在价值”指的是功能性价值，强调产品功能属性所产生的效用，通常是以执行某项任务为目的。相较而言，“内在价值”指的是体验性价值，强调个人主观的内在价值知觉是由有趣的经验产生的。“自我导向价值”主要以个人利益为出发点，消费者产生的评价、赞赏或思考即为自我导向价值的表现；“他人导向价值”则以其他人的利益为衡量标准，如亲人、朋友、网友、网红等。主动的价值是当消费者主动（积极）购买并使用产品或服务而产生的价值；而被动的价值则是指消费者被动（消极）参与某件事情（如看广告）而产生的价值。被动的价值来自于消费者的被动反应或者属于消费体验的

① ［美］特里·A. 布里顿，戴安娜·拉萨利. 体验：从平凡到卓越的产品策略［M］. 北京：中信出版社，2003.

② Hirschman E C, Holbrook M B. Hedonic consumption: Emerging concepts, methods and propositions［J］. Journal of Marketing, 1982, 46(3): 92-101.

③ Babin B J, Darden W R, Griffin M. Work and/or fun: Measuring hedonic and utilitarian shopping value［J］. Journal of Consumer Research, 1994, 20(4): 644-656.

④ Holbrook M B, Kuwahara T, University L K. Probing explorations, deep displays, virtual reality, and profound insights: The four faces of stereographic three-dimensional images in marketing and consumer research［J］. Advances in Consumer Research, 1999(26): 240-250.

消极部分，而主动的价值则意味着可增加消费者与营销实体之间的合作关系，这种合作关系也是增强交互效率的前提。在后续的研究中，进一步探讨了客户价值在消费体验中的作用。①

在对消费体验的价值进行定义和分类研究的同时，大量学者还对消费体验的价值及其与满意度之间的关系进行了实证研究。如享乐及实用购物价值与整体满意度呈正相关关系；② 购买和使用手机产品过程中所产生的功能体验、感官体验和情感体验对消费者满意度和忠诚度都存在显著的正向影响。此外，手机用户的顾客满意度更容易受到产品功能体验的影响；③ 价值集合（功能价值、社会化价值、情感价值、创新价值和关系构建价值）显著影响消费者满意度。④ 较多的探讨集中在旅游领域，积累了丰富的研究成果。学者们较多运用结构方程模型技术对不同的旅游项目（如台湾遗址旅游、水上公园旅游等）的游客满意度进行研究，得到了一致的结论：体验质量和感知价值均对满意度有显著的正向影响。⑤⑥ 另

① Holbrook M B. Consumption experience, customer value, and subjective personal introspection: An illustrative photographic essay[J]. Journal of Business Research, 2006, 59(6): 714-725.

② Babin B J, Darden W R, Griffin M. Work and/or fun: Measuring hedonic and utilitarian shopping value[J]. Journal of Consumer Research, 1994, 20(4): 644-656.

③ 邱晔，刘保中，黄群慧．功能、感官、情感：不同产品体验对顾客满意度和忠诚度的影响[J]．消费经济，2017(4)：59-67.

④ Carlson J, Rahman M M, Taylor A, et al. Feel the VIBE: Examining value-in-the-brand-page-experience and its impact on satisfaction and customer engagement behaviours in mobile social media[J]. Journal of Retailing & Consumer Services, 2017.

⑤ Chen C F, Chen F S. Experience quality, perceived value, satisfaction and behavioral intentions for heritage tourists[J]. Tourism Management, 2010, 31(1): 29-35.

⑥ Jin N H, Sangmook L, Hyuckgi L. The effect of experience quality on perceived value, satisfaction, image and behavioral intention of water park patrons: New versus repeat visitors[J]. International Journal of Tourism Research, 2013, 17(1): 82-95.

外，有的研究基于体验经济理论，发现功能体验价值和情感体验价值均对游客的寺庙旅游满意度产生显著影响。① 有学者在生态旅游项目方面也展开了探讨，指出主观心理因素在塑造旅游景区体验方面的重要性，并得出生态旅游体验感知价值与游客满意度正相关，并间接对游客行为意向产生影响。②

2.2 社会支持理论

在社会支持理论(Social Support Theory，SST)中，社会支持网络指的是一组个人之间的接触，通过这些接触个人得以维持社会身份并且获得情绪支持、物质援助和服务、信息与新的社会接触。

依据社会支持理论的观点，一个人所拥有的社会支持网络越强大，就能够越好地应对各种来自环境的挑战。个人所拥有的资源又可以分为个人资源和社会资源。个人资源包括个人的自我功能和应对能力，社会资源是指个人社会网络中的广度和网络中的人所能提供的社会支持功能的程度。

2.2.1 社会支持的内涵

"社会支持"(social support)概念最早源于社区心理学的研究，分析与生理和心理健康有关的社会关系。研究发现社会支持可以缓

① Song H J，Lee C K，Jin A P，et al. The influence of tourist experience on perceived value and satisfaction with temple stays：The experience economy theory[J]. Journal of Travel & Tourism Marketing，2015，32(4)：401-415.

② Castellanos-Verdugo M，Vega-Vázquez M，Oviedo-García M Á，et al. The relevance of psychological factors in the ecotourist experience satisfaction through ecotourist site perceived value[J]. Journal of Cleaner Production，2016(124)：226-235.

和生活压力对生理或心理健康造成的冲击。① 20 世纪 70 年代，社会支持研究逐渐兴起，来自心理学、医学、社会学、传播学等学科的相关论述增多。② 1976 年，Cobb③ 和 Cassel④ 首次将社会支持作为专业概念在精神病学文献中提出后，学者们才开始对其进行广泛而深入的研究和探讨。Cobb 强调社会支持是一类有价值的信息，倾向于鼓励个体心理独立，而非一种可能导致个体依赖的物质或能量。个体是社会网络中的一员，能感受到被他人关心、尊重和归属感，社会网络成员共同承担责任。Albrecht 等继续提出，在社会支持的提供者与寻求者之间，以语言及非语言的沟通方式传递着这些关心、尊重和归属感。⑤ 对社会支持的讨论较多，但到目前为止尚未形成统一的定义。不同的研究者对社会支持有不同的理解，有的支持 Cobb 的观点，提出社会支持是指人们感受到的来自他人的关心和支持，认为社会支持是精神上的支持，在精神上给予被帮助者以切实有效的帮助，⑥ 强调精神和心理上的支持；有的学者认为社会支持是两个及两个以上个体之间的资源交换行为，⑦ 或者是物质上可见的帮助和给予被帮助者直接的援助支持，⑧ 强调物质和生理

① Jr B M, Ainlay S L. The structure of social support: A conceptual and empirical analysis[J]. Journal of Community Psychology, 1983, 11(2): 133-143.

② 岳改玲. 互联网上的社会支持：中西方研究现状与前瞻[J]. 江淮论坛，2010(3)：185-191.

③ Cobb S. Social support as a moderator of life stress [J]. Psychosomatic Medicine, 1976, 38(5): 300-314.

④ Cassel J. The contribution of the social environment to host resistance[J]. American Journal of Epidemiology, 1976(104): 107-23.

⑤ Albrecht T L, Adelman M B. Communicating social support: A theoretical perspective[M]. Newbury Park, CA: Sage. 1987: 18-39.

⑥ Hoffman M A, Ushpiz V, Levyshiff R. Social support and self-esteem in adolescence[J]. Journal of Youth & Adolescence, 1988, 17(4): 307-316.

⑦ Shumaker S A, Brownell A. Toward a theory of social support: Closing conceptual gaps[J]. Journal of Social Issues, 1984, 40(4): 11-36.

⑧ Pearlin L I. Social structure and processes of social support[J]. 1985.

上的支持；有的学者认为社会支持包括物质和精神两方面,①② 或者包括多种类型。

随着以交互技术为基础的互联网的快速发展，网络不仅是人们获得信息的工具，也是获得友情、尊重和归属感等情感支持的重要途径。网络不仅提供丰富的资讯，还通过人际互动提供社会支持。③④ 网络社会支持(online social support)是指个体在网络社交互动中被尊重、支持和理解的程度。⑤ 国内学者将其翻译为“网络社会支持”或“在线社会支持”，直接界定为在网络上获得的社会支持;⑥ 或者是虚拟交往中人们在情感、信息交流和物质交换时被理解、尊重时获得的认同感和归属感。⑦ 互联网的自主性、匿名性、互动性等特点促使社会支持成为深受大众欢迎的交互方式。特别是移动互联网的快速普及，进一步给企业与消费者之间的互动提供了便利。电子商务企业能够与消费者保持密切联系，消费者也能随时随地作出回应，从而产生了海量的在线评论。在线互助成为现代生活的一种常态。现有社会支持研究中，部分学者已经开始围绕消费

① Cohen S, Gottlieb B H, Underwood L G. Social relationships and health[A]//Cohen S, Underwood L G, Gottlieb B H. Social support measurement and intervention: A guide for health and social scientists[C]. New York: Oxford University Press, 2000: 3-25.

② 陈成文．社会弱者论：体制转换时期社会弱者的生活状况与社会支持[M]. 北京：时事出版社，2000.

③ Lin C A, Atkin D J. Communication technology and society: Audience adoption and uses[M]. Hampton Press, Incorporated, 2002.

④ White M, Dorman S M. Receiving social support online: Implications for health education[J]. Health Education Research, 2001, 16(6): 693.

⑤ Turner J W, Grube J A, Meyers J. Developing an optimal match within online communities: An exploration of CMC support communities and traditional support[J]. Journal of Communication, 2010, 51(2): 231-251.

⑥ 丁道群，沈模卫．人格特质、网络社会支持与网络人际信任的关系[J]. 心理科学，2005，28(2)：300-303.

⑦ 梁晓燕．网络社会支持对青少年心理健康的影响机制研究[D]. 武汉：华中师范大学，2008.

领域中的社会支持展开研究。① 但网络社会支持的定义仍然是基于之前的研究来解释，认为是使用社交网络开展交互活动得到的社会支持。②

综上所述，本书认为社会支持是指来自社会各方面包括亲人和朋友等通过信息传递、情感交流和实质性帮助而给予个体的关心和支持的系统。

2.2.2 社会支持的维度

社会支持是一个多维度的概念，根据研究背景的不同，社会支持的内容有多种划分方式。③

Cutrona 等认为社会支持包括 5 个维度：情感性支持(emotional support)、网络支持(network support)、尊重支持(esteem support)、信息性支持(informational support)和实质性支持(tangible support)。④ 情感性支持指提供与情感有关的内容，如关爱、理解和同情(信任)等心理层面的安慰或鼓励；网络支持指个体产生归属感，并愿意与社会网络成员一起参与社交活动；尊重支持指个体感受自己是有能力且被尊重的；信息性支持指提供的推荐、建议或知识形式的信息；实质性支持指提供直接的帮助，如金钱、物质、时间等。另一种较为典型的划分方法是将社会支持分为情感性支

① Tajvidi M, Wang Y, Hajili N, et al. Brand value co-creation in social commerce: The role of interactivity, social support, and relationship quality[J]. Computers in Human Behavior, 2018.

② Pornsakulvanich V. Personality, Attitudes, social influences, and social networking site usage predicting online social support[J]. Computers in Human Behavior, 2017(76): 255-262.

③ House J S. Work stress and social support[J]. ISR, 1981.

④ Cutrona C E, Russell D W. Type of social support and specific stress: Toward a theory of optimal matching[C]//Sarason B, Sarason I G, Pierce G, Social, 1990.

持、信息性支持和有形支持3个维度,①② 其中有形支持的内涵与实质性支持相近。

互联网时代的来临，促进了网络社会支持的研究。如从性质上将社会支持分为客观支持(包括网络支持和物质支持)和主观支持(情感支持)两类，其中在网络环境中特别强调情感性支持和信息性支持。③ 一些学者发现在网络环境中，信息性支持和情感性支持多而有形支持少。④⑤ 对于这种现象，学者们给出了合理的解释：网络交往这种非面对面的交往形式，其本质是虚拟的，这就决定了网络社会支持是一种无形支持，主要依靠信息传递和情感交流，所以有形支持罕见。Liang 等提出从信息性支持和情感性支持2个维度对网络社会支持进行测量，并通过实证予以证实。⑥ 信息性支持能够通过推荐和建议等口碑提供直接解决问题的指导和方案，而情感性支持则注重表达情感上的信任、支持和关注，能够间接地解决问题和产生效果。⑦ 有形支持或实质性支持是线下社会支持和网络社会支持的主要区别。

① Schaefer C, Coyne J C, Lazarus R S. The health-related functions of social support[J]. Journal of Behavioral Medicine, 1981, 4(4): 381-406.

② Zhao X, Basnyat I. Online social support for "Danqin Mama": A case study of parenting discussion forum for unwed single mothers in China [J]. Computers in Human Behavior, 2017.

③ 姚唐，邱琪，穆琳，等. 社会支持视角下顾客在线互助心理和行为机制[J]. 心理科学进展，2017，25(6)：912-922.

④ Madjar N. Emotional and informational support from different sources and employee creativity [J]. Journal of Occupational & Organizational Psychology, 2008, 81(1): 83-100.

⑤ Yao T, Zheng Q, Fan X. The impact of online social support on patients' quality of life and the moderating role of social exclusion [J]. Journal of Service Research, 2015, 18(3).

⑥ Liang T, Ho Y, Li Y, et al. What drives social commerce: The role of social support and relationship quality [J]. International Journal of Electronic Commerce, 2011, 16(2): 69-90.

⑦ 常亚平，陆志愿，朱东红. 在线社会支持对顾客公民行为的影响研究——基于品牌社区的实证分析[J]. 管理学报，2015，12(10)：1536-1543.

在社交电商日益发展的背景下，信任和推荐的作用十分突出，从在线消费者的口碑中可以窥见一斑。因此，本书将从推荐（信息性支持）和信任（情感性支持）2个维度测量网络社会支持。

2.2.3 社会支持的作用

新媒体平台使人们扩大了人际关系网络，并给人们提供了接受和给予他人网络社会支持的机会。网络社会支持对于恰当使用社交媒体平台的人来说应该是积极的和有益的。大量证据表明社会支持与身心健康有关。有研究结果指出社会支持对心理健康有积极的影响；① 显示社会支持与主观幸福感存在显著相关，社会支持与个体生活满意度、积极情绪呈正相关，与消极情绪呈负相关。② 有学者进一步发现社会支持对身体和精神健康的结果会产生有益的影响。③ 同时，接受来自他人的社会支持也可以提高自我信念。④ 但是，目前关于社会支持对消费者满意度的影响研究十分有限，值得进一步探讨。

2.3 本章小结

从研究的理论依据的角度出发，本书从消费体验理论、社会支

① Cohen S, Wills T A. Stress, social support, and the buffering hypothesis[J]. Psychological Bulletin, 1985, 98(2): 310.

② Chu P S, Saucier D A, Hafner E. Meta-analysis of the relationships between social support and well-being in children and adolescents[J]. Journal of Social & Clinical Psychology, 2010, 29(6): 624-645.

③ Chiu C M, Cheng H L, Cheng H L, et al. Understanding online community citizenship behaviors through social support and social identity[J]. International Journal of Information Management the Journal for Information Professionals, 2015, 35(4): 504-519.

④ Benight C C, Bandura A. Social cognitive theory of posttraumatic recovery: The role of perceived self-efficacy[J]. Behaviour Research & Therapy, 2004, 42(10): 1129.

持理论两个方面对跨平台在线评论的网络消费者满意度的理论基础展开论述。消费体验理论和社会支持理论是构建网络消费者满意度影响因素模型的理论依据，本章对两个理论的内涵、维度、作用进行了总结和阐述，为本书的后续研究奠定了理论基础。

3　网络消费者满意度影响因素概念模型构建

3.1　问题描述

服装网购市场交易规模和渗透率不断增长，2017年，我国服装网络购物市场交易规模达到6320.11亿元。网络购物提高了购物便捷性，但在衣着试穿效果、服饰材料质地、物流和社会交互等方面的消费体验相对较弱。消费者网络购买服装的诉求不尽相同，满意度参差不齐。研究服装网络消费者满意度影响因素，提出相应对策以提高满意度水平，具有重要的现实意义。

本章以网络消费满意度模型为基础，在回顾国内外学者研究文献的基础上，把消费体验理论和社会支持理论引入网络消费者满意度的研究中，构建网络消费者满意度影响因素概念模型，对服装网络消费者满意度的作用机理进行深入剖析，以期能更好地指导企业开展服装网络营销和提升网络消费者满意度。为了完成以上任务，需要明确并解决以下问题。

构建网络消费者满意度影响因素概念模型的作用和意义？通过样本数据，对网络消费者满意度的影响因素进行预研究，了解影响因素的实际情况，明确方向，为后续的基于海量在线评论文本数据的研究提供参考和依据。

3.2 研究模型和假设

国内外学者对网络消费者满意度进行了大量研究，提出了较为全面的测量指标。根据不同理论构建了完善的测评模型。服装作为一种特殊的商品，具有区别于其他产品的属性，服装网络营销模式又不同于传统营销模式。本研究以服装为例展开讨论。因此，本书将在对现有研究进行梳理和总结的基础上，结合服装产品的特有属性，提出功能体验、质量体验、感官体验、感知便利、感知响应、感知价值、社会关系、信息交互、社会化促销、信任和推荐 11 个指标作为影响服装网络消费者满意度的影响因素。本研究通过提出基本命题与假设、设计问卷、获取问卷数据，展开量化研究。根据相关研究理论，得到以下基本命题与假设。

3.2.1 产品体验对网络消费者满意度的影响

消费者对产品和服务体验的需求日益增加，服装网络消费者对产品使用体验的感受与评价直接影响着满意度和忠诚度。① 产品的功能维度、质量维度和感官维度构成了消费者态度和体验的基本内容。产品的功能维度对应着功能特征体验，质量维度对应着质量特征体验，感官维度对应着感官特征体验。产品体验是商家通过让消费者观摩、尝试和试用等方式亲身体验产品或服务，让消费者认知、喜好并购买的一种营销方式，其核心是顾客体验。② 服装作为一种特殊商品，消费者在购买前，需要实际体验、试穿感知后做出

① 邱晔，刘保中，黄群慧．功能、感官、情感：不同产品体验对顾客满意度和忠诚度的影响[J]．消费经济，2017，33(4)：59-67.

② Smith S，Wheeler J. Experiential Marketing [J]. Journal of Marketing Management，1999，15(1-3)：53-67.

相对可靠的购买决策，在不考虑价格等因素的前提下，实体渠道为首选。基于营销美学的观点，在产品的功能特征之外，利用美学效果创造的产品感官体验，如产品颜色、款式、图案以及这些元素的组合影响着消费者的美学感受，并进一步影响着用户的消费选择。① Mugger 的研究认为，产品功用和产品外观共同影响着消费者满意度和消费者忠诚度。② 本书从产品体验视角研究消费者满意度，将产品体验分为功能体验、质量体验和感官体验三个影响因素。

根据以上研究，特提出如下假设：产品体验正向影响网络消费者满意度，主要通过以下 3 条路径发挥影响作用。

H1a：功能体验与网络消费者满意度正相关

H1b：质量体验与网络消费者满意度正相关

H1c：感官体验与网络消费者满意度正相关

3.2.2 服务体验对网络消费者满意度的影响

消费者对服务的需求正变得更加多元化，服务本身也由功能化服务转向功能、情感并重的服务方式。服务更加重视消费者在服务场景中所得到的体验感受。③ 信任体验、网站设计体验、服务体验和商品体验是电子商务网站用户体验最重要的四个评价指标。④ Rani 等将服务体验划分为便利性服务、功能性服务、员工行为和

① ［美］贝恩特·施密特，亚力克斯·西蒙森．视觉与感受：营销美学［M］．曹嵘，译．上海：上海交通大学出版社，1999.

② Mugge R，Schifferstein H N J，Schoormans J P L. Product Attachment and Satisfaction：Understanding Consumers' Post-purchase Behavior［J］．Journal of Consumer Matketing，2010，27(3)：217-282.

③ 王潇，王世通，王迎军．服务体验对顾客消费情感与满意度的影响研究［J］．商业研究，2014(6)：113-124.

④ 朱皓然，李琪，陈沐阳，等．B2C 电子商务网站用户体验优化的层次分析［J］．福建电脑，2014(8)：8-11.

服务场景。① 消费者在消费过程中会产生消费情感，即消费者在购物体验过程中产生的相关情绪反应，服务体验会直接或间接地影响消费者的正面消费情感。②

根据以上研究，特提出如下假设：服务体验正向影响网络消费者满意度，主要通过以下 2 条路径发挥作用。

H2a：感知便利与网络消费者满意度正相关

H2b：感知响应与网络消费者满意度正相关

3.2.3 价值体验对网络消费者满意度的影响

服装网络消费者单次购物的价值体验主要包括对商家、网站和商品等的体验，其中任何一种因素的体验都会影响到后续的网购意愿。理解感知价值需要基于产品的实用视角和用户的体验视角。③ 感知价值源于心理学家亚当斯的公平理论，主要是指用户在消费某产品后对感知收获和感知付出所做出的比较判断。④ 用户的感知价值对用户采纳意图有显著影响。不同的体验要素对消费者满意度发挥不同强度的影响作用，服务商需要全面了解这些要素作用机理，为制定个性化的营销策略提供参考。

根据以上研究，特提出如下假设：价值体验正向影响网络消费者满意度，主要通过以下路径发挥作用。

---

① Rani I, Ruchi J. Transient analysis of two-dimensional state non-markovian queueing system with multiple working vacations[J]. Iims Journal of Management Science, 2012.

② Oliver R L. Effect of expectation and disconfirmation on postexposure product evaluations: An alternative interpretation [J]. Journal of Applied Psychology, 1977, 62(3): 480-486.

③ Holbrook M B, Hirschman E C. The experiential aspects of consumption: Consumer fantasies, feelings, and fun[J]. Journal of Consumer Research, 1982, 9(2): 132-140.

④ Zeithaml V A. Consumer perceptions of price, quality, and value: A means-end model and synthesis of evidence[J]. Journal of Marketing, 1988, 52(3): 2-22.

H3a：感知价值与网络消费者满意度正相关

3.2.4 交互体验对网络消费者满意度的影响

消费体验研究已由关注消费体验的构成与维度，顾客个体的情绪与情感体验，发展到关注社会网络环境下的消费体验。Tynan 和 Mckechnie 发现消费体验不是顾客个体独有的，而是与他人分享的。① Gainer 认为体验价值可以由顾客与他人在互动中共同创造，包括与其朋友或家人在集体消费体验过程中共同创造。② 与消费者有密切联系的特殊品牌体验经历都是体验价值的来源，消费者个体能够通过与他人或有价值物品之间的互动产生消费体验，从而获得与社会关系有关的体验价值。③ Ye 等实证发现社会关系和信息交互正向影响网络消费者满意度。④ Csikszentmihalyi 将心流(flow)定义为一种将个人精神完全投入到某种活动中的感觉，心流产生的同时会有高度的兴奋及充实感。⑤ 心流体验的观点是从消费者的角度考虑体验的构成、产生方式和实现过程，更加注重心理分析，对于电子商务和电子娱乐消费领域有较大的指导意义。

根据以上研究，特提出如下假设：交互体验正向影响网络消费者满意度，主要通过以下 3 条路径发挥作用。

H4a：社会关系与网络消费者满意度正相关

---

① Tynan A G, Mckechnie S A. Hedonic meaning creation though Christmas consumption : A review and model[J]. Journal of Customer Behavior, 2009, 8(3): 237-255.

② Gainer B. Ritual and relationships: Interpersonal influence on shared consumption [J]. Journal of Business Research, 1995, 32(3): 253-260.

③ Fournier S. Consumers and their brands: Developing relationship theory in consumer research [J]. Journal of Consumer Research, 1998, 24(4): 343-373.

④ Ye P H, et al. An analysis of customer satisfaction towards online clothing shopping based on the social support theory[C]//Conference on E-commerce, E-Business and E-Government. ACM, 2018: 21-25.

⑤ Csikszentmihalyi M. Flow: The Psychology of Optimal Experience[M]. New York: Harper and Row, 1990.

H4b：信息交互与网络消费者满意度正相关

H4c：社会化促销与网络消费者满意度正相关

3.2.5　社会支持对网络消费者满意度的影响

社会支持是指来自社会各方面包括亲人和朋友等通过信息传递、情感交流和实质性帮助而给予个体的关心和支持的系统。从性质上将社会支持分为客观支持(包括网络支持和物质支持)和主观支持(情感支持)两类，其中在网络环境中特别强调情感性支持和信息性支持。① Liang 等提出从信息性支持和情感性支持 2 个维度对网络社会支持进行测量，并通过实证予以证实。② 信息性支持能够通过推荐和建议等口碑提供直接解决问题的指导和方案，而情感性支持则注重表达情感上的信任、支持和关注，能够间接地解决问题和产生效果。③ 在 B2C 电子商务中，消费者的信任是动态变化的，现有的研究大多是基于某个时间点的静态分析。罗汉洋等将消费者的信任分为初始信任、一般信任和持续信任三个阶段。④

服装网络购物的虚拟性和不确定性给消费者带来了较大的风险，而信任能有效降低消费者感知的风险。信任通过满意度对消费者的忠诚度产生长期影响，同时，信任直接影响并通过感知风险和感知收益的中介作用间接影响消费者的购买决策。⑤ Shahzad 等认

① 姚唐，邱琪，穆琳，等．社会支持视角下顾客在线互助心理和行为机制[J]．心理科学进展，2017，25(6)：912-922.

② Liang T，Ho Y，Li Y，et al. What drives social commerce：The role of social support and relationship quality [J]. International Journal of Electronic Commerce，2011，16(2)：69-90.

③ 常亚平，陆志愿，朱东红．在线社会支持对顾客公民行为的影响研究——基于品牌社区的实证分析[J]．管理学报，2015，12(10)：1536-1543.

④ 罗汉洋，马利军，任际范，陆强．B2C 电子商务中消费者信任演化及其性别差异的跨阶段实证研究[J]．系统管理学报，2016，25(3)：484-497.

⑤ Kim D J，Ferrin H D L，Rao R. Trust and satisfaction，two stepping stones for successful e-commerce relationships：A longitudinal exploration [J]. Information Systems Research，2009，20(2)：237-257.

为消费者购买评价会影响线上消费者的感知，在感知价值较高的状态下，会进而影响消费者的二次购买行为。①

根据以上研究，特提出如下假设：社会支持正向影响网络消费者满意度，主要通过以下 2 条路径发挥作用。

H5a：信任与网络消费者满意度正相关

H5b：推荐与网络消费者满意度正相关

3.2.6 网络消费者满意度对消费者忠诚度和购买意向的影响

消费者满意度和忠诚度是消费者行为研究的重要内容，提升消费者满意度、维系消费者忠诚度是企业的核心任务。顾客满意度被美国研究人员 Caidozo 首次引入营销学领域，消费者对某产品的满意度会增加对该产品的重复购买行为。② 以往研究都认为满意度是影响忠诚度的一个重要决定变量，提升满意度是培育消费者忠诚度的重要步骤。③ 消费者忠诚度是指对品牌的特殊偏好和重复购买，包括再次光顾行为与倾向，积极的口碑效应。④ 满意度是忠诚度形成的一个必要前提，现有文献主要通过满意度扩展模型对消费者忠诚度进行研究。消费者对商品或服务的满意度会影响再次购买行为倾向或口碑效应，⑤ 表现为乐于与身边的朋友或亲人进行交流，介

① Khan S A，Liang Y，Shahzad S. An empirical study of perceived factors affecting customer satisfaction to re-purchase intention in online stores in China[J]. Journal of Service Science & Management，2015，8(3)：291-305.

② Cardozo R N. An experimental study of customer effort，expectation，and satisfaction [J]. Journal of Marketing Research，1965，2(3)：244-249.

③ Eggert A，Ulaga W. Customer perceived value：A substitute for satisfaction in business markets？[J]. Journal of Business & Industrial Marketing，2002，17(2/3)：107-118.

④ Dick A S，Basu K. Customer loyalty：Toward an integrated conceptual framework[J]. Journal of the Academy of Marketing Science，1994，22(2)：99-113.

⑤ Oliver R L. Whence Consumer Loyalty？[J]. Journal of Marketing，1999，34(63)：33-44.

绍自己的经验，并推荐他们购买相同的产品或相似的服务。

根据以上研究，特提出如下假设：

H6a：网络消费者满意度与用户忠诚度正相关

H6b：网络消费者满意度与用户购买意向正相关

根据消费体验理论和社会支持理论，构建了网络消费者满意度影响因素概念模型，如图 3-1 所示。

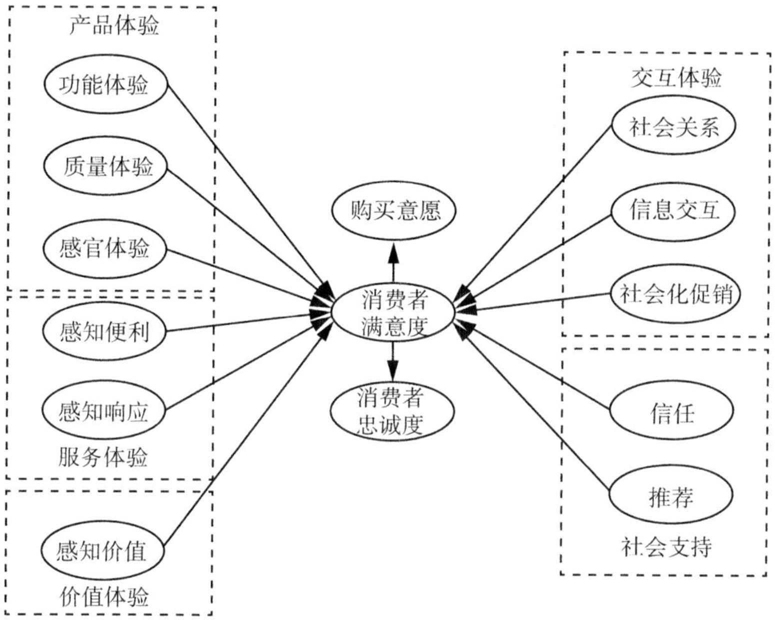

图 3-1 网络消费者满意度影响因素概念模型

3.3 研究方法

3.3.1 样本数据收集

本次研究在文献分析的基础上，采用网络问卷调查的方式采集研究数据。项目设置分为产品体验、服务体验、价值体验、交互体验和社会支持五个方面。问卷由两个部分组成：一是被测试个人信息，共由 7 个题目组成；二是基于五个项目的 59 个子项，每个问项由一组陈述组成。采用李克特 7 分制量表来测度用户的赞同程度，7 表示非常赞同，1 表示非常不赞同，赞同程度从 7 到 1 逐级递减。问卷正式发放前对某 985 院校电子商务实验室的 20 名研究生进行了预调查，根据反馈意见调整了问卷结构和表达方式。相关变量的测量指标选项设计见表 3-1。

表 3-1 变量测量指标选项设计

因素	变量	内容	来源
产品体验	功能体验（FE）	颜色是影响网络服装消费体验的主要因素	Schmitt & Zarantonello（2015）
		尺码是影响网络服装消费体验的主要因素	
		款式是影响网络服装消费体验的主要因素	
		配饰是影响网络服装消费体验的主要因素	
	质量体验（QE）	产品面料是影响网络服装消费体验的主要因素	涂智寿等（2004）
		产品做工是影响网络服装消费体验的主要因素	
		产品舒适度是影响网络服装消费体验的主要因素	
		产品质量是影响网络服装消费体验的主要因素	
	感官体验（SE）	网络服装产品能很好地匹配我的肤色	Josko（2001）
		网络服装产品具有很好的搭配效果	
		网络服装产品穿着效果能体现我的时尚品位	
		网络服装产品总体穿着感觉良好	
服务体验	感知便利（PF）（PR）	网络服装卖家发货及时	Yang 等（2003）
		网络服装物流配送速度快	
		网络服装产品包装精美无损害	
		快递员送货上门并态度友好	
		网络服装产品物流费用合理	

续表

因素	变量	内　容	来源
服务体验	感知响应（PR）	客服人员服务态度友好	Yang & Fang(2004)
		客服人员能及时有效回应信息，帮我解决问题	
		网络卖家对新老客户设置了会员系统，实时发布优惠信息	
		退换货方便快捷	
价值体验	感知价值（PV）	网络购买的服装价格合理	Petrick 等（2001）
		网络服装产品与实体店服装产品相比具有价格优势	
		网络购买的服装具有较好的性价比	
		网络购买的服装整体而言是有价值的	
交互体验	社会关系（SR）	家人、朋友认为我应该通过网络购买服装	王梦燃（2016）
		社交网站(微博)上朋友的分享会促进我进行网络购物	
		我使用社交网站时可以获得必要的购物帮助和支持	
		我周围的很多人都在使用社交电商进行购物	
	信息交互（II）	图片是我了解服装产品的主要参考依据	Josk（2001）
		图片能够真实反映产品的真实状态	
		与社交网站好友讨论和互动有利于帮助我做出网络购物决定	
		当我遇到困难的时候，会有网络社区好友提供信息帮我解决问题	
		我认为积极参与相关产品的评论有助于他人做出购物决策	
	社会化促销（SP）	社会化促销(直播、买家秀、抽奖等)能展现人文关怀	Mamonov（2017）
		社会化促销(直播、买家秀、抽奖等)有助于增强消费者的黏性	
		社会化促销(直播、买家秀、抽奖等)能刺激消费者的购买意向	
		社会化促销(直播、买家秀、抽奖等)能提升消费者购物时的满足感	

续表

因素	变量	内　容	来源
社会支持	信任（TR）	我认为网络服装产品的质量是值得信任的	陈蕾和王瑞梅（2016）
		我认为网络服装产品评论是值得信任的	
		我认为网络服装店的网红店主是值得信赖的	
		我认为网络服装商家是值得信赖的	
	推荐（RE）	我对阅读其他用户的建议和推荐很感兴趣	Liang 等（2011）
		我愿意对其他用户提出购买服装的推荐和建议	
		我对服装推荐的主题相当了解	
		网站为访问者提出建议提供了方便	
购买意向（PI）		我愿意使用网络平台购买服装	Lee（2009）
		我会经常访问网络平台购买服装	
		其他人的评论或推荐会增加我的购买意向	
		我愿意在社会化电商平台上购买服装并分享经验	
消费者满意度（CS）		通过网络购买服装能提高购物效率	Fang 等（2014）
		通过网络购物渠道更能购买到称心如意的服装	
		通过网络购买的服装能够提升我的穿着品味	
		我对网络购买的服装总体满意	
消费者忠诚度（CL）		未来我仍会继续通过网络购买服装	Zeithmal（2002）
		如果有其他的购物方式可以选择，我仍会选择网络购买服装	
		我愿意向身边的好友推荐网络购买服装	
		我会向其他人说明网络购买服装的好处	
		我会将网络购物作为一种常用的服装购物方式	

正式问卷在问卷星网站上进行发放，面向的调研群体为有网购服装经历的微博用户，共回收问卷 400 份，去除不合格问卷后，有效问卷共 313 份，问卷量符合研究要求，有效率达到 89.42%。本次调查的样本特征统计见表 3-2，调查对象中，女性用户的比率为 59.04%，男性用户的比率为 40.96%。35 岁以下年轻用户的比率

为 74.44%，占调研对象的大多数，表明通过网络购买服装的群体主要是年轻用户。调查对象的职业分布以企业技术人员及高层管理者为主，占样本量的 54.52%。通过网络购买服装的频率大多为每月一次，占调查对象的 62.56%。调查用户的月收入大多为 5001～8000 元，占比为 36.75%。购买服装的种类分布比较均匀，上衣、裤子仍是用户购买的主要品种。

表 3-2 **调查对象背景信息**

变量	类别	频率	百分比
性别	男	126	40.96
	女	187	59.04
年龄	18 岁及以下	1	0.32
	19～25 岁	50	15.97
	26～35 岁	183	58.47
	36～45 岁	55	17.57
	45 岁以上	24	7.67
学历	初中及以下	1	0.32
	高中/中专/技校	13	4.15
	大专/本科	277	88.50
	硕士	22	7.03
	博士	0	0
职业	事业单位职员及公务员	84	26.84
	企业技术人员及高层管理者	172	54.95
	学生	14	4.47
	家庭主妇	1	0.32
	自由职业者	22	7.03
	其他	20	6.39

续表

变量	类别	频率	百分比
网上购买服装的频率	每周多次	12	3.83
	每周一次	52	16.61
	每月一次	199	63.58
	半年一次	48	15.34
	每年一次	2	0.64
月收入	1000 元及以下	6	1.92
	1001~2000 元	13	4.15
	2001~3000 元	18	5.75
	3001~5000 元	76	24.28
	5001~8000 元	117	37.38
	8000 元以上	83	26.52
购买服装的种类	上衣	298	95.21
	裙子	187	59.74
	裤子	289	92.33
	大衣	204	65.18
	套装	177	56.55
	风衣	164	52.39
	内衣	204	65.18
	配饰	160	51.12

3.3.2 信度效度检验

本研究使用 SPSS 进行问卷量表及各个潜变量的信度和效度分析。问卷整体信度系数(Cronbach's Alpha)为 0.967。各个变量的信度系数都大于 0.7(见表 3-3)，内部一致性通过检验，由于问卷项目参考了成熟量表并经专家确认，内容效度可以保证，建构效度通过 KMO 与 Bartlett 球形检验得出，KMO 的值为 0.943，Bartlett 球形检验值小于0.001，当KMO的值大于0.5时，① 非常适合做因子分析，本研究采用主成分分析法和方差最大化正交旋转因子方式进行因子分析。共提取14个因子，提取主成分累计解释总方差的67.69%，解释率较高，见表3-4。问卷效度通过检验。

表3-3 因子分析结果

构面	测度项目	因子载荷量	信度系数	平均变异抽取量	建构信度
功能体验（FE）	FE1	0.786	0.659	0.500	0.796
	FE2	0.737			
	FE3	0.734			
	FE4	0.541			
质量体验（QE）	QE1	0.792	0.788	0.612	0.863
	QE2	0.787			
	QE3	0.776			
	QE4	0.775			
感官体验（SE）	SE1	0.828	0.819	0.650	0.881
	SE2	0.824			
	SE3	0.789			
	SE4	0.782			
感知便利（PF）	PF1	0.801	0.806	0.570	0.869
	PF2	0.778			
	PF3	0.758			
	PF4	0.720			
	PF5	0.715			

① Lu J, Liu C, Yu C S. Determinants of accepting wireless mobile data services in china[J]. Information & Management, 2008, 45(1): 52-64.

续表

构面	测度项目	因子载荷量	信度系数	平均变异抽取量	建构信度
感知响应（PR）	PR1	0.812	0.712	0.550	0.829
	PR2	0.790			
	PR3	0.709			
	PR4	0.643			
感知价值（PV）	PV1	0.802	0.784	0.608	0.861
	PV2	0.777			
	PV3	0.772			
	PV4	0.767			
社会关系（SR）	SR1	0.798	0.732	0.556	0.833
	SR2	0.761			
	SR3	0.730			
	SR4	0.688			
信息交互（II）	II1	0.762	0.703	0.501	0.812
	II2	0.710			
	II3	0.668			
	II4	0.650			
	II5	0.608			
社会化促销（SP）	SP1	0.815	0.790	0.615	0.864
	SP2	0.813			
	SP3	0.788			
	SP4	0.716			
信任（TR）	TR1	0.851	0.809	0.647	0.880
	TR2	0.834			
	TR3	0.787			
	TR4	0.742			

续表

构面	测度项目	因子载荷量	信度系数	平均变异抽取量	建构信度
推荐(RE)	RE1	0.811	0.760	0.587	0.850
	RE2	0.768			
	RE3	0.759			
	RE4	0.724			
购买意向(PI)	PI1	0.822	0.743	0.569	0.840
	PI2	0.778			
	PI3	0.741			
	PI4	0.669			
消费者满意度(CS)	CS1	0.850	0.770	0.597	0.854
	CS2	0.809			
	CS3	0.762			
	CS4	0.655			
消费者忠诚度(CL)	CL1	0.836	0.843	0.619	0.890
	CL2	0.814			
	CL3	0.814			
	CL4	0.739			
	CL5	0.725			

Note: [a] All standardized factor loadings were significant at $p<0.001$

表 3-4 **初始题项总方差解释率表**

成分	初始特征值			提取载荷平方和		
	总计	方差百分比	累积 %	总计	方差百分比	累积 %
1	20.849	35.338	35.338	20.849	35.338	35.338
2	3.235	5.484	40.821	3.235	5.484	40.821
3	2.155	3.653	44.474	2.155	3.653	44.474

续表

成分	初始特征值			提取载荷平方和		
	总计	方差百分比	累积 %	总计	方差百分比	累积 %
4	1.949	3.303	47.778	1.949	3.303	47.778
5	1.625	2.755	50.532	1.625	2.755	50.532
6	1.391	2.358	52.890	1.391	2.358	52.890
7	1.300	2.204	55.094	1.300	2.204	55.094
8	1.235	2.093	57.188	1.235	2.093	57.188
9	1.137	1.928	59.115	1.137	1.928	59.115
10	1.102	1.867	60.983	1.102	1.867	60.983
11	1.095	1.856	62.839	1.095	1.856	62.839
12	0.989	1.676	64.515	0.989	1.676	64.515
13	0.976	1.654	66.170	0.976	1.654	66.170
14	0.944	1.600	67.769	0.944	1.600	67.769
15	0.883	1.497	69.266			
16	0.847	1.435	70.701			
17	0.796	1.349	72.050			
18	0.772	1.309	73.359			
19	0.698	1.182	74.541			
20	0.674	1.143	75.684			
21	0.668	1.133	76.816			
22	0.651	1.104	77.920			
23	0.639	1.082	79.002			
24	0.613	1.039	80.041			
25	0.576	0.977	81.018			
26	0.548	0.929	81.948			
27	0.543	0.921	82.869			

续表

成分	初始特征值			提取载荷平方和		
	总计	方差百分比	累积 %	总计	方差百分比	累积 %
28	0.517	0.877	83.746			
29	0.498	0.844	84.589			
30	0.479	0.812	85.402			
31	0.464	0.787	86.188			
32	0.460	0.780	86.969			
33	0.449	0.761	87.730			
34	0.435	0.738	88.468			
35	0.418	0.709	89.177			
36	0.408	0.692	89.869			
37	0.393	0.665	90.534			
38	0.375	0.636	91.170			
39	0.364	0.617	91.787			
40	0.346	0.586	92.373			
41	0.324	0.549	92.921			
42	0.321	0.544	93.465			
43	0.316	0.536	94.001			
44	0.310	0.525	94.527			
45	0.299	0.506	95.033			
46	0.291	0.493	95.526			
47	0.281	0.477	96.002			
48	0.267	0.452	96.455			
49	0.257	0.435	96.890			

续表

成分	初始特征值			提取载荷平方和		
	总计	方差百分比	累积 %	总计	方差百分比	累积 %
50	0. 235	0. 398	97. 288			
51	0. 225	0. 381	97. 668			
52	0. 214	0. 362	98. 031			
53	0. 203	0. 344	98. 375			
54	0. 191	0. 325	98. 699			
55	0. 186	0. 315	99. 014			
56	0. 166	0. 281	99. 295			
57	0. 155	0. 262	99. 557			
58	0. 139	0. 236	99. 793			
59	0. 122	0. 207	100. 00			

表3-3显示，各观察变量的因子载荷量介于0. 5~0. 9之间，均大于0. 5小于0. 95，量表的基本适配指标非常理想。各潜变量的组合信度值都在0. 8~0. 9之间，大于评价标准值0. 60；各潜变量的平均方差抽取量均在0. 5~0. 7之间，都高于评价标准值0. 50，表明调查量表具有较高的信度。

潜变量的区别效度是指不同的潜变量的观测变量之间低度相关或存在显著差异。本研究中，区别效度采用每个潜变量的平均方差抽取值(AVE)与此潜变量和其他潜变量的相关系数的平方来检验，并将各潜变量的区别效度整理见表3-5。表3-5中对角线上的数值表示各潜变量的平均变异量抽取值的平方根，非对角线上的数值表示各潜变量间相关系数的平方，结果显示，所有对角线上的数值都大于非对角线上的数值，表明模型各潜变量的区别效度较好。分析说明，本研究的调查量表具有较好的信度和区别效度，为下一步分析提供了基础。

表 3-5 **潜变量相关系数与 AVE 的平方根**

潜变量	FE	QE	SE	PF	PR	PV	SR	II	SP	TR	RE	PI	CS	CL
FE	0. 707													
QE	0. 501	0. 782												
SE	0. 245	0. 331	0. 806											
PF	0. 179	0. 258	0. 351	0. 755										
PR	0. 200	0. 290	0. 362	0. 402	0. 742									
PV	0. 186	0. 284	0. 367	0. 308	0. 297	0. 779								
SR	0. 226	0. 275	0. 394	0. 294	0. 335	0. 298	0. 746							
II	0. 188	0. 246	0. 289	0. 255	0. 248	0. 249	0. 292	0. 708						
SP	0. 190	0. 246	0. 292	0. 312	0. 293	0. 243	0. 294	0. 237	0. 784					
TR	0. 176	0. 169	0. 434	0. 325	0. 314	0. 303	0. 316	0. 252	0. 279	0. 804				
RE	0. 205	0. 314	0. 365	0. 332	0. 340	0. 279	0. 342	0. 298	0. 291	0. 346	0. 766			
PI	0. 214	0. 305	0. 398	0. 325	0. 327	0. 338	0. 336	0. 268	0. 272	0. 345	0. 354	0. 754		
CS	0. 216	0. 307	0. 401	0. 327	0. 330	0. 341	0. 339	0. 270	0. 274	0. 348	0. 357	0. 404	0. 773	
CL	0. 259	0. 368	0. 480	0. 392	0. 395	0. 408	0. 406	0. 323	0. 328	0. 416	0. 427	0. 483	0. 487	0. 787

3.4 数据分析和结论

本研究采用 Amos 23 软件对结构方程模型进行了模拟分析，采用最大似然估计的方法研究理论模型中提出的假设，并利用调查数据进行了检验。

3.4.1 参数估计

在进行模型整体适配度估计之前，对参数估计的合理性进行了检查，验证检验模型是否违反估计。在本研究设计的模型中，标准化参数估计值均没有超过 0.90；测量误差方差在 0.674~8.723 之间，没有负值方差出现；潜变量协方差间标准化估计值的相关系数在 0.045~0.086 之间，都小于 1；参数估计的合理性表明，协方差矩阵或相关矩阵为正定矩阵。综上所述，模型估计结果表明没有违反估计现象出现，可以进行整体适配度检验。

3.4.2 假设检验

根据结构方程模型估计的结果见表 3-6，由表可知，共有九个假设通过了显著性检验，并与理论分析和预期一致。社会关系对服装网络消费者满意度的影响最大，感官体验对服装网络消费者满意度的影响最小。消费者满意度对购买意向影响较大。

表 3-6　　模型检验结果

假设	变量间关系	路径系数（p）	S. E.	C. R.	结果
H1a：	功能体验→消费者满意度	0. 164	0. 102	1. 589	不成立
H1b：	质量体验→消费者满意度	0. 211***	0. 052	4. 082	成立

续表

假设	变量间关系	路径系数（p）	S. E.	C. R.	结果
H1c:	感官体验→消费者满意度	0.099*	0.050	1.991	成立
H2a:	感知便利→消费者满意度	0.155**	0.059	2.649	成立
H2b:	感知响应→消费者满意度	0.059	0.068	0.868	不成立
H3a:	感知价值→消费者满意度	0.296***	0.057	5.176	成立
H4a:	社会关系→消费者满意度	0.438***	0.083	5.308	成立
H4b:	信息交互→消费者满意度	0.115	0.086	1.345	不成立
H4c:	社会化促销→消费者满意度	0.042	0.062	0.674	不成立
H5a:	信任→消费者满意度	0.155***	0.045	3.480	成立
H5b:	推荐→消费者满意度	0.294***	0.073	4.000	成立
H6a:	消费者满意度→忠诚度	0.186***	0.103	8.472	成立
H6b:	消费者满意度→购买意向	0.904***	0.065	8.723	成立

注：*** $p<0.001$；** $p<0.01$；* $p<0.05$

结构方程模型估计结果显示如图 3-2 所示，功能体验与服装网络消费者满意度的路径系数为 0.164(虚线表示)，没有达到显著水平，假设 H1a 没有得到验证，功能体验对服装网络消费者满意度没有正向影响。质量体验与服装网络消费者满意度的路径系数为 0.211，达到了 0.001 的显著水平，假设(H1b，$\beta=0.211$，$p<0.001$)得到了验证，消费者对服装面料、做工和舒适度的感知对消费者满意度有正向影响。感官体验与服装网络消费者满意度的路径系数为 0.099，达到了 0.05 的显著水平，假设(H1c，$\beta=0.099$，$p<0.05$)得到了验证，服装的搭配效果，服装与消费者肤色的匹配度，服装对消费者品位的体现度等对消费者满意度有正向影响。

感知便利与服装网络消费者满意度的路径系数为 0.155，达到了 0.01 的显著水平，假设(H2a，$\beta=0.155$，$p<0.01$)得到了验证，服装网络卖家发货速度、包装精美程度、快递员送货速度和态度、

网络服装物流费用合理对消费者满意度有正向影响。感知响应与服装网络消费者满意度的路径系数为 0.059(虚线表示)，没有达到显著水平，假设 H2b 没有得到验证。感知响应与服装网络消费者满意度没有正相关关系。

感知价值与服装网络消费者满意度的路径系数为 0.296，达到了 0.001 的显著水平，假设(H3a，$\beta=0.296$，$p<0.001$)得到了验证，服装价格、性价比对网络服装网络消费者满意度有正向影响。

社会关系与服装网络消费者满意度的相关系数为 0.438，达到了 0.001 的显著水平，假设(H4a，$\beta=0.438$，$p<0.001$)得到了验证，社交网站上朋友的分享，家人、朋友的影响对消费者满意度有正向影响。信息交互与服装网络消费者满意度的路径系数为 0.115(虚线表示)，没有达到显著水平，假设 H4b 没有得到验证。信息交互与服装网络消费者满意度没有正相关关系。社会化促销与服装网络消费者满意度的路径系数为 0.042(虚线表示)，没有达到显著水平，假设 H4c 没有得到验证。社会化促销与服装网络消费者满意度没有正相关关系。

信任与服装网络消费者满意度的路径系数为 0.155，达到了 0.001 的显著水平，假设(H5a，$\beta=0.155$，$p<0.001$)得到了验证，服装网络消费者对产品质量、用户评论、网红店主和商家的信任正向影响满意度。推荐与服装网络消费者满意度的路径系数为 0.294，达到了 0.001 的显著水平，假设(H5b，$\beta=0.294$，$p<0.001$)得到了验证，服装网络消费者之间的相互推荐正向影响用户满意度。

服装网络消费者满意度与用户忠诚度的路径系数为 0.186，达到了 0.001 的显著水平，假设(H6a，$\beta=0.186$，$p<0.001$)得到了验证，服装网络消费者对购物效率和服装总体满意度正向影响用户向好友的推荐，正向影响用户的忠诚度。服装网络消费者满意度与消费者购买意向的路径系数为 0.904，达到了 0.001 的显著水平，假设(H6b，$\beta=0.904$，$p<0.001$)得到了验证，服装网络消费者的满意度会正向影响用户的购买意向。

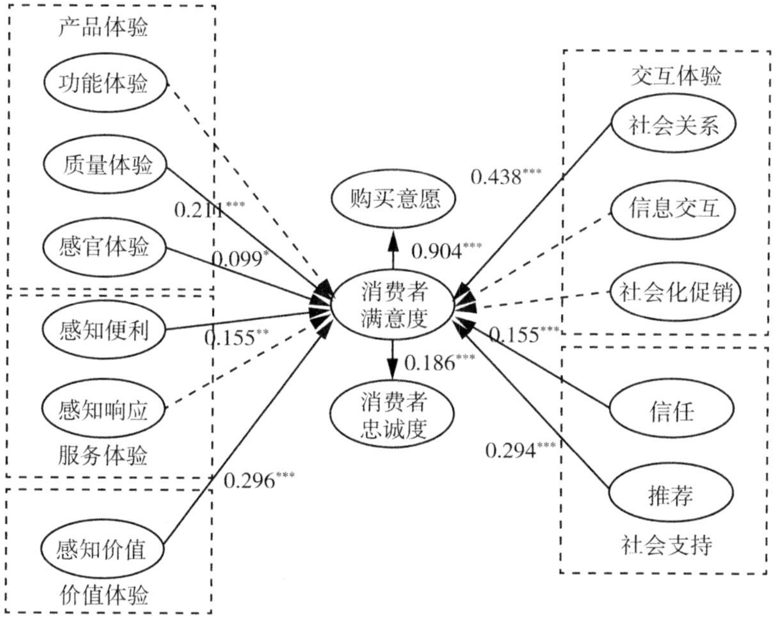

图 3-2　网络消费者满意度影响因素概念模型模拟效果图

3.5　讨论

本章的研究发现对于服装网络平台改进产品设计、研发个性化产品、制定营销策略，提升消费者满意度和忠诚度，具有一定的实践指导意义。

第一，网络平台应重视用户对产品的体验，在产品的设计和营销中利用感官刺激，建立系统化的感官营销战略。针对目标消费群体，以产品功能、价格和服务质量为基础，提升消费者满意度。结合日益细分的服装用户，美学特征已成为实现产品和服务差异化的关键要素。基于服装网络消费者审美偏好的外观美学设计和形象打造，有利于表达产品的性格，满足消费者的情感需求，提升消费者的满意度。

第二，网络购物平台需要确保消费者全过程体验的一致性。加强服装产品的质量管理，在服装购买的初始阶段，商家应及时热情回复消费者的问题，为消费者提供客观准确的商品信息；在成交阶段，提供安全便捷的支付方式；在售后阶段，应向消费者及时推送订单确认信息、物流信息等，增加服装消费者购物的现实感，同时提供方便快捷的退换货服务。确保消费者在购物的每个阶段都能感受到服务的便捷，增强消费者对服装网络平台的信任。

第三，网络平台还要利用用户产生的大数据，挖掘消费者的需求，了解客户爱好，设计针对不同用户人群的个性化推荐功能，及时推荐符合消费者需求的服装产品，降低消费者的搜索成本，确保推荐信息的质量，推荐的内容具有一定的广度和深度，提供高水平的服务及体验，增强用户的黏度。服装购物平台还应重视用户社会关系的影响作用，通过建立网络社区、讨论小组等，让用户在线上和线下的相互交流中增加对商品的接受程度。

3.6 本章小结

网络消费者满意度是服装 B2C 电商企业经营成败的重要影响因素，系统研究网络消费者满意度，获取影响网络消费者满意度的因素，有助于提升满意度水平，提高服装网络消费平台的销量。本章基于消费体验理论和社会支持理论，提出网络消费者满意度的五个维度(产品体验、服务体验、价值体验、交互体验和社会支持)，构建了网络消费者满意度影响因素概念模型；通过网络问卷调查，面向服装网络消费者获取数据，并利用结构方程模型进行实证分析。研究表明：感知便利、感官体验、质量体验、社会关系、感知价值、推荐和信任对网络消费者满意度具有正向影响，消费者满意度作为中介变量对消费者忠诚度和购买意向具有正向影响。网络消费者满意度影响因素概念模型的构建，为后续的基于海量在线评论文本数据的研究提供参考和依据。

4 跨平台在线评论特征抽取

4.1 问题描述

4.1.1 在线评论及相关技术原理

(1) 在线评论及其特征

在线评论(Online Reviews, ORs), 又称在线消费者评论(Online Consumer Reviews, OCRs)。在线评论是用户生成内容(User Generated Content, UGC)的一种重要形式, 是消费者基于个人使用体验创建的产品信息。发布在线评论的网络平台可以分为三大类: 网络零售平台、独立第三方评价平台和社交媒体平台。本研究中所涉及的在线评论为消费者在商家的网络零售平台和社交媒体平台上发布的评论。这些商家为服装 B2C 电子商务企业, 他们在网络零售平台销售产品的同时, 也在社交媒体平台上开通了官方的账号。目标消费群体在购买商品后或者与企业交流互动时, 产生了海量的在线评论。

Amazon、京东商城、天猫\淘宝网等是国内外网络零售平台的典型代表, 其中 Amazon 的商品评论字数设置下限为 10 个字, 而京东商城和天猫\淘宝网的字数均被限定为500个字以内。Amazon在订单确认90天内，可以对卖家进行评级和评价；京东规定可以评价三个月内交易成功的商品；天猫\淘宝网的评价规则是，交易成功后15日内发表评论，30日内可对已做出评论进行修改，180天内可发表追加评论，15天后系统对好评一方(另一方未评)默认好评评价。以Twitter和新浪微博为典型代表的社交媒体平台，文字一般被限定为140个字以内(2015年3月新浪微博文本上限改为2000个字)。基于这种规则，在线评论文本信息总体呈现出发布实时、数量众多、表述随意、非结构化和内容复杂的特征。网络零售平台和社交媒体平台的在线评论仍存在一定的差别，其特点对比见表4-1。

表4-1 网络零售平台和社交媒体平台的在线评论的特点对比

类目	网络零售平台的在线评论	社交媒体平台的在线评论
总长度	一般	文本简短
文本规范性	一般	不规范、表述随意、口语化
评价对象	较明确	一般
词类使用	人称代词使用较少	人称代词使用较高
非文字语言使用	较少使用表情符号、标点符号、数字等语言形式； 较多发布图片	频繁使用表情符号、标点符号、数字等语言形式； 较少发布图片
内容	对产品特征评价多	交互信息丰富
语体风格	网络流行用语使用频率较低，句型长度一般	网络流行用语使用频率较高，句型长度较短

(2)图像匹配技术

图像匹配的定义。图像匹配(image matching)是寻找一种最优变换，使来自不同时间、不同视角或不同尺寸的同一对象的两幅或多幅图像在空间上达到一致的过程。① 该技术就是构建某种有效的匹配算法，在采集的两幅图像或者多幅图像中查找相似的关键点，从而形成一一对应的关系。

图像匹配的分类。图像匹配算法一般分为基于灰度的匹配算法和基于特征的匹配算法。基于灰度的匹配算法②(也称为相关匹配算法)是利用模板图像在实时图像中进行滑动获取基准子图，并计算模板图与基准子图的相似性度量，以确定在实时图像中是否存在与该模板相同或相似的区域，若该区域存在，还可确定其位置并提取该区域。当实时图和模板图存在平移变换或较小角度的旋转时，采用基于灰度的匹配算法效果较好。基于特征的匹配算法中，首先在原始图像中提取特征(如颜色信息、边缘信息、角点信息、纹理信息等)，然后忽略图像内的非特征信息，仅根据特征信息匹配的结果建立两幅图像之间的匹配对应关系。综上所述，这两类方法各有优劣：前者是依据图像的灰度值进行匹配，精确度较高但计算量大；而后者计算量相对较小，易于实现实时匹配，但抗噪声能力较弱。

图像匹配的评价指标。国内外图像匹配算法已有很多，这就需要我们给定一个评价算法优劣的标准。一般而言，匹配算法优劣的指标包括：匹配概率、匹配精度、匹配速度。本书所需匹配的图像是由服装企业分别发布在淘宝网和新浪微博的商品图片。这些图片(发布在不同类型平台上的相同商品的图片)通常来自相同的商品原始图片，只是在图片的裁剪和像素方面有所区别。采集的淘宝店铺商品图片多数为 50 * 50 像素，少数为 50 * 34 像素，而博文商品图片统一为 80 * 80 像素。图像数据集中待匹配的图片像素不大、尺寸差异小，而且相同商品的图片仅存在平移的情况。由此可见，选择基于灰度的匹配算法可以达到良好的效果，且计算速度快。因

① 倪国强，刘琼．多源图像配准技术分析与展望[J]．光电工程，2004，31(9)：1-6.

② Yu L，Wang R S. Object detection and recognition based on multiscale deformable template[J]. Journal of Computer Research & Development，2002，39(10)：71-84.

此本书采用基于灰度的匹配算法作为淘宝店铺商品图片和博文商品图片的匹配方法。

基于灰度的模板匹配算法。模板匹配是经典的基于灰度的匹配算法。模板匹配就是根据已知的模板图像到另一幅图像中寻找相应位置的处理方法。简单而言，模板就是事先给定的一幅小图像，模板匹配就是在一幅大图像中寻找该模板图像，也即已知该大图像中有要查找的目标，且该目标与模板具有相同的方向或者存在较小角度的旋转，我们可以通过一定的算法在图中找到该目标，并确定其坐标位置。

①模板匹配原理。给定两幅图像，T 为模板图，S 为搜索图，要求在 S 上找到模板图像 T 的位置，匹配原理如下：

首先，将模板图 T 叠放在搜索图 S 的左上角，模板覆盖下的那块搜索子图记为 $S^{i,j}$(i，j 为搜索子图左上角的坐标)，让 $S^{i,j}$在搜索图 S 上开始作平移，如图 4-1 所示。

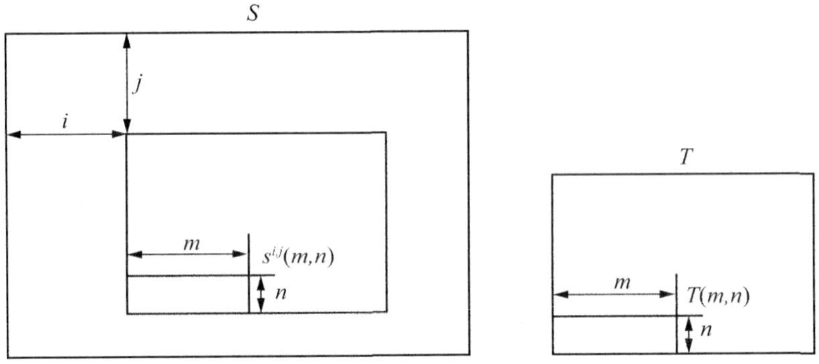

（a）搜索图 （b）模板图

图 4-1 搜索图与模板图示意图①

接着，计算搜索子图 $S^{i,j}$与模板图 T 的相似性度量值。这里采用的相似性度量函数为：

① 张银银．图像匹配技术的算法研究[D]．武汉：华中科技大学，2010.

$$R(i,\ j)=\frac{\sum_{m=1}^{M}\sum_{n=1}^{N}[S^{i,\ j}(m,\ n)-T(m,\ n)]}{\left[\sum_{m=1}^{M}\sum_{n=1}^{N}S^{i,\ j}(m,\ n)^2\right]^{\frac{1}{2}}\left[\sum_{m=1}^{M}\sum_{n=1}^{N}T(m,\ n)^2\right]^{\frac{1}{2}}} \tag{4.1}$$

取值范围：$0 \leqslant R(i,\ j) \leqslant 1$。

最后，匹配情况分析。当 $S^{i,j}(m,\ n)$ 与模板图 T 匹配时，$R(i,\ j)=1$。即此匹配点就是 $R(i,\ j)$ 取得最大值所在的位置。

经过分析可以知道，模板匹配总共需要 $(N-M-1)*(N-M-1)$ 次运算。所以当实时图像的尺寸较大而模板图像的尺寸较小时，模板匹配的计算量较大，耗时较多，难以满足实时性的要求。但是，当实时图像与模板图像尺寸相近，且仅存在平移现象时，匹配计算速度快且精度高。本书的图像匹配情况属于后者。

②算法实现。根据前面介绍的算法原理，绘制算法流程图（如图 4-2 所示），并将模板匹配的实现步骤描述如下：第一步，读取搜索图和模板图像；将搜索图和模板图像进行灰度化，并获取各自的尺寸。第二步，在搜索图上进行扫描，对于扫描到的每个像素点，以此像素点作为左上角，截取一个和模板图大小一样的矩阵，此像素点为该矩阵的左上角第一个像素；对这个临时矩阵和模板图像的矩阵取相关系数值。第三步，如果取得的相关系数值大于规定的相关系数值，可认为在以此坐标为左上角第一个像素的临时矩阵和模板图矩阵是相匹配的，并将该区域标记出来；否则转到第三步重新选择下一个像素点进行操作，直到找到目标区域。

(3) LDA 模型

LDA 模型是由 D. M. Blei 等在 2003 年提出的一种三层贝叶斯概率模型，[①] 该模型认为：在不同的潜在主题分布下，词汇会突显出不同的概率分布特征；同时，同一主题下，代表相同主题倾向的

① Blei D M，Ng A Y，Jordan M I. Latent dirichlet allocation[J]. Journal of Machine Learning Research，2003(3)：993-1022.

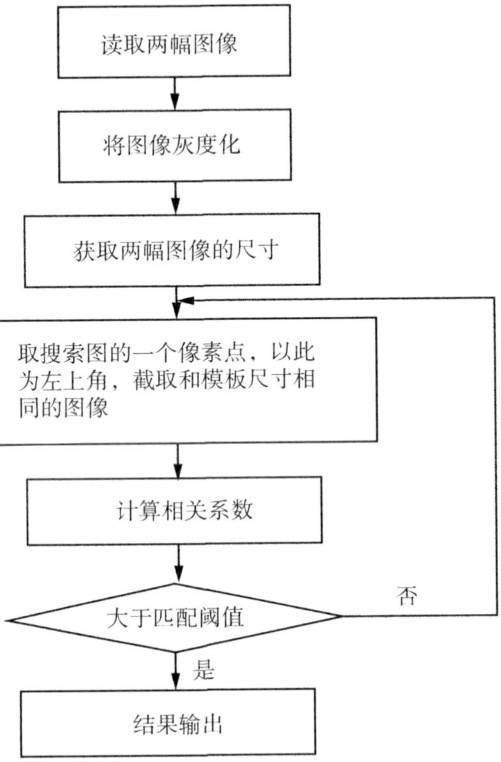

图 4-2 基于灰度的模板匹配算法流程图

词汇出现的概率往往比较相近。在网络评论中，消费者往往会围绕有限的话题来讨论，例如对于服装而言，质量、款式、尺码、价格等产品特征，或者客服、物流、包装等服务特征，或者买家秀、直播、剧透等交互特征常常被消费者讨论和分享。因此，评论文本往往是针对有限的评论主题来展开的，恰好符合 LDA 文本训练模型的特点。另外，在线评论往往涉及多个主题，如“裙子质量好，版型美，客服推荐的尺码很合适，穿上显瘦！”LDA 模型认为每一个文档可以看作是多个主题以不同概率组成的整体，每个主题可以看成是一系列词以不同概率组成的分布，能较好显示这种多主题现象。此外，LDA 模型具有良好的领域移植性和良好的算法性能，而且不会出现过度拟合现象；通过无监督方法进行训练的，适合处理大规模文本语料，具有良好的特征抽取效果。这对数据量庞大的网络评论来说，正好是理想的算法模型。

①潜在狄利克雷分布。潜在狄利克雷分布(Latent Dirichlet Allocation，LDA)是一个无监督的学习模型，在概率化隐含语义分析(Probabilistic Latent Semantic Analysis，PLSA)的基础上，把先验知识加入了隐含语义分析中，引入 Dirichlet 先验分布，提出了 LDA 模型。LDA 和 PLSA 同属于文本生成模型，以文本-主题-词语的三层贝叶斯结构来模拟文档中词语的生成过程。LDA 通过将主题的分配权重看作 Dirichlet 分布的随机变量克服 PLSA 参数过多的缺点，从而克服了过度拟合的风险。LDA 模型的提出包含了两个假设：其一，文档集中文档之间的独立性假设，即文档之间无顺序性及关联性；其二，文档中词语的词袋(bag of words)假设，一个文档中的词语之间没有相互关系。通过将每一个文档看作一个词频向量，从而将文本信息转化为易于建模的数字信息。

②LDA 模型结构。LDA 模型结构如图 4-3 所示，其中灰色节点代表可观测变量，白色节点代表隐含变量，有向边代表条件概率依赖，方框代表重复次数。M 表示文档的数量，N 表示每个文档中词语的数量，K 代表潜在主题个数。θ 表示文档-主题分布，φ 表示主题-词语分布。多项式分布 θ 和 φ 分别是一个带有超参数 α 和 β 的狄利克雷先验概率，决定了每个文档中主题分布以及每个主题中词语分布的平滑程度。z 表示所有文档中词语的主题分配情况，w 表示所有观测到的词语的集合。

LDA 模型中，一个先验的 Dirichlet 分布 $Dir(\alpha)$ 加入到 θ，一个先验的 Dirichlet 分布 $Dir(\beta)$ 加入到 φ。文本数据集的生成从每个潜在主题 $Dir(\beta)$ 下的词语分布 φ 开始抽样。每个文档 d_i 的生成过程见表 4-2。

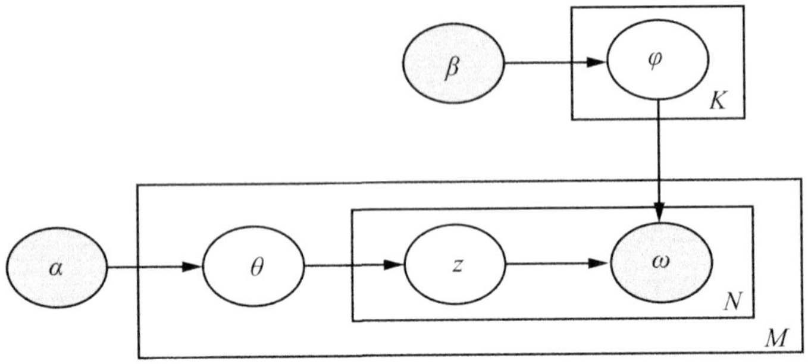

图 4-3 LDA 模型

表 4-2 **LDA 模型的文档生成过程**

1. 选择主题分布 $\theta \sim Dir(\alpha)$
2. 选择词语分布 $\varphi \sim Dir(\beta)$
3. 对于文档 d 的每个词语 w_i，
(1)选择主题 $z_i \sim \theta$
(2)选择词语 $w_i \sim \varphi$

③LDA 模型的参数估计。为了获得 θ 和 φ，目前主要有两种方法：变分法①和吉布斯采样法(Gibbs sampling)②。这两种方法都不直接估计 θ 和 φ 的分布，而是通过估计主题句 z 的后验分布，对于给定的观测值 w，近似估计 θ 和 φ 的边缘分布。每个 z_i 表示文档 d 中的每一个词语 w_i 其所属的主题信息。通过主题的分布情况，可以计算出 θ 和 φ 的分布。

Gibbs 采样本质上是一种基于马尔可夫链蒙特卡洛(Markov

① Blei D M, Ng A Y, Jordan M I. Latent dirichlet allocation[J]. Journal of Machine Learning Research, 2003(3): 993-1022.

② Griffiths T L, Steyvers M. Finding scientific topics[J]. Proceedings of the National Academy of Sciences of the United States of America, 2004, 101(Suppl): 5228-5235.

Chain Monte Carlo, MCMC)①算法，因此这一类估计方法应用相对于变分法更加广泛。对于基于 Gibbs 采样 LDA 模型，最重要的过程是计算出的概率更新文档中的每一个单词的主题分布：

$$P(z_{dn}=k \mid z_{dn^{-1}}, W, \alpha, \beta) \propto (N_{dk}^{dn^{-1}}+\alpha_k)\frac{N_{kw_{dn}}^{dn^{-1}}+\beta_{w_{dn}}}{N_k^{dn^{-1}}+\sum_{i=1}^{V}\beta_i} \tag{4.2}$$

其中，$z_{dn}=k$ 表示在文档 d 中第 n 个词上的主题为 k，$z_{dn^{-1}}$ 表示文本数据集中文档 d 除了第 n 个词之外其他词对应的主题分配情况，N_{dk} 表示文档 d 中分配到主题 k 的词语个数，N_{kw} 表示词语 w 分配到主题 k 的次数，N_k 表示文本数据集中分配到主题 k 的词语总个数，当 Gibbs 采样过程达到收敛后，可以推导出公式(4.3)和(4.4)分别计算文档-主题分布 θ 和主题-词语分布 φ。

$$\theta_{dk}=\frac{N_{dk}+\alpha_k}{N_d+\sum_{i=1}^{K}\alpha_i} \tag{4.3}$$

$$\varphi_{kv}=\frac{N_{kv}+\beta_v}{N_k+\sum_{i=1}^{K}\beta_i} \tag{4.4}$$

求得 θ 和 φ 的值后，就能得出每个文档最可能属于哪个主题，每个主题最具代表性的词语，最后得出 α 和 β。

4.1.2 研究的主要问题

目前社交电商快速发展，许多传统的电商平台都热衷于添加社交功能，与此同时，包括 Facebook、Twitter、Instagram、新浪微博、微信在内的众多国内外社交媒体平台，都积极引入电子商务功能。不同类型的平台虽然做法不同，但目标一致，都期望通过结合商务功能和社交功能增强消费者活跃度和黏性，从而促进购买。消费者

① Andrieu C, Freitas N D, Doucet A, et al. An introduction to MCMC for machine learning[J]. Machine Learning, 2003, 50(1-2): 5-43.

在交互体验中产生的海量的在线评论，蕴含着大量潜在的价值。因此，通过对不同类型平台的在线评论进行消费者观点挖掘，需要完成以下三个任务：将相同服装企业在不同类型平台的在线评论建立关联；从在线评论中抽取服装产品的特征（包括产品特征和交互特征），确定服装在线评论的特征构成框架；构建跨平台在线评论特征词典。

为了顺利完成以上三个任务，需要明确并解决以下问题。

第一，不同类型平台的在线评论为什么要建立关联？原因有三：其一，通过关联网络零售平台和社交媒体平台的在线评论，在特征抽取环节，能够对不同类型平台抽取的特征进行对比分析，并据此构建更完善的服装特征词典。其二，在计量分析环节，能够对不同类型平台的消费者满意度的影响因素进行对比分析。在因变量的量化指标方面，除了分别选取网络零售平台的“评价评级”以及社交媒体平台的“点赞数”“转发数”“评论数”外，因为不同类型平台的在线评论是基于相同商品建立的关联，所以还可以选择“销量”作为共同的量化指标。为了保证两类平台上用户的关联性和转化率，本书在选择研究样本时，主要选择了淘宝网深受用户喜爱的金冠级别的女装店铺。这些店铺的经营者在淘宝网和新浪微博上均积累了庞大的粉丝群，具有很强的影响力，属于网红多元泛化时代的新型“网红”。网红店主通过人为设置微博为只允许老顾客评论模式，在一定程度上保证了微博粉丝与店铺消费者之间存在较高的关联性及转化率。其三，在实践环节，能够从社交电商的视角，探讨企业的经营思维和营销策略。

第二，不同类型平台的在线评论怎样建立关联？通过浏览服装店铺的官方微博可以发现，除了一些日常信息，博文的内容主要围绕在售商品展开，并运用多种方式吸引注意力和提高参与度。商品图片是其中重要的一种。一条博文最多可配图 9 张，网红店铺的大多数博文会尽可能地使用 9 个图片展示位，而且多数图片是淘宝网商品销售页面的图片，这就为不同类型平台的在线评论建立关联提供了可能。人工比对的方法虽然准确率高，但是耗时费力、效率很低，相较而言机器学习的方法效果更好。幸运的是，基于图像匹配的机器学习的方法已经相对成熟，能够达到预期的目标。

第三，如何将特征抽取的范围从产品特征拓展到交互特征？过去的研究将注意力主要集中在产品特征抽取上。产品特征的抽取是情感分析的基础，对于分析消费者满意度固然十分重要，但是伴随着电子商务的快速发展，在体验经济的时代背景下，消费者的满意度影响因素也越来越复杂。有时消费者对购买的商品本身满意，但是因为其他非产品因素而感到不愉快，而做出中差评。例如："买的预售款，等了1个月终于到了，买了7件衣服，本来很期待，时间久了热情都没了，收到衣服也没觉得很惊艳。"通过这条评论可以看出"预售"这种非产品因素能够影响消费者的观点、情感和评价。有时消费者对商品的满意，不仅源于商品本身，而且来自于交互因素。例如："看直播时就被雯雯种草了"，或者"好不容易抢到优惠券，超级开心"，或者"只要是沫沫推荐的，都闭眼收"。显而易见，在研究消费者满意度影响因素时，交互特征不容忽视。特征抽取有两个重要任务，即：特征词抽取和特征词归类。LDA 模型是一种无监督的学习方法，能在特征抽取时对抽取的特征词进行归类，获取其对应的属性。此方法更适合处理大规模文本语料。因此，本书选用 LDA 模型来完成特征抽取这项子任务。

第四，特征抽取的结果怎样适用于不同类型平台的情感分析任务？这涉及两个方面：特征抽取的结果对不同类型平台的普适性问题，以及特征抽取的效率问题。为此，本书采用基于 LDA 模型的方法构建服装特征词典。特征词典的结构和特征词均建立在对不同类型平台特征抽取的对比分析基础上，因此能运用于后续的不同类型平台的观点挖掘任务中；并且大规模的文本语料为特征词典的构建奠定了基石，能提高特征抽取的查全率和查准率。

因此，与以往大部分研究不同的是，本章的研究主要基于消费体验理论和社会支持理论，通过跨平台在线评论抽取产品特征及交互特征，确定服装在线评论的特征构成框架，并构建跨平台在线评论服装特征词典。

4.2 基于图像匹配的跨平台在线评论关联

4.2.1 在线评论数据采集

淘宝网是中国深受欢迎的网络零售平台，女装是淘宝网最热门的商品类目之一。本书在淘宝网深受用户喜爱的金冠级别的女装店铺中选择了 10 个店铺(均注册了企业，取得了工商执照)，这些店铺同时在社交媒体平台——新浪微博上开通了官方微博，并且各店铺的经营者在淘宝网和新浪微博上均积累了大量的粉丝，具有很强的影响力，微博粉丝与店铺消费者的关联性及转化率较高。本书主要以 10 个女装店铺分别在淘宝网和新浪微博上的在线评论作为研究对象。

于 2017 年 7 月 1 日利用网络爬虫工具分别采集了 10 个店铺及其微博的在线评论相关数据。在淘宝网，共计采集了 2334 个在售商品的评论信息，包括商品名称、商品图片、买家名称、买家等级、商品评论、评论时间、评价评级等内容(详见图 4-4 和图 4-5)，其中商品评论 455223 条(时间分布在 2017 年 1 月 5 日至 2017 年 6 月 30 日)，商品图片 11007 张，并以此数据集作为网络零售平台研究数据。在新浪微博，采集了 10 个店铺的官方微博的最近半年的博文及评论信息，包括博文内容、博文图片、博文发布时间、评论人、评论内容、评论时间、博文转发数、博文评论数、博文点赞数等内容(详见图 4-6 和图 4-7)，其中博文 1732 个，博文评论 188725 条(时间分布在 2017 年 1 月 1 日至 2017 年 6 月 30 日)，图片 14116 张，并以此数据集作为社交媒体平台研究数据。采集微博数据时，考虑到后期的研究需要，人工筛选了博文的内容，只选择了发布的图片中只对应一件商品的博文，即一条博文只推荐一件商品。因此排除了一条博文推荐多件商品的情况，以及博文发布的信息与商品无关的情况。数据集特征见表 4-3。

表 4-3　　　　　　　　　　　数据集特征

类型	产品/博文数量	评论数量	商品图片数量	平均评论数量	平均评论字数	最长评论字数	最短评论字数	平均商品图片数量
网络零售平台	2334	455223	11007	195.04	22.29	451	2	4.72
社交媒体平台	1732	188725	14116	108.96	9.56	184	0	8.15
合计	3890	643948	25123					

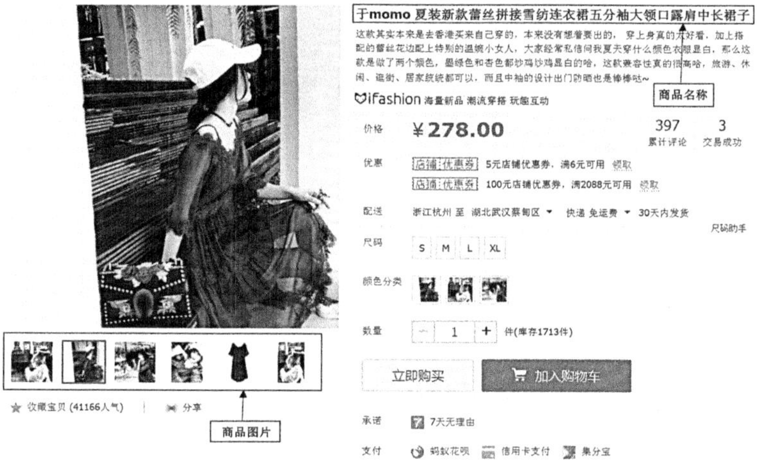

图 4-4　淘宝网商品页面示例

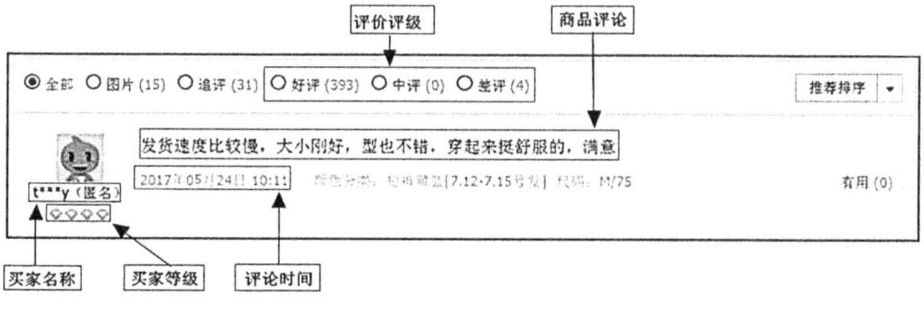

图 4-5　淘宝网商品评论示例

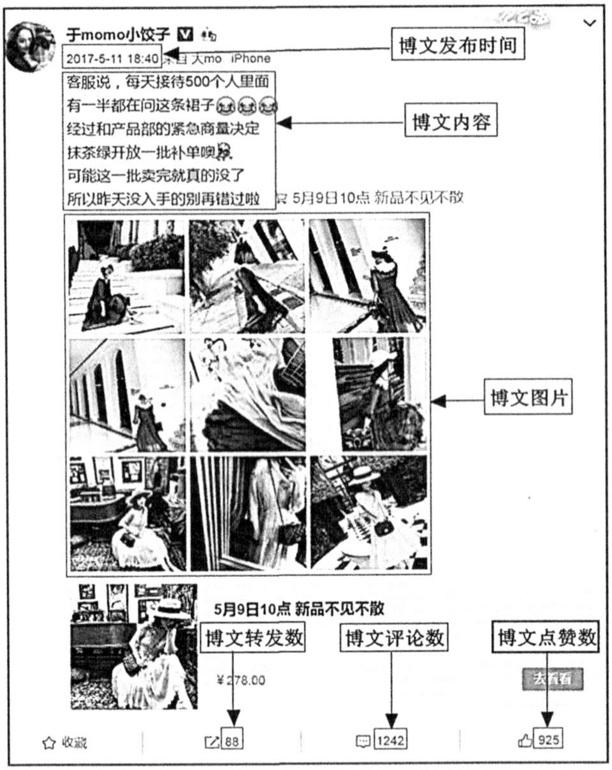

图 4-6　新浪微博博文示例

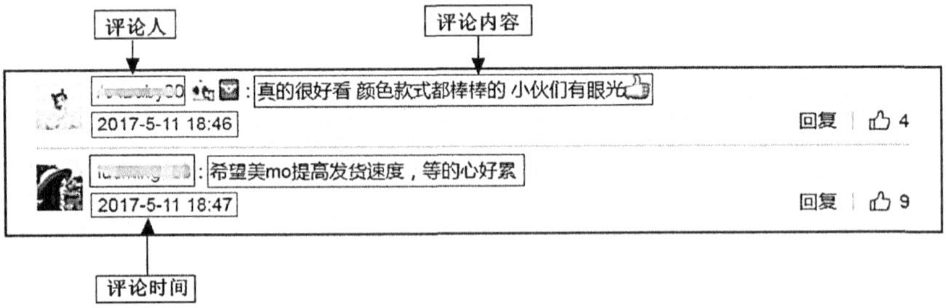

图 4-7　新浪微博用户评论示例

4.2.2 跨平台在线评论关联

(1)图像匹配准备

本书通过图像匹配技术实现不同类型平台的在线评论的关联。本书所需匹配的图像是由相同的服装企业分别发布在淘宝店铺和官方新浪微博上的商品图片。此次从两个平台上采集的图片中，大部分图片的来源一致，即同一商品的图片通常来自相同的原图，只是在图片的裁剪和像素方面有所区别。采集的淘宝图片多数为 50 * 50 像素，少数为 50 * 34 像素，而微博图片统一为 80 * 80像素。图像数据集中待匹配的图片像素不大、尺寸差异小，而且相同商品的图片仅存在平移的情况。由此可见，选择基于灰度的匹配算法可以达到良好的效果，且计算速度快。因此本书采用基于灰度的模板匹配算法作为淘宝商品图片和博文商品图片的匹配方法。

(2)基于灰度的模板匹配算法实现

本书将淘宝图片(tabao_tupian. xlsx)、淘宝评论(tabao_pinglun. xlsx)、微博主页(weibo_zhuye. xlsx)、微博图片(weibo_tupian. xlsx)和微博评论(weibo_pinglun. xlsx)及其相关信息分别以电子表格的形式存放在电脑 D 盘。另外，以 JPG 格式保存的淘宝图片和微博图片分别存放在相应文件夹里，并汇总保存在电脑 D 盘。根据基于灰度的模板匹配原理，编写模板匹配算法，并借助 MATLAB R2016a 实现基于商品图片的淘宝在线评论和微博在线评论的关联。模板匹配的实现过程见表 4-4。

表 4-4　　模板匹配的实现过程

1. 输入数据

```
aa_weibotupian =importdata('D:\weibodata\weibo_tupian.xlsx');
bb_taobaotupian=importdata('D:\taobaodata\tabao_tupian.xlsx');
cc_weibozhuye=importdata('D:\weibodata\weibo_zhuye.xlsx');
```

续表

```
dd_taobaopl=importdata('D: \ taobaodata\ tabao_pinglun.xlsx');
ee_weibopl=importdata('D: \ weibodata\ weibo_pinglun.xlsx');
```

2. 图像匹配相似度阈值

```
Thresh=0.9
```

3. 相应的 cell 矩阵

```
weibotupian=aa_weibotupian.Sheet1;
taobaotupian=bb_taobaotupian.Sheet1;
weibozhuye  =cc_weibozhuye.Sheet1;
taobaopl    =dd_taobaopl.Sheet1;
weibopl     =ee_weibopl.Sheet1;
```

4. 图片移动

```
taobao_img_moving;
weibo_img_moving;
```

5. 图片载入

```
img_load;
save jpg_data tao_cell wei_cell aa_weibotupian bb_taobaotupian cc_weibozhuye dd_taobaopl ee_weibopl
```

6. 图片匹配矩阵计算

```
matric_cal;
save mat_data match_score tao_ind wei_ind
```

7. 匹配图片生成

```
Gen_img;
```

8. 匹配信息表

```
Basic_xls;
xlswrite('匹配后基本信息.xlsx', xls_cell);
```

其中 matric_cal.m 为算法的核心部分，用于产生距离矩阵，生成的矩阵的一行对应一个微博图片分别与所有淘宝图片逐一匹配的分数。距离矩阵的实现算法(matric_cal.m)见表 4-5。

本书采集的淘宝商品图片多数为 50 * 50 像素，少数为 50 * 34 像素，而微博商品图片统一为 80 * 80 像素。考虑到采集的淘宝图片为矩形，微博图片为正方形，于是将微博图片的四条边进行同比例缩放，使其边长与淘宝图片的短边相等。本书把缩放后的微博图片作为模板图，把淘宝图片作为搜索图，然后将模板图在搜索图中进行滑窗匹配，图像匹配相似度阈值设定为 0.9。

表 4-5　距离矩阵的实现算法

```
match_score=zeros(length(wei_cell), length(tao_cell));
    for i=1: length(wei_cell)
        p1=wei_cell{i};
        for j=1: length(tao_cell)
            p2=tao_cell{j};
            d_size=size(p2);
            [min_len, min_index] = min(d_size);    %min_len=d_size
(min_index)
            p1_re=imresize(p1, [min_len min_len]);
            r_arr=zeros(1, d_size(3-min_index)-min_len+1);
            for k=1: (d_size(3-min_index)-d_size(min_index)+1)
                if(min_index==1)
                    r_arr(k)=corr2(p1_re, p2(:, k: (k+min_len-1)));
                else
                    r_arr(k)=corr2(p1_re, p2(k: (k+min_len-1),:));
                end
            end
            match_score(i, j)=max(r_arr);
        end
        i
    end
```

(3)图像匹配结果

通过基于灰度的模板匹配算法分别对 10 个店铺的淘宝图片和微博图片进行匹配，为了便于辨识，匹配后输出灰度化处理前的图片，匹配上的两张图片组合成一张图以 JPG 的格式进行保存。图像匹配输出结果如图 4-8 所示。

图 4-8 图像匹配输出结果示例

根据上述描述可知，同一个商品对应若干张商品图片，所以需要根据“商品 ID”对匹配后的数据信息进行去重，最后得到评论文本数据集，其中淘宝网的在线评论文本数据集包括 871 个商品的共计 139153 条评论；新浪微博的在线评论文本数据集包括 1045 条博文的共计 89527 条评论。两个评论文本数据集基于“商品 ID”进行关联。跨平台在线评论关联为后续的特征词典建立、网络消费者满意度影响因素分析以及对比研究奠定了基础。

4.3 基于 LDA 模型的特征抽取思路及流程

4.3.1 特征抽取思路

多元化的在线评论平台和海量的在线评论数据源为更精准的观

点挖掘提供了便利。特征抽取是细粒度情感分析的关键任务之一。①② 有的学者在人工标注的基础上，基于同义词林的扩展，以及大规模评论文本的词向量训练，形成产品特征词典。该方法对三种产品的平均查准率和平均查全率较高，具有一定的普适性。但是需要大量人工参与特征标注及验证，且自动化程度不够。③ 本书考虑采用无监督 LDA 模型替代手工标注特征，不仅能提高自动化水平，而且能达到对抽取的特征词分类的效果，并为构建特征词典奠定基础。构建特征词典能提高情感分析的效率。本书的特征抽取的对象不仅包括产品特征，还包括交互特征，具体研究思路如下：

(1)基于 LDA 模型分别对网络零售平台和社交媒体平台的在线评论进行特征抽取。

(2)基于对比分析跨平台在线评论特征抽取的主题，确定服装在线评论的特征构成框架，共分为四级指标体系：类别、特征、子特征和特征项，并人工对各特征项的特征词进行筛选。

(3)基于同义词词林对特征词进行特征的归并和特征词的拓展，并完成遗漏词增补，分别确定网络零售平台和社交媒体平台的特征词表。

(4)整合两个特征词表，得到最终的跨平台在线评论特征词表。

4.3.2 特征抽取流程

基于 LDA 模型的特征抽取流程(如图 4-9 所示)如下：

(1)对网络零售平台的在线评论数据进行数据预处理，包括评论清洗、评论分句分词、词性标注、停用词过滤、词频统计和特征

① 聂欣慧．基于产品特征的领域情感本体构建及应用研究[D]．北京：首都师范大学，2014.

② 唐晓波，刘广超．细粒度情感分析研究综述[J]．图书情报工作，2017(5)：132-140.

③ 李伟卿，王伟军．基于大规模评论数据的产品特征词典构建方法研究[J]．数据分析与知识发现，2018，13(1)：41-50.

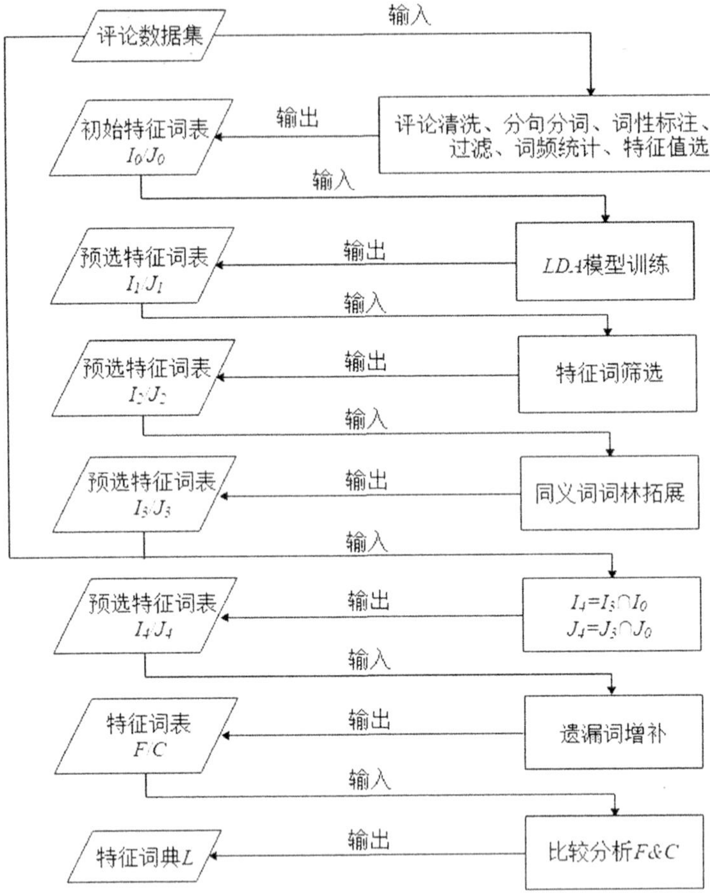

图 4-9　基于 LDA 模型的特征抽取流程

词选择，形成初始特征词表 I_0。

(2)将初始特征词表 I_0转化形式导入 LDA 模型，得到预选特征词表 I_1。

(3)对特征词进行筛选，保留各个主题下前 100 个热点特征词，去除对主题贡献不大的特征词，得到预选特征词表 I_2。

(4)为了避免疏漏低频特征词，采用同义词词林对 I_1进行拓展，令 $I_3=I_2\cup R$，得到预选特征词表 I_3。

(5)通过同义词词林补充的特征词只有出现在初始特征词表 I_0 中才有意义，因此令 $I_4=I_3\cap I_0$，得到预选特征词表 I_4。

(6)通过遗漏词增补，得到网络零售平台的在线评论特征词表 F。

(7)根据相同流程对社交媒体平台的在线评论数据抽取特征，依次产生 J_0、J_1、J_2、J_3、J_4，得到特征词表 C。

(8)比较网络零售平台和社交媒体平台的在线评论主题及特征词，确定服装在线评论的特征构成框架，并基于跨平台在线评论构建服装特征词典 L。

4.4 网络零售平台在线评论特征抽取

4.4.1 数据预处理

网络零售平台——淘宝网的在线评论文本数据预处理主要包括评论清洗、分词及词频统计、特征词选择三项任务。

(1)评论清洗

在线评论数据清洗的目的是去噪，以保证数据的准确有效性。主要包括：①过滤系统默认评论。淘宝网在买家未及时做出评价时会给予自动评价，如“评价方未及时做出评价，系统默认好评”“15天内买家未作出评价”“此用户没有填写评价”等，这些内容并非买家生成，且条数多噪音大，因此，此类评论需预先被过滤。②过滤无效评论。有些评论为空，或为纯非中文字符(标点符号、数字、表情等)，无实际意义，如“!!!”“7777”等。此类内容有用信息很少，对评论文本的主题分析无贡献，所以将其做删除处理。③过滤重复评论。当买家一次购买多件同一商品时，经常会出现重复评论，这种情况在店铺的评论中出现较多，对词频统计的影响较大，所以需要去重。信息预处理后，保留了 103382 条评论建立评论数据集等待进一步分析。预处理工作大大降低了数据的噪音。

(2)分词及词频统计

①分句。本书选取标点符号中的句号、感叹号、问号作为断句标识，对文本数据集中的每条评论进行分句处理。

②分词及词性标注。与英文文本不同，中文文本的词与词之间没有明确的分词记号，需要在分析前先将整句切分成词汇，即对评论文本进行分词。在分词阶段，本书采用中国科学院 ICTCLAS 分词工具，该工具可以进行中文分词、词性标注、关键词提取，分词正确率高达 98.45%，①② 具有不错的分词效果。每一条评论分词后，可以得到一个词向量，其中的每个词都带有词性标记。对服装的一条原始评论“发货速度比较慢，大小刚好，型也不错，穿起来挺舒服的，满意”进行分词和词性标注后，得到的内容为“发货/vi 速度/n 比较/d 慢/a ，/wd 大小/n 刚好/d ，/wd 型/ng 也/d 不错/a，/wd 穿/v 起来/vf 挺/d 舒服/a 的/ude1 ，/wd 满意/v”。ICTCLAS 分词工具同时具有新词提取功能，如果在分词前提取新词，再将新词导入用户词典后分词，会得到如下结果：“发货速度/n_new 比较/d 慢/a ，/wd 大小/n 刚好/d ，/wd 型/ng 也/d 不错/a ，/wd 穿/v 起来/vf 挺/d 舒服/a 的/ude1 ，/wd 满意/v”，将名词短语“发货速度”作为名词新词“n_new”标注。在评论语料的处理过程中，类似的词语还有“预售日期”“纸盒包装”“上身效果”等。

③停用词过滤。停用词(stop words)指那些在文档中频繁出现但自身意义不明确的词，常见的停用词包括语气助词、连词、介词、冠词等。消除停用词可以减少无意义的词语个数，减少存储空间和后续的运算时间。本书采用哈工大停用词表对评论文本数据集

① Li P F, Zhu Q M, Zhou G D. Using compositional semantics and discourse consistency to improve Chinese trigger identification [J]. Information Processing & Management, 2014, 50(2): 399-415.

② Li J, Li J, Fu X, et al. Learning distributed word representation with multi-contextual mixed embedding[J]. Knowledge-Based Systems, 2016, 106(C): 220-230.

的关键词表进行了停用词过滤，达到了降维的目的。

④词频统计。在 ICTCLAS 分词工具提取的关键词(含新词)的基础上，借助 SPSS 和 Excel 数据分析工具进行关键词的词频统计，获得了 11346 个关键词，其中名词 4863、形容词 585 个、动词 3784 个、副词 83 个。

(3)特征词选择

在主题建模中，名词对特征抽取的贡献最大，因此本章只考虑了名词词性的词汇。本书通过对评论数据集进行分析，发现在线评论文本中只有少数词语频繁出现，而绝大多数词语出现次数较少，呈现明显的"长尾特征"。保留 4863 个名词作为网络零售平台在线评论的初始特征词表 I_0 。另外，把得到的形容词、动词和副词存储下来，等待下一步分析使用。

4.4.2 LDA 模型建模

本书采用吉布斯采样法来实现 LDA 模型的参数估计。该方法易于实现、计算简洁快速、所需内存较小。应用 LDA 模型进行特征抽取，需要确定如下参数：模型的超参数，即 α 和 β ；主题数 K；特征词的候选阈值 δ 。根据经验取值①②将超参数设置为 $\alpha = 50/K$ ，$\beta=0.01$，$K=20$，其中 K 为主题数，设置循环迭代次数为 1000。为了提高建模效率，将特征词的候选阈值设定为 $\delta = 50$，选取高于阈值的 1008 个名词。

LDA 模型的文档生成过程为：假设文本数据集 D 包含 m 条文档，记为 $D=\{d_1, d_2, \cdots, d_m\}$ ，这 m 条文档中分布着 k 个主题，记为 $Z=\{z_1, z_2, \cdots, z_k\}$ ，文档中所有的特征词构成的词汇集记为

① Steyvers M, Griffiths T. Probabilistic topic models [J]. Handbook of Latent Semantic Analysis. UK: Psychology Press, 2007: 424-440.

② Shi J, Fan M, Wan-Long L I. Topic analysis based on LDA model[J]. Acta Automatica Sinica, 2009, 35(12): 1586-1592.

$W=\{w_1, w_2, \cdots, w_v\}$，$v$ 表示所有不同特征词的个数。对于文档 d_i 中的每个词语 w_i，首先从该文档对应的多项式分布 θ 中随机选择一个潜在主题 z_i，然后从 z_i 对应的多项式分布 φ 中随机抽取一个词语 w_i。这一过程重复 N 次，就可以产生文档 d_i。

对于文本数据集 D 而言，通过 LDA 的潜在主题识别过程就是上述文本产生过程的逆过程，通过求解 θ 和 φ，从而求出使 $P(D \mid \alpha, \beta)$ 最大的参数的 α 和 β 值。根据已知数据和文档的生成规则，LDA 通过概率推导来实现参数估计。LDA 模型变量及其含义详见表 4-6。

表 4-6　**LDA 模型变量及其含义**

变量	含　义
D	文本数据集
$I_0 I_1\ I_2\ I_3 I_4$	网络零售平台在线评论的初始(预选)特征词表
$J_0 J_1\ J_2\ J_3 J_4$	社交媒体平台在线评论的初始(预选)特征词表
δ	特征词的候选阈值
M	文本数据集中评论总数
N	每个评论文档中词语的数量
K	文本数据集中潜在主题个数
V	文本数据集中所有不同特征词的个数
θ	$M \times K$ 的矩阵，表示文本数据集中每个评论文档生成每个主题的概率
z	$V \times K$ 的矩阵，表示每个评论文档中每个主题生成每个词的概率
φ	$V \times K$ 的矩阵，表示文本数据集中每个主题生成每个特征词的概率
w	文本数据集中的特征词
α	一个 K 维向量，表示每个潜在主题生成的概率
β	$V \times K$ 的矩阵，表示文本数据集中每个主题生成每个特征词的概率

将初始特征词表 I_0 及文本数据集 D 导入 MYSQL，通过运算生成 train. htm 文件，将其转化为 ascii 格式，导入 MATLAB 软件。Train 文件是实验的重要输入文件，以矩阵形式记录了 1008 个特征词在 103382 条评论中的分布情况。运行 LDA 模型算法，通过吉布斯采样法对所有潜在主题进行循环迭代抽样，最终实现收敛，输出两个矩阵，分别是 α 和 β。α 为文档-主题矩阵，每一行对应文本数据集，每一列对应一个主题，元素值代表每个潜在主题生成的概率；β 为主题-特征词矩阵，每一行对应词汇表中的一个特征词，每一列对应各个主题，元素值代表某个特征词被分配给相应主题的概率。根据主题-特征词多项分布式矩阵产生预选特征词表 I_1。LDA 模型的源码一览表见表 4-7。

表 4-7 **LDA 模型的源码一览表**

1. accum_beta. m
2. assert. m
3. converged. m
4. diff_vec. m
5. features. m
6. fmatrix. m
7. isint. m
8. ida. m
9. lda_lik. m
10. ldamain. m
11. mnormalize. m
12. newton_alpha. m
13. normalize. m
14. rtime. m
15. vbem. m

虽然 LDA 模型的源码有很多 .m 文件，但是主要的文件是 ida. m、vbem. m 和 newton_alpha. m 三个文件。

4.4.3 结果分析

分别选取概率排名靠前的 10 个特征词来解释各个主题。表 4-8 显示的是淘宝评论的前 8 个主题以及这些主题下的前 10 个特征词。

表 4-8 淘宝评论的主题及特征词分布(部分)

主题一		主题二		主题三		主题四	
质量	0. 367175519	显瘦	0. 169959527	款	0. 245446131	衣服	0. 664922914
面料	0. 222426181	穿着	0. 150255826	裙子	0. 177901909	卖家	0. 033624924
尺码	0. 063824914	质感	0. 073798216	款式	0. 151469248	包装	0. 030701012
做工	0. 048713205	百搭	0. 067935458	裤子	0. 139889095	顾客	0. 029571327
价格	0. 03840762	仙	0. 066605761	上衣	0. 030244719	物流	0. 02691323
垂感	0. 032939753	气质	0. 053828372	身材	0. 024358468	店铺	0. 025109509
宝贝	0. 022766208	女神	0. 045149277	衬衫	0. 021592877	服务态度	0. 023125442
弹性	0. 01756345	效果	0. 038138144	T 恤	0. 017604045	态度	0. 018078031
xs	0. 01686754	身材	0. 036022716	牛仔	0. 014050737	客服	0. 016613105
时尚	0. 014415282	版型	0. 027017037	外套	0. 013379088	生意	0. 011097554
主题五		主题六		主题七		主题八	
色	0. 389253988	发货	0. 321270705	沫沫	0. 537281432	色	0. 447373025
颜色	0. 205448506	好评	0. 148617371	喜哥	0. 108442124	黑色	0. 132241228
感觉	0. 11119274	时间	0. 10264282	粉丝	0. 077746729	花色	0. 119017105
图片	0. 098035198	速度	0. 052708475	狼宝	0. 031143503	白色	0. 092397118
色差	0. 059730395	结果	0. 038969925	继续支持	0. 025990261	粉色	0. 052037782

续表

主题五		主题六		主题七		主题八	
肤色	0.020444632	预售	0.038837824	直播	0.022181344	绿色	0.026619987
红色	0.017838943	现货	0.037781012	忠实粉丝	0.019277522	杏色	0.024902569
显白	0.016385771	发货速度	0.035535288	良心	0.019044588	卡其	0.018719862
黄色	0.013978879	顺丰	0.026816593	铁粉	0.017700264	特色	0.018498705
如图	0.01316813	货期	0.025229759	放心购买	0.01635594	灰色	0.010647995

通过 LDA 模型算法识别主题后，需要给各个主题确定标签。本研究邀请了三位电子商务领域的专家，以背靠背的方式，对 LDA 模型运算结果进行了分析和梳理，最后命名了各个主题。8 个主题的标签依次为：主要产品属性(包括质量、面料、尺码、做工等)、穿着效果、服装款式、卖家服务(包括物流和客服)、图片色差、卖家发货、社会支持、服装颜色，除此之外，还有服装质量、服装性价比、服装搭配、社会关系、信息交互、社会化促销等。

这些抽取的特征都与消费者的体验和社会支持密切相关。综合而言，可以分为两大类：产品特征及交互特征。根据主题抽取的结果进一步细分可以发现，产品特征包括产品体验、服务体验和感知价值三方面；交互特征包括交互体验和社会支持两方面。

对前 8 个主题进行分析，可以看出淘宝网服装消费者的体验主要集中在：首先，“质量”“款式”“尺码”“颜色”等是消费者提及最多的产品体验，属于其中的功能体验特征；其次，“穿着效果”是消费者在网络零售平台十分关心的产品体验，属于其中的感官体验特征；再次，“客服”和“物流”等服务体验的热度紧随其后；最后，关于“图片”与实物的比较等交互体验，以及“信任”和“推荐”的社会支持也属于消费者的日常热门话题。

4.5 社交媒体平台在线评论特征抽取

4.5.1 数据预处理

社交媒体平台——新浪微博的在线评论文本数据预处理主要包括评论清洗、分词及词频统计、特征词选择三项任务。

(1)评论清洗

在线评论数据清洗的目的是去噪，以保证数据的准确有效。主要包括：①过滤内容为空的评论。因本次数据采集的对象不包括微博表情，所以纯表情的评论最后显示内容为空，需要从文本数据集中去除。②过滤无效评论。有些评论仅为数字、英文或标点符号，属于纯非中文字符，无实际意义，如"6666""!!!""⊙o⊙"等。此类内容有用信息很少，对评论文本的主题分析无贡献，所以将其做删除处理。③过滤重复评论。把博文内容、评论人、评论内容均相同的评论视为重复评论，这种情况出现较多，对词频统计造成较大影响，所以需要予以去除。信息预处理后，保留了68322条评论建立评论数据集等待进一步分析。预处理工作大大降低了数据的噪音。

(2)分词及词频统计

①分句。本书选取标点符号中的句号、感叹号、问号作为断句标识，对评论文本数据集中的每条评论进行分句处理。

②分词及词性标注。与英文文本不同，中文文本的词与词之间没有明确的分词记号，需要在分析前先将整句切分成词汇，即对评论文本进行分词。在分词阶段，本书采用中国科学院ICTCLAS分词工具，该工具可以进行中文分词、词性标注、关键词提取，分词正确率高达98.45%，具有不错的分词效果。每一条评论分词后，可以得到一个词向量，其中的每个词都带有词性标记。对服装的一

条原始评论“我拍的两件T恤，发货好评！哈哈哈哈，就喜欢这种感觉哈哈哈”，进行分词和词性标注后得到的内容为“我/rr 拍/v 的/ude1 两/m 件/q T恤/n_new ，/wd 发货/vi 好评/n ！/wt 哈/v 哈哈哈/o ，/wd 就/d 喜欢/vi 这种/r 感觉/n 哈哈哈/o”。ICTCLAS分词工具同时具有新词提取功能，能够抽取评论文本中出现的新词及名词短语，如将“T恤”作为名词新词“n_new”标注。另外，在评论语料的处理过程中，还会将“阔腿裤”“中奖名单”“手机刷屏”“钱包君”等名词短语进行“n_new”标注。

③停用词过滤。停用词(stop words)指那些在文档中频繁出现但自身意义不明确的词，常见的停用词包括语气助词、连词、介词、冠词等。消除停用词可以减少无意义的词语个数，减少存储空间和后续的运算时间。本书采用哈工大停用词表对评论数据集的关键词表进行了停用词过滤，达到了降维的目的。

④词频统计。在ICTCLAS分词工具提取的关键词(含新词)的基础上，借助SPSS和Excel数据分析工具进行关键词的词频统计，获得了5997个关键词。其中名词2096个、形容词284个、动词1547个、副词43个。

(3)特征词选择

在主题建模中，名词对特征抽取的贡献最大，因此本章只考虑了名词词性的词汇。本书通过对评论数据集进行分析，发现在线评论文本中只有少数词语频繁出现，而绝大多数词语出现次数较少，呈现明显的“长尾特征”。保留2096个名词作为社交媒体平台在线评论的初始特征词表 J_0。另外，把得到的形容词、动词和副词存储下来，等待下一步分析使用。

4.5.2 LDA模型建模

本书采用吉布斯采样法来实现LDA模型的参数估计。该方法易于实现、计算简洁快速、所需内存较小。应用LDA模型进行特征抽取，需要确定如下参数：模型的超参数，即 α 和 β；主题数

K；特征词的候选阈值 δ 。根据经验取值①②将超参数设置为 $\alpha=50/K$ ，$\beta=0.01$，$K=20$，其中 K 为主题数，设置循环迭代次数为 1000。为了提高建模效率，将特征词的候选阈值设定为 $\delta=50$，选取高于阈值的 481 个名词。LDA 模型变量及其含义详见表 4-6。

将初始特征词表 J_0 及文本数据集 D 导入 MYSQL，通过运算生成 train. htm 文件，将其转化为 ascii 格式，导入 MATLAB 软件。train 文件是实验的重要输入文件，以矩阵形式记录了 481 个特征词在 68322 条评论中的分布情况。运行 LDA 模型算法，通过吉布斯采样法对所有潜在主题进行循环迭代抽样，最终实现收敛，输出两个矩阵，分别是 α 和 β。α 为文档-主题矩阵，每一行对应文本数据集，每一列对应一个主题，元素值代表每个潜在主题生成的概率；β 为主题-特征词矩阵，每一行对应词汇表中的一个特征词，每一列对应各个主题，元素值代表某个特征词被分配给相应主题的概率。根据主题-特征词多项分布式矩阵产生预选特征词词表 J_1。

4.5.3 结果分析

分别选取概率排名靠前的 10 个特征词来解释各个主题。表 4-9 显示的是前 8 个主题以及这些主题下的前 10 个特征词。

通过 LDA 模型算法识别主题后，需要给各个主题确定标签。本研究邀请了三位电子商务领域的专家，以背靠背的方式，对 LDA 模型运算结果进行了分析和梳理，最后命名了各个主题。8 个主题的标签依次为：服装颜色、社会化关系(朋友)、社会化关系(亲人)、服装风格、信息交互、主要产品属性(包括质量、面料、版型等)、服装款式、社会化促销，除此之外，还有服装搭配、穿着效果、图片展示、社会支持、服装质量、价值体验等。

① Steyvers M，Griffiths T. Probabilistic topic models [J]. Handbook of Latent Semantic Analysis. UK：Psychology Press，2007：424-440.

② Shi J，Fan M，Wan-Long L I. Topic analysis based on LDA model[J]. Acta Automatica Sinica，2009，35(12)：1586-1592.

表 4-9 微博评论的主题及特征词分布(部分)

主题一		主题二		主题三		主题四	
粉色	0.500153418	姐	0.485340142	女神	0.492586957	粉色	0.892159646
黑色	0.265689805	姐姐	0.142366442	妈妈	0.393290658	风格	0.028244917
衣服	0.162326817	酒红色	0.097068028	妹妹	0.037511774	少女	0.004934465
红色	0.142433746	沫沫	0.075949075	爸爸	0.022120226	仙女	0.001849642
裙子	0.038103484	姐妹	0.061476418	老公	0.019859246	仙	0.001196638
仙	0.034152472	妹妹	0.05936324	吊带	0.011115163	气质	0.001093487
绿色	0.02742098	买家	0.042062812	气质	0.00951369	女神	0.000276545
灰色	0.022477741	朋友	0.036194319	男朋友	0.005297671	一字领	0.000144625
颜色	0.021699429	社会	0.000174594	女儿	0.004728919	款式	0.000139745
感觉	0.019422448	短裙	2.77113E-06	孩子	0.003972818	喜哥	4.18942E-05
主题五		主题六		主题七		主题八	
链接	0.273259102	质感	0.949474734	款式	0.553957248	红包	0.684672256
吊牌	0.270294838	版型	0.044565971	衬衣	0.117931745	小伙伴	0.248338526
感觉	0.245724879	肤色	0.003167982	阔腿裤	0.094635583	运气	0.039214871
现货	0.090998322	面料	0.001202646	吊带	0.066017758	剧透	0.017910547
加购	0.061165381	情侣装	0.000878986	胸	0.063474034	中奖	0.007335646
狼宝	0.040125349	裤子	0.000302883	腿	0.052466525	现货	0.002528154
炒鸡	0.012166831	睡衣	0.000267372	套装	0.04265827	停停停	0.000162186
微博	0.006262881	墨绿色	4.195E-05	睡衣	0.008846458	机会	3.96757E-05
留言	0.000416988	气质	3.3687E-05	类似	1.23782E-05	福利	3.07695E-05
翻牌	0.000409063	连衣裙	2.77948E-05	真丝	1.92739E-05	券	1.10142E-05

这些抽取的特征都与消费者的体验和社会支持密切相关。综合而言，特征抽取的结果与网络零售平台基本一致，可以分为两大类：产品特征及交互特征。根据主题抽取的结果进一步细分可以发现，产品特征包括产品体验、服务体验和感知价值三方面；交互特征包括交互体验和社会支持两方面。

对前 8 个主题进行分析，可以看出微博中服装消费者的体验主要集中在：首先，“颜色”是消费者在社交媒体平台最关心的产品体验，属于其中的功能体验特征，另外“款式”等产品特征也受到关注。其次，“社会关系”是消费者在微博中大量提及的交互体验。其中亲疏关系表现出微弱的区别，总体而言，对于网红店主、朋友等较疏远的关系的提及大于对妈妈、爸爸这类亲人的提及。再次，“风格”等产品体验的热度紧随其后，具体属于产品体验中的感官体验。最后，微博中的信息交互和社会化促销等交互体验，也属于女装微博用户的日常热门话题。

4.6 跨平台在线评论特征抽取的对比分析

4.6.1 跨平台在线评论特征抽取对比

(1) 相同点

通过分别对服装店铺在淘宝和微博上的在线评论进行 LDA 主题分析，将特征抽取的结果进行对比可以看出两个平台的评论特征整体保持一致，主要分为 5 类特征：产品体验、服务体验、感知价值、交互体验和社会支持，其中前三种归属于产品特征大类，后两种归属于交互特征大类。

通过对两个平台用户评论的特征抽取的梳理，一方面，对信息丰富的主题进一步细化，如将“卖家服务”分为“感知便利”和“感知响应”等；另一方面，对意思表达相近的主题进行合并，如将“社会化关系(朋友)”和“社会化关系(亲人)”整合为“社会化关系”。最后得到11个子特征、22个特征项，服装在线评论的特征构成框架见表4-10。

表4-10 服装在线评论的特征构成框架

类别	特征	子特征	描述(特征项)
产品特征	产品体验	功能体验	包括服装的颜色、尺码、款式、版型等特征项
		质量体验	包括服装的质量、面料、做工等特征项
		感官体验	包括服装的穿着效果、风格、搭配等特征项
	服务体验	感知便利	包括物流等特征项
		感知响应	包括客服等特征项
	价值体验	感知价值	包括价格、价值等特征项
交互特征	交互体验	社会关系	包括朋友、亲人等特征项
		信息交互	包括图片信息、评论、沟通等特征项
		社会化促销	包括社会化促销等特征项
	社会支持	信任	包括信任等特征项
		推荐	包括推荐等特征项

(2)不同点

虽然网络零售平台和社交媒体平台的评论特征整体保持一致，但是两个平台仍然表现出一定的差异，主要体现在子特征方面。

将淘宝网和微博上的在线评论的前8个主题进行对比，见表4-8和表4-9，可以发现两个平台的评论在子特征方面的区别：①产品体验。淘宝评论在此方面十分集中，质量体验、感官体验和功能特征均为前3个潜在主题。在微博评论中，虽然功能体验、感官体验和质量体验在潜在主题中相对分布较散，但出现在了4个主题中，而且功能体验中的“服装颜色”十分突出。“服装颜色”仅为淘宝评论中的第 8 个主题。②交互体验。淘宝评论在此方面的主题集中表现为信息交互中的图片色差信息交流，而微博评论主题涵盖了交互体验中的社会关系、信息交互和社会化促销 3 个子特征。③服务体验。服务体验在淘宝评论主题中仅次于产品体验，包括感知便利和感知响应两个子特征。而服务体验的子特征均未出现在微博评论的前 8 个主题中（如图 4-10 所示），该特征并不十分显著。④社会支持。该特征与服务体验的情况十分相似。社会支持（包括信任和推荐）位列淘宝评论主题的第 7（如图 4-11 所示），而并未出现在微博评论的前 8 个主题中。⑤感知价值。该特征均未出现在淘宝评论和微博评论的主要主题之列。

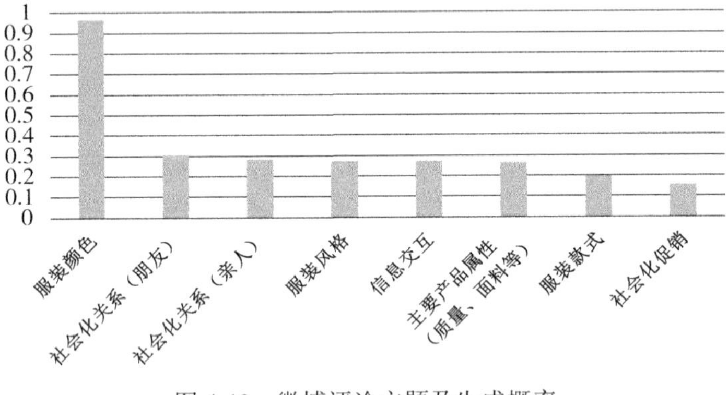

图 4-10　微博评论主题及生成概率

综上所述，从对前 8 个主题的分析中可以总结出如下相同点：①淘宝和微博两个平台的评论特征整体保持一致，主要分为五类特征；②产品体验和交互体验在两个平台均为显著特征。二者的不同点为：①淘宝评论涵盖特征较多，主要包括产品体验、服务体验、交互体验和社会支持 4 个方面，而微博评论中的特征较集中，主要包括产品体验和交互体验 2 个方面；②产品体验为淘宝评论主题的典型代表，而交互体验为微博评论主题的典型代表；③“颜色”这一功能体验虽然在淘宝和微博两个平台的主要主题中都出现了，但对微博平台的重要性明显高于淘宝平台。

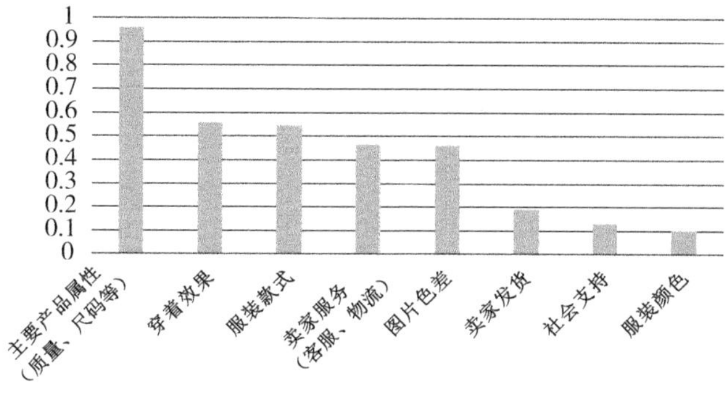

图 4-11 淘宝评论主题及生成概率

4.6.2 跨平台在线评论特征词典构建

(1)特征词筛选

首先，保留各个主题下前 100 个热点特征词。因为初始特征词表中高于候选阈值的词均会出现在 LDA 模型输出的各个主题下，这些特征词按照对主题的贡献率大小在各个主题下排序，且绝大多数特征词对主题的贡献率很低，因此不是所有的特征词都对特征有意义。

接着，根据上面的分类，将各个特征词与子特征相对应。如果主题进行了合并，则特征词合并；如果主题进行了细分，则将特征词根据语义划分到不同子特征下。

最后，人工对各子特征的特征词进行筛选。过滤语义上与每个子特征无直接联系的特征词。分别得到预选特征词表 I_2 和 J_2。

(2)特征词拓展

网络零售平台在线评论文本中存在很多同义词或近义词，如服装评论中的面料、料子、布料和衣料；款式、式样和样式；图片、相片和照片；粉丝、忠粉、老粉和老铁等，分别描述相同的特征。

以往在特征抽取方面，特别是产品特征抽取，研究者大多认为消费者对同一产品特征进行评价时一般使用相同的名词，词频高的名词很有可能是产品特征，而词频低的名词成为产品特征的可能性较低。① 在线评论中经常会出现一些词义近似的中低频词来描述产品特征和交互特征，如何有效辨识这些中低频词是特征抽取的一个难点。由于缺乏先验知识，主题模型难以发现并抽取中低频特征词。在 LDA 模型建模时，为了提高建模效率，将特征词的候选阈值设定为 50，将一些低频词进行了处理，从而漏掉了部分特征。②③④另外，由于网络用语的随意性和新颖性，存在着大量长尾特征词语，其中一部分由于出现频次不高而不能被模型筛选出来。因此，利用同义词词林对特征词进行拓展十分有意义。

哈尔滨工业大学社会计算与信息检索研究中心的《同义词词林扩展版》是语义信息丰富的共享词典，包含词语的同义词(synonym，syn)和近义词(near-synonym，near-syn)。它是在由梅家驹等于 1983 年编纂的《同义词词林》基础上完善形成的。《同义词词林扩展版》去除了原词典中的生僻词，并加入新词，词典最终包含 77343 个词语，而且将原词典三层编码扩展为五层。本书采用扩展版词典进行特征词拓展，以下提及“同义词词林”均指此版本。

将预选特征词表 I_2 中的词语逐一在同义词词林中查询，发现并

① Hu M，Liu B. Mining and summarizing customer reviews [C]//Tenth ACM SIGKDD International Conference on Knowledge Discovery and Data Mining, Seattle，Washington，USA，August. DBLP，2004：168-177.

② Shi L I，Qiang Y E，Yi-Jun L I. Mining features of products from Chinese customer online reviews[J]. Journal of Management Sciences in China，2009，12(2)：142-152.

③ 韩雪婷，李炜，沈奇威. 用户评论中产品特征的抽取及聚类[J]. 计算机系统应用，2013，22(5)：188-192.

④ Wang D，Zhu S，Li T. SumView：A web-based engine for summarizing product reviews and customer opinions [J]. Expert Systems with Applications, 2013，40(1)：27-33.

存储同义词和近义词，如："款式"在同义词词林中还有"式样""样式""形式""式""花样""式子""式样""样款""款型"9个词语与之对应。通过同义词词林能有效地拓展特征词。具体拓展流程的伪码定义见表4-11。

表4-11　　基于同义词词林的特征词拓展流程

```
Procedure FeatureWord Extension( )
Begin
        for each word w_i in I_2
          for each syn_i or near-syn_i of w_i in Synonym lexicon
          put syn_i or near-syn_i into R if it doesn't appear in R
        set I_3 = I_2 ∪ R
        set I_4 = I_3 ∩ I_0
end
```

集合 R 初始状态为空，当预选特征词表 I_2 中的任一词语 w_i 在同义词词林检索到同义词或近义词，当这些词没有出现在集合 R 时，则添加进集合 R。I_2 中的所有词语均检索完毕后，令预选特征词表 $I_3=I_2\cup R$。最后，令 $I_4=I_3\cap I_0$，过滤掉预选特征词表 I_3 未在初始特征词表 I_0 中出现的特征词，得到网络零售平台在线评论的预选特征词表 I_4。同理，得到社交媒体平台在线评论的预选特征词表 J_3 和特征词表 J_4。

(3) 遗漏词增补

通过同义词词林对特征词进行拓展，能够有效地补充大部分非频繁特征词。但是，因为网络用语的快速发展变化，一部分新词并没有被同义词词林收录，如：粉丝、忠粉、老粉和老铁等，如果以"粉丝"在同义词词林中进行检索，不能找到其同义词和近义词。所以，需要人工进行遗漏词增补。另外，服装店铺的商品销售页面提供的产品参数可以很好地补充产品特征的特征词。遗漏词增补后，分别得到网络零售平台和社交媒体平台的在线评论特征词表 F 和 C。

(4)服装跨平台在线评论的特征词典构建

按照表4-10服装在线评论的特征构成框架的层级结构，分别确定网络零售平台和社交媒体平台的各个子特征对应的特征词，即将特征词表 F 和 C 划分为五层结构，依次为：类别、特征、子特征、特征项、特征词。将不同类型平台的每个特征项下的特征词求 $F \cup C$，可以得到跨平台在线评论的特征词典 L。由于篇幅限制，只列出了特征词典的特征项和特征词，见表4-12。

表4-12　　服装跨平台在线评论的特征词典

特征项	特　征　词
颜色	色、颜色、色泽、色调、色彩、黑色、灰黑色、粉色、粉红色、花色、白色、灰白色、乳白色、红色、大红色、紫红色、桔红色、酒红色、绿色、杏色、黄色、米黄色、桔黄色、土黄色、灰色、豆沙色、蓝色、深蓝色、天蓝色、米色、墨绿色、绿色、浅绿色、黄绿色、卡其色、焦糖色、驼色、肤色、浅色、淡色、肉色、裸色、原色、深色、亮色、暖色、冷色、粉紫色、金色、茶色、深棕色、咖啡色
尺码	尺码、尺寸、码数、号码、码子、长度、长短、大小、xs、xl、s码、m码、L码
款式	款式、款、式样、样式、外形、样子、裙子、裤子、阔腿裤、长裤、短裤、上衣、外套、牛仔外套、牛仔短裤、西装、西服、连衣裙、长裙、半裙、蛋糕裙、鱼尾裙、百褶裙、衬衫、衬衣、套装、马甲、牛仔裤、背带裤、背心、大衣、毛衣、羊绒衫、羊毛衫、针织衫、卫衣、裙裤、睡衣、内衣、抹胸、裹胸、内裤
版型	版型、版、板型、款型、修身、廓形、直筒
质量	质量、品质、质地、质感、品位、水准

续表

特征项	特征词
面料	面料、料子、衣料、布料、毛料、材质、手感、垂感、坠感、垂坠、弹性、弹力、舒适度、透气性、厚度、厚薄、皮质、真皮、皮草、棉质、纯棉、蕾丝、雪纺、牛仔、真丝、莫代尔、冰丝、羊毛、羊绒、呢子
做工	做工、车工、车线、车针、线头、走线、踩线、包边
穿着效果	穿着、效果、穿着效果、上身效果、气质、身材、孕妇、胖子
风格	风格、淑女、仙、仙女、仙子、女人、女人味、女神、少女、公主、太太、女生、女孩、学生、女王
搭配	搭配、配搭、百搭、穿搭、配、搭、配饰、饰品、鞋子、包包、围巾、帽子、项链、耳环、戒指、肤色
物流	物流、发货、速度、发货速度、时间、快递、包装、包裹、邮费、货期、顺丰、圆通、申通、中通、韵达
客服	客服、卖家、商家、店铺、态度、服务态度、售后、售后服务、换货、退货
价格	价格、价、价位、价钱、标价、定价、原价、差价、折扣
价值	价值、性价比、物超所值、物有所值、物美价廉、档次、大牌
朋友	朋友、网红、网红店、同事、妹子、姐妹、店主、闺蜜、男朋友、女朋友、老板、小伙伴、同伴、阿娇、秦奋、美女、小仙女、掌柜、对象
亲人	妈妈、妈咪、我妈、老公、丈夫、妹妹、姐姐、宝宝、孩子、婆婆、女儿、儿子、老婆、亲戚、嫂子、哥哥
图片信息	图片、照片、相片、色差、实物、差别、描述、模特、原图、图
评论	评论、评价、感觉、好评、差评、中评、上图、追评、五星、五分
沟通	参考、沟通、建议、电话、联系、私信、微博、链接、刷屏、翻牌、生日、心情、留言、本命年、天气、度假、种草、帮助

续表

特征项	特 征 词
社会化促销	上新、预售、现货、剧透、新品、买家秀、直播、券、优惠券、红包、中奖、停停停、福袋、运气、好运、加购、机会、福利、礼物、新货、微淘、会员、积分、签到、打卡
信任	关注、支持、相信、信赖、信任、信誉、信用、诚信、粉丝、铁粉、忠粉、老粉、老铁、圈粉、路转粉
推荐	推荐、放心购买、介绍朋友、口碑、建议购买、值得购买、值得入手、值得拥有、值得期待

4.7 本章小结

本章首先对跨平台在线评论特征抽取的研究问题进行了论述，提出需要完成以下三个任务：将相同服装企业在不同类型平台的在线评论建立关联；从在线评论中抽取服装产品的特征(包括产品特征和交互特征)，确定服装在线评论的特征构成框架；构建跨平台在线评论特征词典。

本章选取淘宝网 10 个深受用户喜爱的金冠级别的女装店铺，分别采集了他们在淘宝网及新浪官方微博中的商品评论信息，通过图像匹配技术实现了网络零售平台和社交媒体平台的在线评论的关联。跨平台在线评论关联为后续的特征词典建立、网络消费者满意度影响因素分析以及对比研究奠定了基础。

基于 LDA 模型抽取了在线评论特征并构建了服装特征词典。根据本书提出的特征抽取的具体研究思路完成了以下工作：基于 LDA 模型分别对网络零售平台和社交媒体平台的在线评论进行特征抽取，并进行对比分析，发现评论特征主要包括产品特征和交互特征两大类，从而确定服装在线评论的特征构成框架，共分为四级指标体系：类别、特征、子特征和特征项，并人工对各特征项的特征词进行筛选；基于同义词词林对特征词进行特征的归并和特征词的拓展，并完成遗漏词增补，分别确定了网络零售平台和社交媒体平台的特征词表；整合两个特征词表，构建了服装跨平台在线评论特征词典。特征词典兼顾考虑了服装产品在不同类型平台上的在线评论，融合了产品特征和交互特征，为细粒度情感分析的科学有效性提供了保障。

特征抽取是细粒度情感分析的基础，特征抽取的准确性对后续"特征-观点对"抽取具有重要作用。因此，特征词典的建立能有效提高下一步情感分析的效率。本章兼顾考虑了服装产品在不同类型平台上的在线评论，融合了产品特征和交互特征，为在线评论特征词典的完善性奠定了基础。

5　跨平台在线评论情感计算

5.1　问题描述

5.1.1　情感分析和情感计算

(1)情感分析

情感分析(sentiment analysis)，又称评论挖掘或观点挖掘(opinion mining)，是指通过分析商品评论的文本内容，发现消费者对于实体及其属性所表达的观点、态度、情感和情绪。① 其中实体可以是产品、服务、个人、机构、事件或问题等。对于产品而言，属性即为特征。情感分析被应用于多个领域，并有助于实现诸如公众对政治的情绪变化、市场智能②、顾客满意度测量③和电影

① 刘兵．情感分析[M]．北京：机械工业出版社，2017：1.

② Li Y M, Li T Y. Deriving market intelligence from microblogs [J]. Decision Support Systems, 2013, 55(1): 206-217.

③ Kang D, Park Y. Review-based measurement of customer satisfaction in mobile service: Sentiment analysis and VIKOR approach[J]. Expert Systems with Applications, 2014, 41(4): 1041-1050.

销售预测①等目标。对在线评论进行语义分析，利用文本挖掘技术，旨在判断消费者的观点是“赞同”还是“反对”，态度是“肯定”还是“否定”，或者识别用户的情感是“高兴”还是“伤悲”。情感分析包括多个子任务，如：主观分类(subjectivity classification)、情感分类(sentiment classification)、确定极性、多-跨语言情感分析、跨领域情感分析、评论有用性测量(review usefulness measurement)、词典创建(lexicon creation)、观点词和产品方面提取(opinion word and product aspect extraction)、观点垃圾监测(opinion spam detection)以及观点挖掘的应用(the applications of opinion mining)。从分析粒度来看，情感分析包括粗粒度(文档级)和细粒度(词语级)两种分析方法。②③

(2)情感计算

1997年，《情感计算》一书由麻省理工媒体实验室的Picard教授发表，并成为理论界和业界的关注焦点。④ 情感计算的研究对象主要包括语音、面部表情、肢体行为、文本和生理信息。基于文本分析的情感计算，又称文本情感分析，是指利用自然语言处理和文本挖掘技术识别出文本中所带有的情感倾向的过程。⑤ 本书的情感计算是指基于文本分析的情感计算。可以看出，情感计算属于情感分析，是情感分析的一个子任务。到目前为止，基于情感计算角度

① Rui H, Liu Y, Whinston A. Whose and what chatter matters? The effect of tweets on movie sales[J]. Social Science Electronic Publishing, 2012, 55(4): 863-870.

② 张紫琼，叶强，李一军．互联网商品评论情感分析研究综述[J]．管理科学学报，2010，13(6)：84-96.

③ 王伟，王洪伟．特征观点对购买意愿的影响：在线评论的情感分析方法[J]．系统工程理论与实践，2016，36(1)：63-76.

④ Picard R W. Affective computing [M]. Cambridge: MITPress, 1997: 264.

⑤ Nagamachi M. Kansei engineering: A new ergonomic consumer oriented technology for product development [J]. International Journal of Industrial Ergonomics, 1995, 15(1): 13-24.

的在线评论研究取得了一定的进展。情感计算的结果主要应用于信用评价、网络营销、信息质量、产品与服务优化，以及销售预测。① 其中，在网络营销领域，学者们通过情感计算研究了产品评价②、竞争分析③、消费者重购意向④和消费者满意度⑤等。但从研究现状来看，在网络消费者满意度方面的研究还不多，相关的模型和理论处于起步阶段，需要进一步深入研究。

5.1.2 研究的主要问题

跨平台在线评论特征词典的构建为本章的情感分析奠定了坚实的基础。通过情感计算可以量化海量真实的评论数据，将非结构化数据转化为结构化数据，十分有助于后续的分析。

网络消费者在评论商品时，经常会具体到属性特征，例如服装的质量、面料、颜色、款式等。其他消费者也会根据评论中反映的细节决定是否购买。“衣服的款式非常好”和“衣服的款式很难看”两条评论都是关于服装款式的评论，但是表达的情感极性和强度不一样，反映出的消费者的产品体验也有差异。前者体现消费者持肯定、满意的观点，而后者体现消费者持否定、不满意的观点。因此，可以假设特征的情感信息会影响到网络消费者的满意度。

对不同类型平台的在线评论进行情感计算，需要明确并解决以

① 吴应良，黄媛，王选飞．在线中文用户评论研究综述：基于情感计算的视角[J]．情报科学，2017(6)：159-163.

② 李兵，徐玮佳，张婧璇．利用微博数据的产品评价方法研究——以“安卓系统”评价为例[J]．现代图书情报技术，2014，30(4)：92-98.

③ 肖璐，陈果，刘继云．基于情感分析的企业产品级竞争对手识别研究——以用户评论为数据源[J]．图书情报工作，2016(1)：83-90.

④ 崔雪莲，洪月，那日萨．基于网络评论的消费者重购行为意向挖掘[J]．山东大学学报(理学版)，2015(3)：28-31.

⑤ You W，Xia M，Liu L，et al. Customer knowledge discovery from online reviews[J]．Electronic Markets，2012，22(3)：131-142.

下问题。

选择什么方法实现情感极性和强度计算？细粒度分析是对特征观点的词语级的情感极性和强度分析。其中“特征-观点对”抽取是一项重要的子任务，此任务以特征抽取为基础，以观点挖掘为目标。“特征-观点对”抽取是情感计算的基础。在细粒度的情感分析中，基于观点词典的无监督学习方法鲁棒性良好且领域独立，对现有词典进行扩充相对简单易行，有利于算法的扩展和提升，适用于大规模、多领域的实际应用场景，但是人工标注工作耗时耗力。为了解决这一问题，不少学者利用句法依存关系来对观点内容进行抽取和分析。本书也采用这一方法。

5.2 基于句法依存关系的情感计算思路及流程

5.2.1 情感计算思路

基于句法依存关系的情感计算思路如下：

(1)建立情感词典。基于中国知网 HowNet 情感词典构建通用情感词典，并确定情感词的权值；运用中国知网提供的语义相似度计算公式，计算在线评论中的形容词、动词和副词与种子词之间的点互信息(PMI)，从而扩展通用情感词典；根据服装产品评论的特性，构建领域情感词典。

(2)抽取“特征-观点对”。在跨平台在线评论特征词典的基础上，基于句法依存关系和情感词典从在线评论语句中抽取“特征-观点对”。哈工大社会计算与信息检索研究中心的语言技术平台提供了技术支撑。

(3)计算情感极性和强度。在“特征-观点对”的基础上，结合情感词权值，确定在线评论特征的情感值。情感极性和强度计算为网络消费者满意度影响因素的实证研究奠定了基础。

5.2.2 情感计算流程

基于句法依存关系的情感计算流程如图 5-1 所示。

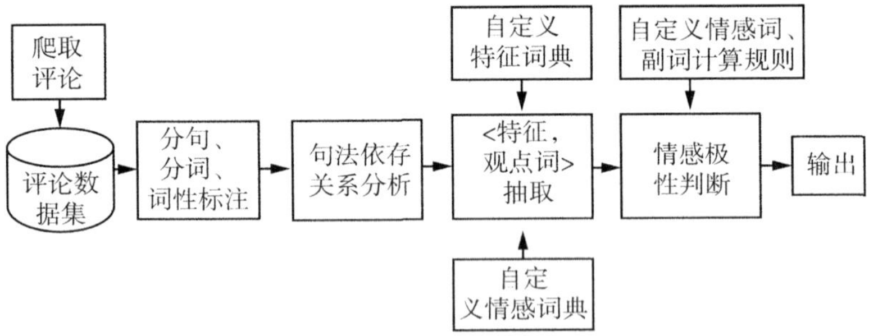

图 5-1 基于句法依存关系的情感计算流程

5.3 网络零售平台在线评论的情感计算

网络零售平台在线评论情感计算，主要由情感词典建立、“特征-观点对”抽取、情感极性和强度计算三个主要环节构成，具体描述如下。

5.3.1 情感词典的建立

(1)通用情感词典构建

鉴于中国知网 HowNet 情感词典①具有词语众多、覆盖面广、分类准确等优点，本书首先基于该词典构建网络零售平台的通用情感词典。对 HowNet 词典中的情感词语集和评价词语集进行整理，

① 董振东，董强．知网[DB/OL]．[2008-09-15]．http：//www. keenage. com/.

删除生僻和不常用的词项，得到正面和负面情感词分别为 2616 个和 2445 个。消费者在网络评论的情感表达中会使用程度副词和否定副词，如通过“非常”“超级”“较”“稍微”等程度副词强调情感强度；通过“不”“没有”“缺乏”等否定副词改变情感极性。因此，本书也将情感副词纳入通用情感词典，用来计算情感强度。

为了进一步突出不同词语所包含的情感差别，本书对通用情感词典中包含的词语赋予不同的权值。见表 5-1。

表 5-1　　**通用情感词典的权值**

情感词类型	示例	权值(weight)
正面情感词	舒服、准时、喜欢	1
负面情感词	暗沉、脆弱、难受	-1
否定副词	不、没有、缺乏	-1
程度副词	超级、非常、极其	2
	很、特别、太	1.5
	较为、越来越、更加	1.25
	略微、稍稍、有点	0.5
	相对、轻度、不怎么	0.25
	过度、过头、不为过	0.1

调用上一章第 4.4 节中提取的形容词、动词和副词与通用情感词典进行比对，发现仍有一部分词语没有出现在词典中。根据经验从通用情感词典中分别选取最具代表性的一组褒义词和一组贬义词作为种子词。运用中国知网提供的语义相似度计算公式，计算未进入词典的词语与种子词之间的点互信息(PMI)，具体见公式 5.1。根据计算结果判断是否为情感词，如是情感词则确定情感倾向，并将新增词纳入正面或负面扩展情感词典中。补充了一定数量的与服装特性相关的情感词，如亲肤、起球、勾丝等。

$$\mathrm{PMI}(x, y) = \log_2 \frac{p(x\&y)}{p(x)p(y)} \tag{5.1}$$

其中 x 代表词语 1，y 代表词语 2，$p(x\&y)$ 表示词语 1 和词语 2 共现的概率。如果两个词在统计意义上是独立的，$p(x)p(y)$ 表示二者共现的概率。$p(x\&y)$ 和 $p(x)p(y)$ 的比值表示两个词语统计上的依赖程度。比值的对数对应二者之间的相关性。如果 x 和 y 不相关，则 $p(x\&y)=p(x)p(y)$。二者相关性越大，则 $p(x\&y)$ 和 $p(x)p(y)$ 的比值越大。

(2)领域情感词典构建

同一个情感词在不同的语境下可能表达不一样的褒贬含义。相同的词在评价不同的特征时可能呈现截然相反的情感极性，如在淘宝网的服装在线评论中，“便宜”用于评价价格时表达褒义的观点，但用于评价“面料”时则表达贬义的观点。同时，同一个词在评价相同的特征时也可能呈现不同的评价结果，如“面料薄很凉爽”和“面料薄很透”，前者对服装“面料”持肯定态度，后者则相反。因此，本书针对服装领域加入了具有情感特性的先验知识，以提升情感分类效果。在具体分析时，领域情感词典优先级高于通用情感词典。

5.3.2 “特征-观点对”抽取

本书在跨平台在线评论特征词典 L 的基础上，基于依存句法分析(dependency parsing，DP)从包含特征词的句子中抽取“特征-观点对”。哈工大社会计算与信息检索研究中心提供的语言技术平台(language technology platform，LTP)具备中文分词、词性标注、命名实体识别、依存句法分析、语义角色标注等丰富、高效、精准的自然语言处理技术。经过 11 年的持续研发和推广，LTP 已经成为国内外最具影响力的中文处理基础平台。① 本书采用 LTP 提供的依存句法分析工具对经过预处理的在线评论语句进行分析，得到评论语句的句法关系，示例如图 5-2 所示。

---

① https：//www. ltp-cloud. com.

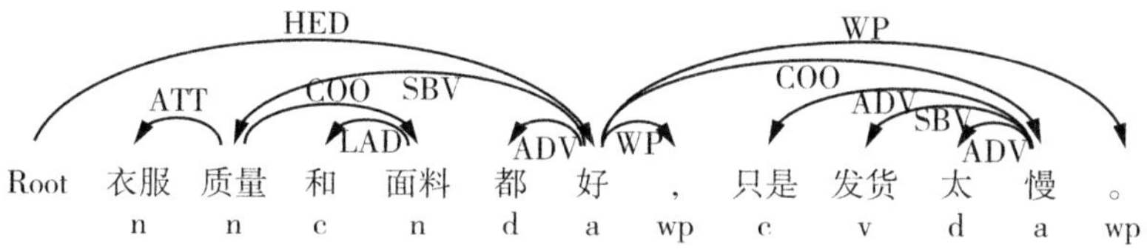

图 5-2　网络零售平台在线评论的依存句法分析示例

DP 通过分析语言单位内成分之间的依存关系揭示其句法结构。直观来讲，依存句法分析识别句子中的“主谓宾”“定状补”这些语法成分，并分析各成分之间的关系。依存句法分析包括 15 种标注关系，其中主要关系类型及描述见表 5-2。

表 5-2　**主要句法关系类型及描述**

关系类型	标签	描　述	示　例
主谓关系	SBV	主语-动词/形容词（subject-verb）	我买了两件 T 恤（我<-买）
动宾关系	VOB	直接宾语，动词-宾语（verb-object）	我买了两件 T 恤（买<-T 恤）
定中关系	ATT	领属（attribute）	短外套（短<-外套）
状中关系	ADV	状语（adverbial）	非常漂亮（非常<-漂亮）
并列关系	COO	并列（coordinate）	外套和 T 恤（外套<-T 恤）
核心关系	HED	头部（head）	整个句子的核心

根据上述依存关系抽取标记情感词。“特征-观点对”的抽取主要是参照并改进陆浩等①提出的情感倾向性分析模型完成的。基于依存句法和情感词典的“特征-观点对”抽取流程如图 5-3 所示。

① 陆浩，牛振东，张楠，等．基于句法与主题扩展的中文微博情感倾向性分析模型[J]．北京理工大学学报，2014，34(8)：824-830.

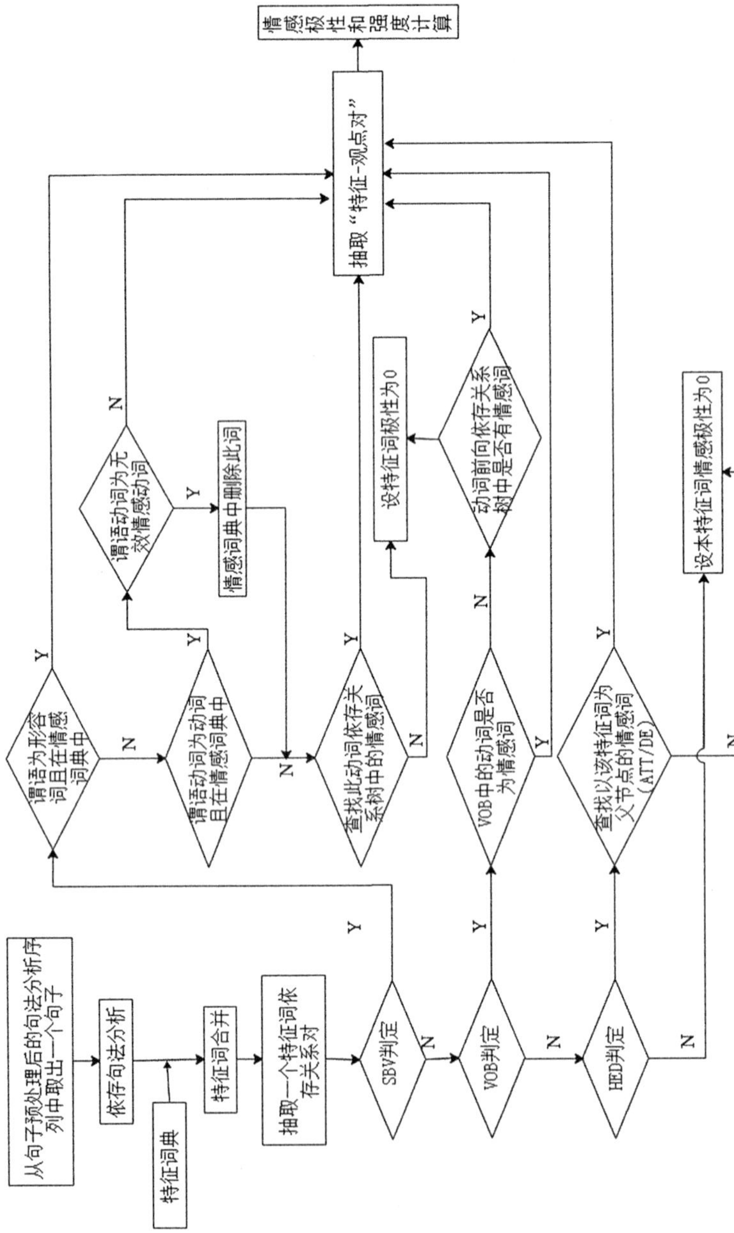

图5-3 基于依存句法和情感词典的“特征-观点对”抽取流程

5.3.3 情感极性和强度计算

情感极性和强度计算的步骤如下：

(1)在“特征-观点对”中识别特征词及对应的情感词。

(2)在第一步的结果中计算情感词的权值，正面为 $weight_1=1$，负面为 $weight_1=-1$。

(3)接着识别程度副词，如存在则根据通用情感词典的赋值记权值 $weight_2$，不存在则记 1。

(4)进一步识别否定副词，如存在则记权值 $weight_3=-1$，不存在则记 1。

(5)计算特征的极性强度为 $weight_1 * weight_2 * weight_3$。

(6)计算整体的均值代表该商品特征的极性强度，得到网络消费者对每个特征的情感值，正数表示积极的评价，负数表示消极的评价。①

通过情感计算得到所有商品的在线评论的特征情感值，示例见表 5-3。

表 5-3　**单个商品的在线评论特征情感值计算结果示例**

变量	情感值	变量	情感值	变量	情感值
颜色	0.335958	风格	0.099738	图片信息	-0.073624
尺码	0.083990	搭配	0.225722	评论	0.083990
款式	0.257218	物流	-0.057636	沟通	0.062992
版型	0.041995	客服	0.020997	社会化促销	0.094488
质量	0.603675	价格	0.036745	信任	0.141732
面料	0.472441	价值	0.041995	推荐	0.099738
做工	0.194226	朋友	0.225722		
穿着效果	0.624672	亲人	0.162730		

① 阮光册，周健超．商品属性的情感表达与商品销售热度的相关性研究[J]．图书情报工作，2017，61(22)：13-19.

5.4 社交媒体平台在线评论的情感计算

社交媒体平台在线评论情感计算，主要由情感词典建立、“特征-观点对”抽取、情感极性和强度计算三个主要环节构成，具体描述如下。

5.4.1 情感词典的建立

(1)通用情感词典构建

鉴于中国知网 HowNet 情感词典①具有词语众多、覆盖面广、分类准确等优点，本书先基于该词典构建社交媒体平台的通用情感词典。对 HowNet 词典中的情感词语集和评价词语集进行整理，删除生僻和不常用的词项，得到正面和负面情感词分别为 2616 个和 2445 个。消费者在网络评论的情感表达中会使用程度副词和否定副词，如通过“非常”“超级”“较”“稍微”等程度副词强调情感强度；通过“不”“没有”“缺乏”等否定副词改变情感极性。因此，本书也将情感副词纳入通用情感词典，用来计算情感强度。

为了进一步突出不同词语所包含的情感差别，本书对通用情感词典中包含的词语赋予不同的权值。通用情感词典的权值见表 5-1。

调用上一章第 4.5 节中提取的形容词、动词和副词与通用情感词典进行比对，发现仍有一部分词语没有出现在词典中。根据经验从通用情感词典中分别选取最具代表性的一组褒义词和一组贬义词作为种子词。运用中国知网提供的语义相似度计算公式，计算未进入词典的词语与种子词之间的点互信息(PMI)，具体见公式 5.1。

① 董振东，董强．知网[DB/OL].[2008-09-15]. http://www.keenage.com/.

根据计算结果判断是否为情感词，如是情感词则确定情感倾向，并将新增词纳入正面或负面扩展情感词典中。

（2）领域情感词典构建

同一个情感词在不同的语境下可能表达不一样的褒贬含义。相同的词在评价不同的特征时可能呈现截然相反的情感极性，在新浪微博的在线评论中，“妖艳”用于评价颜色时表达贬义的观点，但用于评价风格时则表达褒义的观点。同时，同一个词在评价相同的特征时也可能呈现不同的评价结果。因此，本书针对服装领域加入了具有情感特性的先验知识，以提升情感分类效果。在具体分析时，领域情感词典优先级高于通用情感词典。

5.4.2 “特征-观点对”抽取

本书在跨平台在线评论特征词典 *L* 的基础上，基于依存句法（Dependency Parsing，DP）从包含特征词的句子中抽取“特征-观点对”。采用哈工大社会计算与信息检索研究中心提供的语言技术平台（Language Technology Platform，LTP）提供的依存句法分析工具对经过预处理的在线评论语句进行分析，得到评论语句的句法关系，示例如图 5-4 所示。

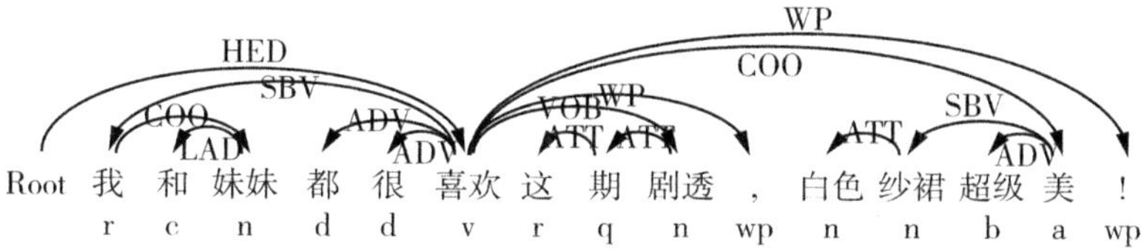

图 5-4 社交媒体平台在线评论的依存句法分析示例

DP 通过分析语言单位内成分之间的依存关系揭示其句法结构。直观来讲，依存句法分析识别句子中的“主谓宾”“定状补”这些语法成分，并分析各成分之间的关系。依存句法分析包括 15 种标注关系，其中主要句法关系类型及描述见表 5-2。

根据上述依存关系抽取标记情感词。"特征-观点对"的抽取主要是参照并改进陆浩等①提出的情感倾向性分析模型完成的。基于依存句法和情感词典的"特征-观点对"抽取流程见本章第 5.3 节图 5-3。

5.4.3 情感极性和强度计算

情感极性和强度计算的步骤如下：

(1)在"特征-观点对"中识别特征词及对应的情感词。

(2)在第一步的结果中计算情感词的权值，正面为 $weight_1 = 1$，负面为 $weight_1 = -1$。

(3)接着识别程度副词，如存在则根据通用情感词典的赋值记权值 $weight_2$，不存在则记 1。

(4)进一步识别否定副词，如存在则记权值 $weight_3 = -1$，不存在则记 1。

(5)计算特征的极性强度为 $weight_1 * weight_2 * weight_3$。

(6)计算整体的均值代表该商品特征的极性强度，得到网络消费者对每个特征的情感值，正数表示积极的评价，负数表示消极的评价。

通过情感计算得到所有博文的在线评论的特征情感值，示例见表 5-4。

表 5-4 **单条博文的在线评论特征情感值计算结果示例**

变量	情感值	变量	情感值	变量	情感值
颜色	0. 281690	风格	0. 211267	图片信息	0. 169014
尺码	0. 028169	搭配	0. 577464	评论	0. 143661

① 陆浩，牛振东，张楠，等．基于句法与主题扩展的中文微博情感倾向性分析模型[J]．北京理工大学学报，2014，34(8)：824-830.

续表

变量	情感值	变量	情感值	变量	情感值
款式	0.422535	物流	0.011268	沟通	0.140845
版型	0.076056	客服	0.005633	社会化促销	0.769014
质量	0.067606	价格	0.056338	信任	0.346478
面料	0.112676	价值	0.022535	推荐	0.098591
做工	0.0197183	朋友	0.346478		
穿着效果	0.507042	亲人	0.239436		

5.5 本章小结

本章基于情感分析方法完成了在线评论特征的情感极性和强度计算。通过对在线评论进行情感分析，计算评论特征的情感值，从而将自然语言文本从非结构化数据转化为结构化数据。基于句法依存关系的情感计算主要由情感词典建立、“特征-观点对”抽取、情感极性和强度计算三个主要环节构成。基于中国知网 HowNet 情感词典，结合在线评论中提取的形容词、动词和副词，构建了通用情感词典，并针对服装领域加入了具有情感特性的先验知识，以提升情感分类效果，构建了领域情感词典；在跨平台在线评论特征词典和情感词典的基础上，采用依存句法分析方法抽取了“特征-观点对”；明确情感词的权值，通过情感极性和强度计算得到了各特征的情感值，实现了细粒度情感分析。情感计算为网络消费者满意度影响因素的实证研究创造了条件。

6　跨平台网络消费者满意度影响因素研究

6.1　问题描述

研究不同类型平台的网络消费者满意度影响因素，需要在本章完成以下三个任务：度量网络消费者满意度；实证分析网络消费者满意度的影响因素构成及影响程度；不同类型平台的网络消费者满意度影响因素的异同及原因。

为了顺利完成以上三个任务，需要明确并解决以下问题。

第一，如何度量网络消费者满意度？网络消费者满意度是一个相对抽象的概念，选择什么指标来代替网络消费者满意度是一个重要问题。一般认为，如果网络消费者对商品或服务较为满意，会在评价中给出好评，进一步促进销量增长；在社交媒体(如微博)中对感兴趣、满意的商品推荐，会做出转发、评论、点赞等社会化行为。由此可见，销量对网络消费者满意度具有一定的代表意义。因此，本书选择销量、评价评级、转发数、评论数和点赞数共计5个指标来进行综合测评，以求得到更为全面客观的结论。其中，网络零售平台的分析中将销量、评价评级①分别作为因变量，社交媒体平台的分析中将销量、转发数、评论数和点赞数分别作为因变量。在销量的选择上，将其取值设定为商品上架后第2个月的销量。销量应是实时数据，但为了避免数据过于稀疏以及商品下架带来数据失效等问题，本书选择以月为单位，即假设上一个月的评论信息会影响下一个月的销量。研究样本中，商品上架一个月内的评论数量（淘宝评论和博文评论）相对充足，在分析前需要剔除掉一个月后产生的评论，以消除噪声。另外，在评价评级的取值方面，按商品采用加权平均的方法计算分值。转发数、评论数和点赞数的取值根据微博博文页面出现的实际数据确定。

第二，如何确定基于在线评论文本数据分析网络消费者满意度影响因素的研究方法？本书运用SPSS软件对数据进行多元线性回归分析，采用逐步回归方法实现对显著影响变量的筛选。一方面可以去除不显著的影响变量；另一方面可以在一定程度上解决变量间的多重共线性问题。

6.2 网络零售平台网络消费者满意度影响因素研究

6.2.1 变量描述及测量

本章在4.6节提出的特征词典的基础上，将影响因素细化为22个特征变量，相关测量见表6-1。

① You W, Xia M, Liu L, et al. Customer knowledge discovery from online reviews[J]. Electronic Markets, 2012, 22(3): 131-142.

表 6-1 相关变量的测量(网络零售平台)

变量	测量	计量指标
销量	每个商品上架后第 2 个月的销量	非负整数
评价评级	淘宝网中每一个商品评价的好中差评的量化分值	取值范围：[-1, 1]
颜色、尺码、款式、版型、质量、面料、做工、穿着效果、风格、搭配、物流、客服、价格、价值、朋友、亲人、图片信息、评价、沟通、社会化促销、信任、推荐	针对在线评论文本抽取特征，基于依存句法和情感词典抽取"特征-观点对"，并进一步进行情感计算确定	根据各个特征项的情感极性和强度确定情感值。取值范围：[-2, 2]

表 6-1 中前 2 个变量是用来衡量网络消费者满意度的变量，属于因变量。其中，销量可以从店侦探网站提供的商品销售情况跟踪工具获取；评价评级可以通过对淘宝网每一个商品评价的好中差评数量进行加权转换获取。另外 22 个变量属于隐含在评论文本中的自变量，需要通过情感分析的方法量化获得。各变量的分布情况描述如下。

(1) 销量分布情况

在本章第 6.1 节问题描述部分已阐述了销量选择的依据。综合考虑各种实际因素，本书将每个商品上架后第 2 个月的销量作为因变量。商品上架后第 2 个月的销量分布情况如图 6-1 所示。从图中可以看出，销量分布在 0~1000 区间比例最高，在 2001 以上区间比例最低，呈现明显的左偏分布态势。在后面的回归分析中对其取自然对数计算。

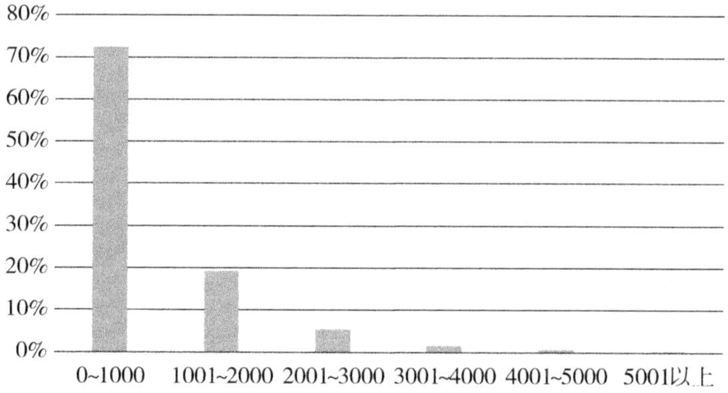

图 6-1 商品上架后第 2 个月销量分布情况

(2)评价评级分布情况

评价评级表示消费者在网络购物后，对产品和服务等方面进行的一个整体等级评价，能在一定程度上反映消费者的满意度。淘宝网的评价评级设定为好评、中评、差评三个等级，可以直接在商品评论页面观察到，分别按各个评价等级汇总评论数，如某一商品累计评论 146 个，其中 143 个好评，1 个中评，2 个差评。以图像匹配后获得的淘宝网评论数据集为研究对象，其整体评价评级分布情况如图 6-2 所示。消费者对商品的好评比例很高，占全部评价的 98.62%，中评最少，占比 0.40%，整体呈现典型的 J 型分布，与已有研究成果一致。①②

为了将评价评级进行量化，需要确定各个等级的分值。参照淘宝网的评价积分规则，“好评”记“+1”，“中评”记“0”，“差评”记

① Huang L S, Chou Y J. Effects of perceived risk, message types, and reading motives on the acceptance and transmission of electronic word-of-mouth communication[J]. Contemporary Management Research, 2007, 3(4): 299-312.

② 李良强．基于内容挖掘的在线用户评论时间特征及其影响研究[D]．成都：电子科技大学，2016.

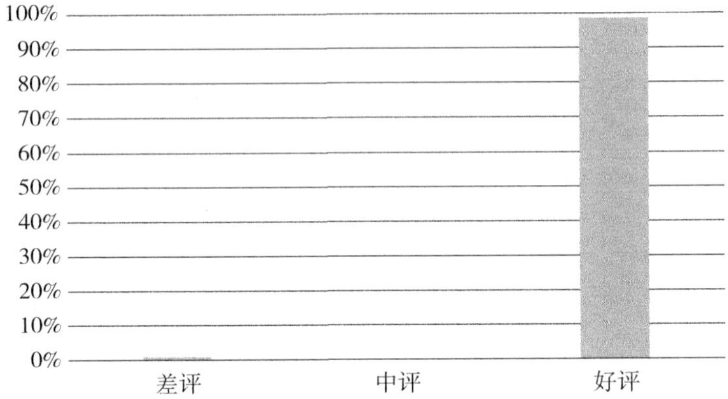

图 6-2 评价评级分布情况

“-1”。对于每一个商品采用加权平均方法计算评价评级分值，见公式 6.1。根据此方法计算得到上述示例商品的评价评级得分为 0.9658。

$$\bar{X} = \frac{m_1 x_1 + m_2 x_2 + \cdots + m_i x_i}{n} \tag{6.1}$$

其中：$m_1+m_2+\cdots+m_i=n$；$i=1, 2, 3$

(3) 评论特征分布情况

通过网络爬虫抓取的在线评论，是使用自然语言以文本形式表达的体验、意见或评价，具有数量巨大、非结构化、内容复杂等特点。从网络口碑文本中挖掘出消费者观点显得十分有意义，但也具有挑战性。本书运用 LDA 模型完成评论特征的抽取，并基于同义词词林实现特征的归并和特征词的拓展，得到在线评论特征词典 L。特征词典的建立为评论特征的情感分析奠定了坚实基础。在线评论中的特征项及特征词的抽取情况见表 6-2。在“特征-观点对”的抽取环节能有效合并特征词，达到降维的效果，从而提高数据分析处理的效率。

表 6-2　　在线评论特征项及特征词(部分)I

特征项	典型特征词
质量	质量、品质、质地、质感、品位、水准
面料	面料、料子、衣料、布料、毛料、材质、手感、坠感、弹性、舒适度
物流	物流、发货、速度、发货速度、时间、快递、包装、包裹、顺丰、圆通
价值	价值、性价比、物超所值、物有所值、物美价廉、档次
价格	价格、价、价位、价钱、标价、定价、原价、差价、折扣
推荐	推荐、放心购买、介绍朋友、建议购买、值得购买、口碑、值得入手

在数据整理时发现，网络零售平台的评论数据集中各个特征项的提及频率不尽相同，评论特征分布情况如图 6-3 所示。其中，特征项的提及率是指提及某特征项的评论数量与总评论数量的比值。

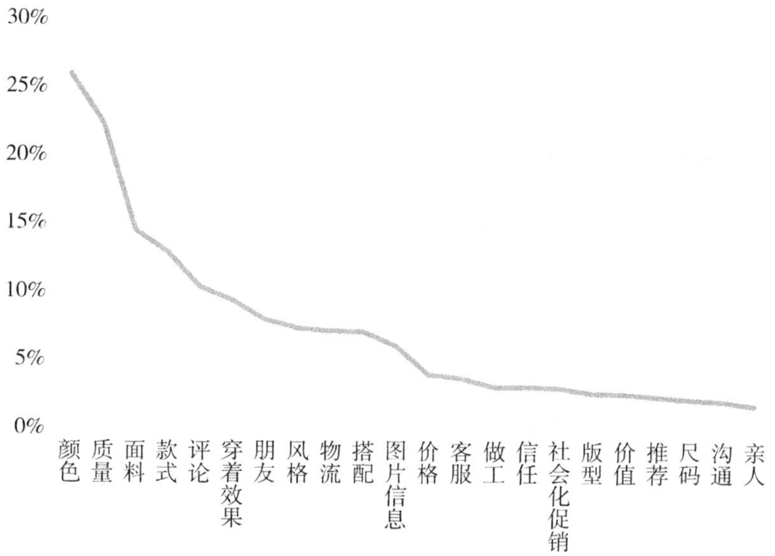

图 6-3　网络零售平台的评论特征分布情况

可以看出，热门的评论特征包括：颜色、质量、面料、评论等。但是否消费者提及较多的特征都对网络消费者满意度存在显著影响呢？这个问题需要在后面进一步分析。

在网络零售平台，分别确定每个商品的各个变量值，建立数据样本。描述性统计见表 6-3。

表 6-3　**样本数据的描述性统计(网络零售平台)**

	Obs.	Mean	S. D.	Min	Max
Ln(销量)	871	4. 6069	1. 8899	0. 0000	8. 5545
评价评级分值	871	0. 9794	0. 0230	0. 8957	1. 0000
颜色情感值	871	0. 2027	0. 1231	0. 0061	0. 9388
尺码情感值	871	0. 0297	0. 0296	−0. 1067	0. 1880
款式情感值	871	0. 1184	0. 0435	0. 0602	0. 4056
版型情感值	871	0. 0286	0. 0363	−0. 1396	0. 2514
质量情感值	871	0. 2689	0. 1994	−0. 3478	1. 1908
面料情感值	871	0. 1596	0. 1004	−0. 1739	0. 6197
做工情感值	871	0. 0499	0. 0552	−0. 1246	0. 3164
穿着效果情感值	871	0. 1225	0. 0719	−0. 1231	0. 7116
风格情感值	871	0. 1407	0. 1912	0. 0229	0. 7026
搭配情感值	871	0. 0881	0. 0972	−0. 0696	0. 5634
物流情感值	871	0. 0112	0. 1444	−0. 6006	0. 8180
客服情感值	871	0. 0125	0. 0411	−0. 1739	0. 1897
价格情感值	871	0. 0302	0. 0358	−0. 1739	0. 1690
价值情感值	871	0. 0567	0. 0384	−0. 2087	0. 2690
朋友情感值	871	0. 1147	0. 0685	−0. 1043	0. 5070
亲人情感值	871	0. 0377	0. 0286	−0. 0348	0. 1975
图片信息情感值	871	−0. 0104	0. 0462	−0. 2817	0. 2212
评论情感值	871	0. 0492	0. 0198	0. 0301	0. 1690

续表

	Obs.	Mean	S. D.	Min	Max
沟通情感值	871	0.0334	0.0349	−0.1091	0.2716
社会化促销情感值	871	0.0492	0.0481	−0.1231	0.3200
信任情感值	871	0.0607	0.0573	−0.3130	0.2817
推荐情感值	871	0.0388	0.0289	−0.1043	0.1690

6.2.2 多元线性回归分析

在网络零售平台的分析中分别将销量的自然对数和评价评级分值作为因变量，将22个特征项的情感值作为自变量，本书共获得24个参数，参数的设定见表6-4。

表6-4 参数的设定(网络零售平台)

参数编号	参数说明	参数编号	参数说明	参数编号	参数说明
Y_1	Ln(销量)	X_7	做工情感值	X_{15}	朋友情感值
Y_2	评价评级分值	X_8	穿着效果情感值	X_{16}	亲人情感值
X_1	颜色情感值	X_9	风格情感值	X_{17}	图片信息情感值
X_2	尺码情感值	X_{10}	搭配情感值	X_{18}	评论情感值
X_3	款式情感值	X_{11}	物流情感值	X_{19}	沟通情感值
X_4	版型情感值	X_{12}	客服情感值	X_{20}	社会化促销情感值
X_5	质量情感值	X_{13}	价格情感值	X_{21}	信任情感值
X_6	面料情感值	X_{14}	价值情感值	X_{22}	推荐情感值

采用多元线性回归分析“特征-观点”对网络消费者满意度的影响。回归模型见公式6.2。

$$Y_i = \alpha_i + \sum_{j=1}^{22} \beta_j X_j + \varepsilon_i \tag{6.2}$$

其中 $Y_i(i=1, 2)$ 为被解释变量(也称为因变量), $X_j(j=1, 2, \cdots, 22)$ 为解释变量(也称为自变量), $\alpha_i(i=1, 2)$ 为常数项, $\beta_j(j=1, 2, \cdots, 22)$ 为偏回归系数, $\varepsilon_i(i=1, 2)$ 为相互独立且服从同一正态分布 $N(0, \sigma^2)$ 随机误差项。

本书运用 SPSS19.0 统计软件分析数据。考虑到并不是所有的自变量(评论特征)都对因变量有显著的影响。在多元线性回归分析中，采用逐步回归方法实现对显著影响变量的筛选。SPSS 软件中常用的逐步回归方法有 5 种，在自变量进入模型方法中的选项包括：进入(Enter)、向前(Forward)、向后(Backward)、逐步回归(Stepwise)和删除(Remove)。一方面可以去除不显著的影响变量；另一方面可以在一定程度上解决变量间的多重共线性问题。向前法的基本思路是依次纳入最重要的候选自变量，而向后法是依次剔除最不重要的候选变量。逐步回归选项是将以上向前法和向后法结合起来筛选自变量的方法，最终将 P 值最小且有统计学意义的自变量引入模型。因此，将选项设定为逐步回归，在选项中选择使用 F 的概率，默认值为进入 0.05、移除 0.10。

(1)将 Ln(销量)作为因变量导入 SPSS 统计软件，经分析处理后，得到的结论见表 6-5 和表 6-6。

表 6-5　**拟合优度检验 I**

模型	R	R 方	调整 R 方	标准估计的误差
9	0.965	0.931	0.925	0.008

表 6-6　**回归系数显著性检验 I**

变量	参数编号	非标准化系数		标准化系数 Beta	t	Sig.
		B	Std. Error			
常量		2.174	0.163		54.729	0.000
价值情感值	X_{14}	0.716	0.052	0.827	11.670	0.000

续表

变量	参数编号	非标准化系数		标准化系数 Beta	t	Sig.
		B	Std. Error			
穿着效果情感值	X_8	0.527	0.045	0.715	7.825	0.000
面料情感值	X_6	0.590	0.047	0.772	3.442	0.001
价格情感值	X_{13}	0.406	0.059	0.501	2.778	0.009
物流情感值	X_{11}	0.227	0.030	0.329	3.973	0.011
推荐情感值	X_{22}	0.265	0.055	0.357	2.715	0.020
朋友情感值	X_{15}	0.133	0.043	0.195	2.1 97	0.028
客服情感值	X_{12}	0.074	0.021	0.099	2.301	0.039
信任情感值	X_{21}	0.021	0.089	0.034	2.068	0.047

注：$F=82.112$，对应的概率 $p<0.001$

表 6-5 显示，调整 R 方为 0.925，自变量可以解释因变量 92.5%的变化，模型的拟合优度良好。回归模型为：

$$\hat{Y}_1 = 0.772X_6 + 0.715X_8 + 0.329X_{11} + 0.099X_{12} + 0.501X_{13} + 0.827X_{14} + 0.195X_{15} + 0.034X_{21} + 0.357X_{22} \quad (6.3)$$

对回归模型整体显著性的检验，相应的假设为：

$$H_0: \beta_1=\beta_2=\cdots=\beta_{22}=0 (H_1: 各\beta不全等于0) \quad (6.4)$$

对回归方程进行 F 检验，F 统计量对应的概率 $p<0.001$，拒绝原假设。说明至少一个自变量的回归系数不等于 0，所建立的回归方程有统计学意义。因此，从整体水平上，自变量与因变量之间有显著的线性关系。

对各个回归系数的显著性检验（t 检验）结果显示：自变量 X_{14}、X_8、X_6的系数检验的 P 值均小于 0.001，说明这几个自变量对因变量的影响显著；自变量 X_{13}、X_{11}、X_{22}、X_{15}、X_{12}、X_{21} 的 P 值小于 0.05，说明这几个变量对因变量的影响较为显著。

（2）将评价评级分值作为因变量导入 SPSS 统计软件，经分析处理后，得到的结论见表 6-7 和表 6-8。

表 6-7　　　　拟合优度检验 II

模型	R	R 方	调整 R 方	标准估计的误差
6	0.951	0.904	0.899	0.014

表 6-8　　　　回归系数显著性检验 II

变量	参数编号	非标准化系数		标准化系数 Beta	t	Sig.
		B	Std. Error			
常量		0.274	0.142		39.561	0.000
质量情感值	X_5	1.016	0.021	1.085	13.755	0.000
物流情感值	X_{11}	0.645	0.015	0.720	6.682	0.000
朋友情感值	X_{15}	0.309	0.009	0.455	2.897	0.000
价格情感值	X_{13}	0.394	0.029	0.304	3.978	0.019
做工情感值	X_7	0.257	0.015	0.381	2.411	0.024
推荐情感值	X_{22}	0.158	0.056	0.166	2.120	0.035

注：F 统计量=101.635，对应的概率 $p<0.001$

表 6-7 显示，调整 R 方为 0.899，自变量一共可以解释因变量 89.9%的变化，模型的拟合优度良好。回归模型为：

$$\hat{Y}_2 = 1.085X_5 + 0.381X_7 + 0.720X_{11} + 0.304X_{13} + 0.455X_{15} + 0.166X_{22} \quad (6.5)$$

对回归模型进行 F 检验，F 统计量对应的概率 $p<0.001$，拒绝原假设。说明至少一个自变量的回归系数不等于 0，所建立的回归模型有统计学意义。因此，从整体水平上，自变量与因变量之间有显著的线性关系。

对各个回归系数的显著性检验（t 检验）结果显示：自变量 X_5、X_{11}、X_{15} 的系数检验的 P 值均小于 0.001，说明这几个自变量对因变量的影响十分显著；自变量 X_{13}、X_7、X_{22} 的 P 值均小于 0.05，说明这几个变量对因变量的影响较为显著。

6.2.3 结果分析

表 6-6 显示，以 Ln(销量)代表网络消费者满意度时，9 个变量进入回归模型，分别为价值情感值(Beta=0.827)、面料情感值(Beta=0.772)、穿着效果情感值(Beta=0.715)、价格情感值(Beta=0.501)、推荐情感值(Beta=0.357)、物流情感值(Beta=0.329)、朋友情感值(Beta=0.195)、客服情感值(Beta=0.099)、信任情感值(Beta=0.034)。各变量均与网络消费者满意度呈现显著线性正相关。从标准化回归系数可以看出，价值情感值对网络消费者满意度的影响最大，信任情感值对其影响最小。

表 6-8 显示，以评价评级分值代表网络消费者满意度时，6 个变量进入回归模型，分别为质量情感值(Beta=1.085)、物流情感值(Beta=0.720)、朋友情感值(Beta=0.455)、做工情感值(Beta=0.381)、价格情感值(Beta=0.304)、推荐情感值(Beta=0.166)。各变量均与网络消费者满意度呈现显著线性正相关。从标准化回归系数可以看出，质量情感值对网络消费者满意度的影响最大，推荐情感值对其影响最小。

6.2.4 讨论与结论

通过对网络零售平台的消费者满意度的分析结果进行整理，可以得到以下结论：

第一，整体而言，产品特征对服装网络消费者满意度的影响大于交互特征。在以 Ln(销量)为因变量的分析中，影响作用位列前四的因素均为产品特征因素(价值情感值、面料情感值、穿着效果情感值和价格情感值)；在以评价评级分值为因变量的分析中，影响作用位列前二的因素也为产品特征因素(质量情感值和物流情感值)，第三个为交互特征因素(朋友情感值)。

第二，对于服装网络消费者满意度而言，质的因素(如质量、面料、价值)的影响大于价的因素(价格)，结论与国内外学者一致。以往的研究发现，决定消费者满意度的因素往往是产品质量而不是产品价格。①② 本书研究发现，在网络零售平台，服装的质量、面料和价值(性价比)对网络消费者满意度的影响大于价格，结论进一步拓展了学者们的研究发现。

第三，网络零售平台消费者提及最多的“颜色”这一特征，没有出现在影响因素之列。这一结果说明在线评论中消费者提及最多的产品特征并不一定对他们的满意度影响最大。颜色是服装产品的重要属性，消费者在在线评论中不可避免的大量提及，但这并不是他们十分重视的环节。

第四，相对而言，朋友情感值、信任情感值和推荐情感值 3 个交互特征因素对网络消费者满意度产生正向影响。

本书对在线评论进行特征抽取，运用情感分析技术挖掘消费者情感倾向，并采用计量分析方法探讨了网络消费者满意度的影响因素，对服装 B2C 电子商务企业的跨平台差异化营销具有一定的实践价值。

6.3　社交媒体平台网络消费者满意度影响因素研究

6.3.1　变量描述及测量

在第 4.6 节提出的特征词典的基础上，本章将影响因素细化为 22 个特征变量，相关测量见表 6-9。

① Fornell C, Johnson M D, Anderson E W, et al. The American customer satisfaction index: Nature, purpose, and findings [J]. Journal of Marketing, 1996, 60(4): 7-18.

② You W, Xia M, Liu L, et al. Customer knowledge discovery from online reviews[J]. Electronic Markets, 2012, 22(3): 131-142.

表 6-9　　　　相关变量的测量(社交媒体平台)

变量	测量	计量指标
销量	每个商品上架后第 2 个月的销量	非负整数
转发数	商家官方微博中推荐商品的博文被转发数	非负整数
评论数	商家官方微博中推荐商品的博文被评论数	非负整数
点赞数	商家官方微博中推荐商品的博文被点赞数	非负整数
颜色、尺码、款式、版型、质量、面料、做工、穿着效果、风格、搭配、物流、客服、价格、价值、朋友、亲人、图片信息、评价、沟通、社会化促销、信任、推荐	针对在线评论文本抽取特征，基于依存句法和情感词典抽取“特征-观点对”，并进一步进行情感计算确定	根据各个特征项的情感极性及强度确定情感值。数值范围：[−2, 2]

表 6-9 中前 4 个变量是用来衡量网络消费者满意度的变量，属于因变量。其中，销量可以从店侦探网站提供的商品销售情况跟踪工具获取；转发数、评论数、点赞数可以在新浪微博每一个博文页面获取。另外 22 个变量属于隐含在评论文本中的自变量，需要通过情感分析的方法量化获得。各变量的分布情况描述如下。

(1) 销量分布情况

在本章第 6.1 节问题描述部分已阐述了销量选择的依据。综合考虑各种实际因素，本书将每个商品上架后第 2 个月的销量作为因变量。商品上架后第 2 个月的销量分布情况如图 6-1 所示。从图中可以看出，销量分布在 0～1000 区间比例最高，在 2001 以上区间比例最低，呈现明显的左偏分布态势。在后面的回归分析中对其取自然对数计算。

(2)转发数分布情况

转发数是新浪微博用户浏览并转发博文的数量。转发数能在一定程度上反映消费者对官方微博推荐的商品的关注和满意度。转发数分布情况如图 6-4 所示。从图中可以看出，转发数主要集中在 0~1000，呈现明显的左偏分布态势。在后面的回归分析中对其取自然对数计算。

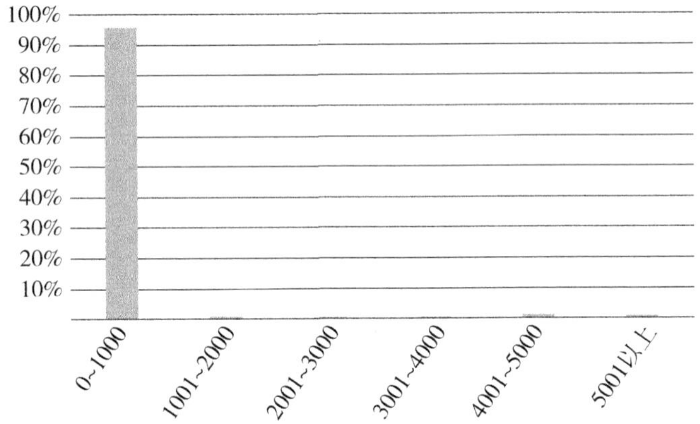

图 6-4　转发数分布情况

(3)评论数分布情况

评论数是新浪微博用户参与博文留言讨论的数量。评论数能在一定程度上反映消费者对官方微博推荐的商品的参与和满意度。评论数分布情况如图 6-5 所示。从图中可以看出，转发数主要集中在 0~1000 和 1001~2000 区间，呈现明显的左偏分布态势。在后面的回归分析中对其取自然对数计算。

(4)点赞数分布情况

点赞数是新浪微博用户浏览并点赞博文的数量。点赞数能在一定程度上反映消费者对官方微博推荐的商品的喜爱和满意度。点赞

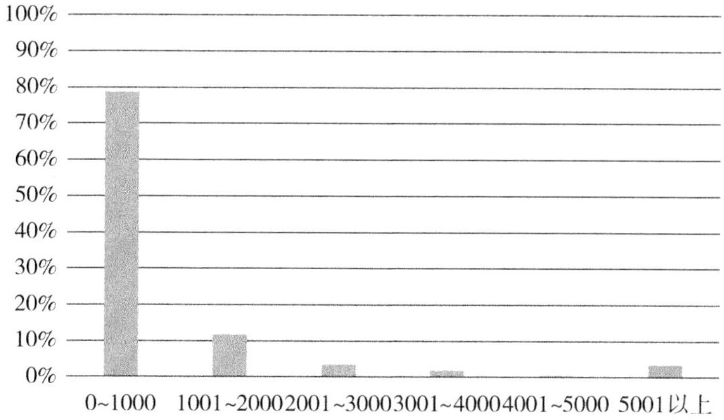

图 6-5　评论数分布情况

数分布情况如图 6-6 所示。从图中可以看出，转发数主要集中在 0~1000 和 1001~2000，呈现明显的左偏分布态势。在后面的回归分析中对其取自然对数计算。

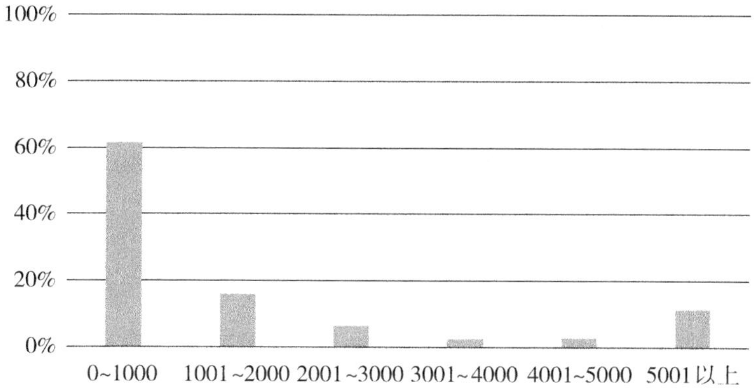

图 6-6　点赞数分布情况

(5) 评论特征分布情况

通过网络爬虫抓取的在线评论，是使用自然语言以文本形式表达的体验、意见或评价，具有数量巨大、非结构化、内容复杂等特点。从网络口碑文本中挖掘出消费者观点显得十分有意义，但也具有挑战性。本书使用LDA模型完成评论特征的抽取，并基于同义词词林实现特征的归并和特征词的拓展，得到在线评论特征词典L。特征词典的建立为评论特征的情感分析奠定了坚实基础。在线评论中的特征项及特征词的抽取情况见表6-10。在“特征-观点对”的抽取环节能有效合并特征词，达到降维的效果，从而提高数据分析处理的效率。

表6-10　**在线评论特征项及特征词(部分)II**

特征项	典型特征词
颜色	色、颜色、色泽、色调、色彩、黑色、灰黑色、粉色、粉红色、花色
搭配	搭配、配搭、百搭、穿搭、配、搭、配饰、饰品、鞋子、包包
朋友	朋友、卖家、网红、妹子、姐妹、店主、闺蜜、同事、男朋友、女朋友
社会化促销	上新、预售、现货、剧透、新品、买家秀、直播、优惠券、红包、中奖
信任	关注、支持、相信、信赖、信任、信誉、信用、诚信、粉丝、铁粉

在数据整理时发现，社交媒体平台的评论数据集中各个特征项的提及频率不尽相同，评论特征分布情况如图6-7所示。其中，特征项的提及率是指提及某特征项的评论数量与总评论数量的比值。可以看出，热门的评论特征包括：款式、颜色、图片信息和社会化促销等。但是否消费者提及较多的特征都对网络消费者满意度存在显著影响呢？这个问题需要在后面进一步分析。另外，新浪微博在线评论的特征分布明显比淘宝网稀疏。除“款式”这一特征提及率较高外，其他特征的提及率总体较低。

在社交媒体平台，分别确定每条博文的各个变量值，建立数据

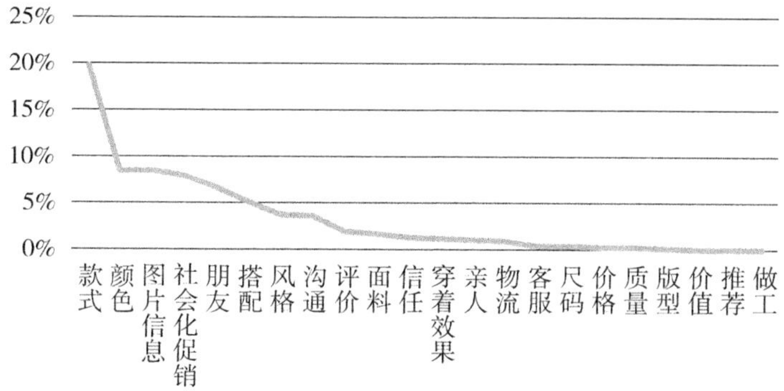

图 6-7 社交媒体平台的评论特征分布情况

样本。描述性统计见表 6-11。

表 6-11 **样本数据的描述性统计(社交媒体平台)**

	Obs.	Mean	S. D.	Min	Max
Ln(销量)	1045	4. 6923	1. 8631	0. 0000	8. 5545
Ln(转发数)	1045	3. 3939	1. 6338	0. 0000	6. 9903
Ln(评论数)	1045	6. 2114	1. 5148	1. 3863	10. 0730
Ln(点赞数)	1045	6. 3946	1. 1214	4. 7005	9. 0210
颜色情感值	1045	0. 1945	0. 1173	0. 0058	0. 8540
尺码情感值	1045	0. 0158	0. 0157	−0. 0267	0. 0522
款式情感值	1045	0. 2157	0. 1696	0. 0902	0. 8297
版型情感值	1045	0. 0265	0. 0336	−0. 0635	0. 1197
质量情感值	1045	0. 0733	0. 0486	−0. 0580	0. 1418
面料情感值	1045	0. 0877	0. 0547	−0. 0435	0. 1721
做工情感值	1045	0. 0140	0. 0155	−0. 0173	0. 0452

续表

	Obs.	Mean	S. D.	Min	Max
穿着效果情感值	1045	0. 2267	0. 1381	−0. 0923	0. 5116
风格情感值	1045	0. 1257	0. 1527	0. 0114	0. 7026
搭配情感值	1045	0. 1211	0. 1325	−0. 0522	0. 5775
物流情感值	1045	−0. 0047	0. 0481	−0. 1502	0. 0986
客服情感值	1045	0. 0074	0. 0218	−0. 0458	0. 0474
价格情感值	1045	0. 0325	0. 0378	−0. 0913	0. 0930
价值情感值	1045	0. 0137	0. 0250	−0. 0580	0. 0563
朋友情感值	1045	0. 2629	0. 1609	−0. 1148	0. 6085
亲人情感值	1045	0. 0717	0. 0605	−0. 0261	0. 2451
图片信息情感值	1045	−0. 0236	0. 1637	−0. 3141	0. 5530
评论情感值	1045	0. 1017	0. 0405	0. 0301	0. 1775
沟通情感值	1045	0. 2703	0. 2628	−0. 4091	1. 0185
社会化促销情感值	1045	0. 4836	0. 3901	−0. 2807	1. 3440
信任情感值	1045	0. 3151	0. 2313	−0. 4154	0. 7042
推荐情感值	1045	0. 0721	0. 0522	−0. 0783	0. 1690

6. 3. 2 多元线性回归分析

在社交媒体平台的分析中分别将销量、转发数、评论数和点赞数的自然对数作为因变量，将 22 个特征项的情感值作为自变量，本书共获得 26 个参数，参数的设定见表 6-12。

表 6-12 参数的设定(社交媒体平台)

参数编号	参数说明	参数编号	参数说明	参数编号	参数说明
Y_1	Ln(销量)	X_6	面料情感值	X_{15}	朋友情感值
Y_2	Ln(转发数)	X_7	做工情感值	X_{16}	亲人情感值
Y_3	Ln(评论数)	X_8	穿着效果情感值	X_{17}	图片信息情感值
Y_4	Ln(点赞数)	X_9	风格情感值	X_{18}	评论情感值
X_1	颜色情感值	X_{10}	搭配情感值	X_{19}	沟通情感值
X_2	尺码情感值	X_{11}	物流情感值	X_{20}	社会化促销情感值
X_3	款式情感值	X_{12}	客服情感值	X_{21}	信任情感值
X_4	版型情感值	X_{13}	价格情感值	X_{22}	推荐情感值
X_5	质量情感值	X_{14}	价值情感值		

采用多元线性回归分析“特征-观点”对网络消费者满意度的影响。回归模型为:

$$Y_i = + \sum_{j=1}^{22} \beta_j X_j + \varepsilon \tag{6.6}$$

其中 $Y_i(i=1, 2, 3, 4)$ 为被解释变量(也称为因变量), $X_j(j=1, 2, \cdots, 22)$ 为解释变量(也称为自变量), $\alpha_i(i=1, 2, 3, 4)$ 为常数项, $\beta_j(j=1, 2, \cdots, 22)$ 为偏回归系数, $\varepsilon_i(i=1, 2, 3, 4)$ 为相互独立且服从同一正态分布 $N(0, \sigma^2)$ 随机误差项。

本书运用 SPSS19.0 统计软件分析数据。考虑到并不是所有的自变量(评论特征)都对因变量有显著的影响。在多元线性回归分析中,采用逐步回归方法实现对显著影响变量的筛选。一方面可以去除不显著的影响变量;另一方面可以在一定程度上解决变量间的多重共线性问题。将选项设定为逐步回归,在选项中选择使用 F 的概率,默认值为进入 0.05、移除 0.10。

(1)将 Ln(销量)作为因变量导入 SPSS 统计软件,经分析处理后,输出结果见表 6-13 和表 6-14。

表 6-13　　　　拟合优度检验 III

模型	R	R 方	调整 R 方	标准估计的误差
7	0.958	0.918	0.913	0.014

表 6-14　　　　回归系数显著性检验 III

变量	参数编号	非标准化系数		标准化系数 Beta	t	Sig.
		B	Std. Error			
常量		0.006	0.011		6.452	0.000
搭配情感值	X_{10}	1.162	0.006	1.143	7.669	0.000
朋友情感值	X_{15}	0.852	0.015	0.920	10.650	0.000
款式情感值	X_3	0.747	0.021	0.782	5.648	0.000
社会化促销情感值	X_{20}	0.824	0.003	0.857	6.648	0.006
亲人情感值	X_{16}	0.325	0.034	0.451	2.049	0.010
信任情感值	X_{21}	0.215	0.019	0.265	2.346	0.021
质量情感值	X_5	0.065	0.020	0.062	2.164	0.039

注：F 统计量=67.264，对应的概率 $p<0.001$

表 6-13 显示，调整 R 方为 0.913，自变量可以解释因变量 91.3%的变化，模型的拟合优度良好。回归模型为：

$$\hat{Y}_1 = 0.782X_3 + 0.062X_5 + 1.143X_{10} + 0.920X_{15} + 0.451X_{16} + 0.857X_{20} + 0.265X_{21} \tag{6.7}$$

对回归方程进行 F 检验，F 统计量对应的概率 $p<0.001$，拒绝原假设。说明至少一个自变量的回归系数不等于 0，所建立的回归方程有统计学意义。因此，从整体水平上，自变量与因变量之间有显著的线性关系。

对各个回归系数的显著性检验（t 检验）结果显示：自变量 X_{10}、X_{15}、X_3 的系数检验的 P 值均小于 0.001，说明这几个自变量对因变量的影响显著；自变量 X_{20}、X_{16}、X_{21}、X_5 的 P 值小于 0.05，说明这几个自变量对因变量的影响较为显著。

(2)将 Ln(转发数) 作为因变量导入 SPSS 统计软件，经分析后运算过程终止，无变量引入模型，22 个自变量均无统计学意义，没有得到拟合模型。

(3)将 Ln(评论数) 作为因变量导入 SPSS 统计软件，经分析处理后，输出结果见表 6-15 和表 6-16。

表 6-15　　**拟合优度检验 IV**

模型	R	R 方	调整 R 方	标准估计的误差
5	0.951	0.905	0.902	0.009

表 6-16　　**回归系数显著性检验 IV**

变量	参数编号	非标准化系数		标准化系数 Beta	t	Sig.
		B	Std. Error			
常量		0.842	0.002		64.489	0.000
信任情感值	X_{21}	0.916	0.025	0.928	8.225	0.000
社会化促销情感值	X_{20}	0.645	0.011	0.773	2.480	0.000
颜色情感值	X_1	0.468	0.037	0.435	4.946	0.002
穿着效果情感值	X_8	0.186	0.006	0.218	2.662	0.038
价格情感值	X_{13}	0.014	0.012	0.019	2.248	0.047

注：F 统计量=26.461，对应的概率 $p<0.001$

表 6-15 显示，调整 R 方为 0.902，自变量可以解释因变量 90.2%的变化，模型的拟合优度良好。回归模型为：

$$\hat{Y}_3 = 0.435X_1 + 0.218X_8 + 0.019X_{13} + 0.773X_{20} + 0.928X_{21} \tag{6.8}$$

对回归方程进行 F 检验，F 统计量对应的概率 $p<0.001$，拒绝原假设。说明至少一个自变量的回归系数不等于 0，所建立的回归

方程有统计学意义。因此，从整体水平上，自变量与因变量之间有显著的线性关系。

对各个回归系数的显著性检验(t 检验)结果显示：自变量 X_{21}、X_{20}的系数检验的 P 值均小于 0.001，说明这几个自变量对因变量的影响显著；自变量 X_1、X_8、X_{13}的 P 值小于 0.05，说明这几个自变量对因变量的影响较为显著。

(4)将 Ln(点赞数) 作为因变量导入 SPSS 统计软件，经分析处理后，输出结果见表 6-17 和表 6-18。

表 6-17　　**拟合优度检验 V**

模型	R	R 方	调整 R 方	标准估计的误差
2	0.887	0.787	0.791	0.026

表 6-18　　**回归系数显著性检验 V**

变量	参数编号	非标准化系数		标准化系数 Beta	t	Sig.
		B	Std. Error			
常量		-3.648	0.130		-16.331	0.0003
颜色情感值	X_1	0.021	0.018	0.035	3.464	0.012
图片信息情感值	X_{17}	0.009	0.015	0.017	2.489	0.033

注：F 统计量=11.130，对应的概率 $p<0.01$

表 6-17 显示，调整 R 方为 0.791，自变量可以解释因变量 79.1%的变化，模型的拟合优度较好。回归模型为：

$$\hat{Y}_4 = 0.035 + 0.017 X_8 \quad (6.9)$$

对回归方程进行 F 检验，F 统计量对应的概率 $p<0.01$，拒绝原假设。说明至少一个自变量的回归系数不等于 0，所建立的回归方程有统计学意义。因此，从整体水平上，自变量与因变量之间有显著的线性关系。

对各个回归系数的显著性检验(t 检验)结果显示：自变量 X_1、

X_{17}的 P 值小于 0.05，说明这几个变量对因变量的影响较为显著。

6.3.3 结果分析

表 6-14 显示，以 Ln(销量)代表网络消费者满意度时，7 个变量进入回归模型，分别为搭配情感值(Beta=1.143)、朋友情感值(Beta=0.920)、社会化促销情感值(Beta=0.857)、款式情感值(Beta=0.782)、亲人情感值(Beta=0.451)、信任情感值(Beta=0.265)、质量情感值(Beta=0.062)。各变量均与网络消费者满意度呈现显著线性正相关。从标准化回归系数可以看出，搭配情感值对网络消费者满意度的影响最大，质量情感值对其影响最小。

表 6-16 显示，以 Ln(评论数)代表网络消费者满意度时，5 个变量进入回归模型，分别为信任情感值(Beta=0.928)、社会化促销情感值(Beta=0.773)、颜色情感值(Beta=0.435)、穿着效果情感值(Beta=0.218)、价格情感值(Beta=0.019)。各变量均与网络消费者满意度呈现显著线性正相关。从标准化回归系数可以看出，信任情感值对网络消费者满意度的影响最大，价格情感值对其影响最小。

表 6-18 显示，以 Ln(点赞数)代表网络消费者满意度时，2 个变量进入回归模型，分别为颜色情感值(Beta=0.035)、图片信息情感值(Beta=0.017)。各变量均与网络消费者满意度呈现较显著线性正相关。从标准化回归系数可以看出，颜色情感值对网络消费者满意度的影响较大，图片信息情感值对其影响较小。

另外，以 Ln(转发数)代表网络消费者满意度时，没有得到拟合模型。

6.3.4 讨论与结论

通过对社交媒体平台的消费者满意度的分析结果进行整理，可以得到以下结论：

第一，整体而言，交互特征对服装网络消费者满意度的影响大于产品特征。在以 Ln(销量)为因变量的分析中，7 个显著的影响因素中有 5 个属于交互特征，其中搭配情感值和朋友情感值位居前二。在以 Ln(评论数)为因变量的分析中，信任情感值和社会化促销情感值也是最重要的影响因素。

第二，社交媒体平台消费者提及较多的“图片信息”这一特征，不是关键的影响因素。这一结论说明在线评论中消费者提及最多的产品特征并不一定对他们的满意度影响最大。“图片信息”对网络消费者满意度产生微弱影响，应该与服装商家频繁使用社会化促销方式有关，直播、短视频等形式有效地替代了图片的作用并弥补了其不足。

第三，相对而言，搭配情感值、穿着效果情感值、款式情感值和颜色情感值 4 个交互特征因素对网络消费者满意度产生显著的正向影响。其中搭配和穿着效果属于感官体验；款式和颜色属于功能体验。另外，质量情感值和价格情感值的影响较弱。

6.4 跨平台网络消费者满意度影响因素的对比分析

将本章得出的分析结果进行汇总，得到跨平台网络消费者满意度的影响因素情况，见表 6-19。

表 6-19　跨平台网络消费者满意度影响因素对比

影响因素权重排序	网络零售平台		社交媒体平台		
	Ln（销量）	评价评级分值	Ln（销量）	Ln（评论数）	Ln（点赞数）
1	价值 0.827***	质量 1.085***	搭配 1.143***	信任 0.928***	颜色 0.035*
2	面料 0.772**	物流 0.720***	朋友 0.920***	社会化促销 0.773***	图片信息 0.017*

续表

影响因素权重排序	网络零售平台		社交媒体平台		
	Ln（销量）	评价评级分值	Ln（销量）	Ln（评论数）	Ln（点赞数）
3	穿着效果 0.715***	朋友 0.455***	社会化促销 0.857**	颜色 0.435**	
4	价格 0.501**	做工 0.381*	款式 0.782***	穿着效果 0.218*	
5	推荐 0.357*	价格 0.304*	亲人 0.451**	价格 0.019*	
6	物流 0.329*	推荐 0.166*	信任 0.265*		
7	朋友 0.195*		质量 0.062*		
8	客服 0.099*				
9	信任 0.034*				

注：*** $p<0.001$；** $p<0.01$；* $p<0.05$

6.4.1 跨平台网络消费者满意度影响因素对比分析

(1) 基于以销量为因变量的结果对比

以销量代表网络消费者满意度的回归分析结果显示，总体而言，网络零售平台和社交媒体平台的满意度影响因素均包括产品特征因素和交互特征因素。在第 4 章提出的服装在线评论的特征构成框架(表 4-10)中，共计 11 个子特征和 22 个特征项。本章的实证表明，其中的10个子特征中的14个特征项对网络消费者满意度存在正向影响，影响因素众多。唯一没有表现出显著影响的子特征是“信息交互”。虽然两个平台在整体上表现出相似性，但是仍存在着一定的差别：网络零售平台的满意度影响因素更侧重于产品特征因素，如感知价值(价值、价格)、质量体验(面料)、感官体验(穿着效果)、感知便利(物流)；社交媒体平台的满意度影响因素更侧重于交互因素，如社会关系(朋友、亲人)、社会化促销、信任。

以上对比说明：第一，在不同类型的平台，产品特征因素和交互特征因素均能对网络消费者满意度产生影响。第二，因为特点和作用不同，不同类型的平台能从不同方面影响满意度水平。在网络零售平台，消费者更关注产品体验、服务体验和价值体验，产品“质”的因素十分重要；在社交媒体平台，消费者更能从交互体验和社会支持中得到愉悦和满足，“朋友”“信任”“社会化促销”能有效提升满意度并促进购买。第三，具体的影响因素存在差异。在网络零售平台，“推荐”和“信任”等社会支持能有效起到辅助作用；在社交媒体平台，“搭配”这种感官体验也能起到十分重要的影响作用。需要具体问题具体分析，通过比较异同，明确重点，发挥优势，促进整体网络消费者满意度的提升。

(2)基于以评价评级或评论数、点赞数为因变量的结果对比

评价评级是网络零售平台的代表性指标，转发数、评论数和点赞数是社交媒体平台的代表性指标，均能在一定程度上反映网络消费者的满意度水平。以代表性指标替代网络消费者满意度的回归分析结果显示，总体而言，网络零售平台和社交媒体平台的满意度影响因素均包括产品特征因素和交互特征因素。这一结论与以销量代表网络消费者满意度的分析一致。10个子特征中的11个特征项对网络消费者满意度存在正向影响，影响因素很多，但较之以销量为代表的分析减少了3个。“信息交互”仍然没有表现出显著影响。两个平台的差别在于，网络零售平台的满意度影响因素更侧重于产品特征因素，社交媒体平台的满意度影响因素更侧重于交互因素。这一结论也与以销量为代表的分析结果一致。基本能得出与以销量为代表的分析一致的结论。

基于在线评论的网络消费者满意度影响因素分析中，以销量为因变量的回归模型拟合更优，影响因素在网络零售平台和社交媒体平台分别能解释因变量 92.5%和 91.3%的变化。以评价评级或评论数为因变量的回归模型的拟合优度次之，分别解释因变量 89.9%和 90.2%的变化。以点赞数为因变量的回归模型的拟合优度一般，以转发数为因变量的分析没有得到拟合模型。

6.4.2 研究结论

对比研究网络零售平台和社交媒体平台的网络消费者满意度影响因素，有助于发现不同类型平台的差异性和相似性。

(1)网络零售平台和社交媒体平台的消费者满意度影响因素的差异性

第一，质量体验(质量、面料)、感知价值(价值)、感知便利是影响网络零售平台消费者满意度的主要因素；而功能体验(款式)、社会化促销、信任是影响社交媒体平台消费者满意度的主要因素。在网络零售平台，消费者更关注质量体验、感知价值和感知便利，其中产品“质”的因素十分重要。研究显示，质的因素的影响大于价的因素，这一结论与国内外学者得出的“决定消费者满意度的因素往往是产品质量而不是产品价格”一致，并将质的因素从“质量”扩展到“质量”“面料”“价值”等，进一步充实了相关研究结果。“物流”这一感知便利因素显著影响网络消费者满意度，说明发货时间、发货速度、服务质量和邮费直接影响消费者的满意度水平。与此不同，在社交媒体平台，消费者更能从社会化促销和信任中得到愉悦和满足，能有效提升满意度并促进购买。另外，“款式”这一功能体验因素也具有显著影响效果。主要影响因素的差异性需要引起 B2C 电商企业的重视，从而在跨平台经营时做到区别对待。

第二，功能体验(颜色、款式)、社会化促销不是影响网络零售平台消费者满意度的显著因素；而感知便利、感知响应和推荐不是影响社交媒体平台消费者满意度的显著因素。在网络零售平台和社交媒体平台，对网络消费者满意度影响不显著的因素各有不同，需要进行甄别，避免资源浪费。

(2)网络零售平台和社交媒体平台的消费者满意度影响因素的相似性

第一，感官体验(如穿着效果、搭配)和社会关系(如朋友等)对两类平台的消费者满意度均产生显著影响。说明在两类平台不仅要注重服装的穿着效果和搭配等感官体验，而且要关注朋友的推荐和社会关系影响作用，结果显示，朋友对网络消费者满意度的影响大于亲人对满意度的影响。

第二，“信息交互”对两类平台的消费者满意度均不产生显著影响。在网络销售平台和社交媒体平台上，信息交互所包含的“评论”“沟通”“图片信息”等特征项都没有被证实是网络消费者满意度的显著影响因素。在一定程度上说明虽然消费者在两类平台上参与活跃，但信息交互的广度和深度不够，消费者在价值共创中的主体地位仍不突出。

通过对比研究的结论可以看出，B2C 电子商务企业尝试融合网络零售平台和社交媒体平台进行商品销售，期望通过多平台联动提高服务水平，但是现阶段社交电商的发展状况仍然不够系统深入，未能充分调动产品特征因素和交互特征因素的作用。本书的研究结论能对 B2C 电子商务企业的科学经营决策提供指导；对网络零售平台和社交媒体平台提供参考，从而更有针对性地设置页面推荐和文字标签；为网络消费者做出理性购物决策提供依据；为同领域研究者提供研究方法和理论参考。

6.4.3 原因分析

通过对比研究发现，不同类型平台的网络消费者满意度影响因素的差异性显著。对差异性和相似性的形成原因进行分析，有助于更好地了解用户的网络消费行为，为电子商务企业进行差异化营销提供参考。原因主要有以下三个方面。

(1)网络消费行为的特点

随着网络消费者的需求和行为不断更迭变化，网络零售已逐渐从以价格为导向转向以品质为导向，网络消费者从追求产品功能的单一需求转向产品、娱乐和社交并重的多元需求。

伴随着物质生活水平的极大改善和网络零售的不断推进，消费者对产品品质提出了更高的要求。近年来，普通消费者对服装等体验型产品购买频次大幅增加，甚至出现过度消费现象。另外，网络消费市场正经历着假货、山寨品、劣质品与正品的竞争与淘汰过程，消费者的网络购物经验日益丰富，产品质量鉴别能力和维权意识提升。“七天无理由退换货”等服务为网络消费行为提供了保障。因此，在网络零售平台，消费者十分关注产品“质”的因素，“质量”“面料”“价值”等因素对网络消费者满意度的影响大于价格的影响。

服装是典型的时尚消费品，潮流趋势的快速变化使得消费者对感官体验的需求十分突出。消费者普遍认为，时尚性和流行性是评价服装的重要标准。大多数消费者存在明显的“从众心理”，乐于通过网络平台掌握流行趋势和动态。随着网络信息的泛滥，新型网红店主的服装穿搭技巧和推荐成为网络服装消费者的最佳选择。网络零售平台和社交媒体平台都为服装展示、搭配分享、视频直播提供了多样选择，为感官刺激提供了便利，消费者自身的穿着效果也成为有效补充。因此，感官体验(如穿着效果、搭配)对两类平台的消费者满意度均产生显著影响。

在体验经济时代，网络消费者更加注重社交的需求，朋友和亲人的社会关系能影响满意度水平。在非面对面交易模式下，消费者迫切希望通过各种渠道了解产品信息。相比于亲人，网络消费者通过虚拟空间能接触更多数量的朋友，他们分布范围广、经历相似、意见相对客观，成为消费者进行决策的重要信息来源和情感支撑。因此，社会关系对两类平台的消费者满意度均产生显著影响，其中朋友关系的影响大于亲人关系的影响。

(2)不同类型平台的特点

网络零售平台更侧重于网络销售功能，其非面对面的交易模式使物流等感知便利因素成为重要评价环节；社交媒体平台更侧重于社交功能，其社会交互程度受制于信任水平。

现阶段，物流和信任分别是网络零售平台和社交媒体平台亟待解决的环节。物流的发货速度、服务质量和物流成本是影响网络零售平台的消费者满意度的重要因素。另外，普遍使用的预售形式因为延期发货进一步加重了物流的压力。目前，各大电商平台已意识到物流是电商发展的瓶颈，纷纷积极建设物流体系。如阿里巴巴和菜鸟网络布局"新物流"，努力打造全球领先的物流网络；京东立足"无界物流"提供一体化的供应链服务，实现海量商品即想即得，物流时效以"分钟"计量。中国的物流建设虽然初有成效，但离消费者十分满意仍有一定差距。同时，信任是影响社交媒体平台的消费者满意度的重要因素。消费者在社交媒体平台发表在线评论，一般不需要实名认证，因此信息质量良莠不齐，虚假信息、信息泄露等现象的出现，导致在该类平台上人与人之间缺乏信任。诚信体系建设对社交媒体平台而言至关重要。因此，物流和信任分别是网络零售平台和社交媒体平台消费者满意度的显著影响因素。

社交媒体的交互性为消费者功能体验提供了便利，成为影响社交媒体平台消费者满意度的主要因素之一。社交媒体在制造话题、增强互动方面具有天然的优势，能够紧随潮流实时发布服装款式信息，从而吸引消费者的关注，并为消费者提供心理满足感。因此，功能体验(款式)是影响社交媒体平台消费者满意度的主要因素之一。

(3)B2C电子商务企业经营的特点

新零售背景下，B2C电子商务企业积极尝试社交电商经营模式，通过多平台联动辅助全渠道营销。企业期望通过整合网络零售功能和社交媒体功能，以提升消费者满意度并促进购买。

社会化促销是影响社交媒体平台消费者满意度的主要因素。目前，社交媒体平台成为企业开展社交电商的主战场。为了吸引消费者关注并提高黏性，B2C 电子商务企业在社会化促销方面投入大量的人力、物力和财力，在一定程度上激发了社交媒体的活力，消费者参与频繁，效果明显。因此，社会化促销显著影响社交媒体平台消费者满意度。

然而，“信息交互”对两类平台的消费者满意度均不产生显著影响。这一现象的原因应该与用户参与度有关。在现有“网红经济”模式下，网红店铺是讨论话题的制造者，消费者虽然是网络口碑的源头，但网红店主是意见领袖，在一定程度上限制了信息交互的广度和深度。比如，网红店铺通常会在新浪官方微博设置“非好友不可以评论我的微博”，只有在相互关注是好友关系的情况下才能评论，而相互关注是以交易为前提。消费者的主导地位没有得到充分体现。因此，信息交互对两类平台的消费者满意度均不产生显著影响。

总体而言，以上三个方面相互影响，相互促进，共同成为不同类型平台的网络消费者满意度影响因素的差异性和相似性的解释基础。

6.5 对策和建议

通过对比研究网络零售平台和社交媒体平台的消费者满意度影响因素，得到了不同类型平台的差异性和相似性，对 B2C 电子商务企业的多平台联动提供决策依据，具有一定的实践价值。基于研究发现，本书进一步提出了对策及建议。

6.5.1 构建社交电商全过程购物体验

数字化浪潮正在重新定义零售行业的消费者体验。消费者不仅关注产品体验、服务体验和价值体验，也十分重视交互体验和社会支持。产品特征因素和交互特征因素共同作用于网络消费者满意度，这一现象已在本书中得到了充分的证实。在网络购物过程中，需求诱发、信息收集、比较选择、购买决策、购后反馈的各个环节都会影响消费者的主观感受，最终决定满意度水平和重复购买决策，因此，构建社交电商全过程购物体验是服装企业重要的任务。

产品“质”的因素是消费者体验的基础。本书的研究结论显示，质量、面料、价值等因素对于消费者而言，重要程度大于价格因素。没有良好的“质”作保障，难以提高产品性价比，从而获得消费者美誉。网络零售企业必须修内功，狠抓产品质量，才可以长远发展。立足于质量管理，在服装购买的初始阶段，商家应利用富媒体技术手段，结合文字、图片、动图、短视频、直播等多种形式，充分展示商品并吸引消费者参与；社会化促销策略上也应坚持以用户体验为中心的原则；及时热情回复消费者的问题，为消费者提供客观准确的商品信息。在成交阶段，提供安全便捷的支付方式和物流服务，向消费者及时推送订单确认信息和物流信息，增加消费者服装购物的现实感。在售后阶段，应提供有温度、有实效的客户服务。在购后反馈上，应鼓励买家以多种形式分享购买体会、经验以及买家秀，以真实客观的网络口碑形成强有力的辐射扩散作用。确保消费者在购物的每个阶段都能感受到服务的便捷，增强消费者对服装网络平台的信任。

对于体验型产品而言，在产品的设计和营销中利用感官刺激和社会支持，建立系统化的社会化营销战略十分重要。结合日益细分的服装用户，美学特征已成为实现产品和服务差异化的关键要素。基于服装网络消费者审美偏好的外观美学设计和形象打造，有利于表达产品的性格，满足消费者的情感需求。借助社交媒体或者网络零售平台的社交功能，可以全方位呈现产品的性能和特色，一方面与图片及文字的商品展示形式形成补充；另一方面促进消费社群的形成。社交电商有助于实现全过程购物体验。

6.5.2 针对不同类型平台的消费者满意度开展差异化营销

Web2.0时代具有去中心化、个性化、开放、共享等显著特征，网络内容的生成方式由传统的网络平台主导生成逐渐转向由用户主导生成。用户生成内容（UGC）持续涌现，网络信息呈爆炸式增长。在线评论是UGC的一种重要形式，是消费者基于个人使用体验创建的产品信息。现阶段，在线评论信息体量急剧增加，甚至出现了信息过载现象，极大降低了信息价值。在线评论文本显示出数量众多且纷繁复杂的产品特征和交互特征，仅用传统的研究方法只能观测特征出现的频次和规模，无法发现其潜藏的机理。实际情况是，消费者提及相对较多的特征不一定对满意度产生重要影响；网络零售平台和社交媒体平台的满意度影响因素存在差异性。如果电子商务企业将时间和精力分散于各个方面，不分主次、没有取舍，将极大降低经营效率和营销的精准性。

电子商务进入场景爆发时代，全渠道消费成零售业趋势。单一消费场景已经不能满足消费者的需求，跨平台、社交化、移动化、碎片化的网络消费场景逐渐填补了空缺。然而，不同的消费情境会产生不同的体验，决定消费者满意度的因素也各不相同。如何从在线评论中抽丝剥茧、挖掘有价值的信息具有重要的现实意义。消费者满意度水平直接决定企业的成败，只有结合消费场景精准分析消费者的满意度状况，企业才能有的放矢。

B2C电子商务企业结合不同类型平台的消费者满意度开展差异化营销，可以从以下三个方面开展：第一，产品推荐的差异化。在网络零售平台需要特别强调产品“质”的因素，在产品推荐方面重点强调质量、面料、价值等因素，塑造良好的品牌形象；在社交媒体平台，重点关注服装款式，运用文案、图片及短视频等形式介绍产品的款式。不容忽视的是，在两类平台都需要重视服装的穿搭，通过服装搭配和穿着效果能有效刺激消费者购买。第二，促销方式的差异化。在社交媒体平台需要充分利用交互的便利性，运用抽奖、福袋、有奖问答、优惠券、积分、买家秀等多种社会化促销方式提升消费者活跃度，同时鼓励消费者建言献策，加强消费者的参与度和归属感，形成良好的忠诚度。在网络零售平台，继续采用平台及商家的多种促销手段，结合社交方式创新营销思路。第三，服务的差异化。在网络零售平台，继续解决物流配送环节的服务问题。一方面加快建设绿色高效的物流体系；另一方面配合客户服务，做到提前告知和过程追踪，真正体现以消费体验为主导的服务宗旨。在社交媒体平台，需在建立诚信体系方面加强建设，从而营造彼此信任、良好互动的社交媒体环境。

6.5.3 推动网红模式由单向主导向双级共生发展

网络红人(简称“网红”)于20世纪90年代初开始出现，伴随着互联网技术的发展而进化变迁。网红可以理解为依靠网络平台积聚个人影响力，在各自领域内与粉丝互动并受到追捧的一类群体。网红包括网络写手、网络段子手、网络主播和淘宝店主等。本书讨论的对象主要是网络平台上的服装零售商。网红店主根据自身特质获取了一大批垂直细分受众群体的喜爱和追随，从而在网络平台上拥有一定的话语权。现在的网红店主不仅仅指那些拥有数十万甚至数百万粉丝、面容姣好的年轻女性，而是已经泛化为所有积累了众多粉丝的具有鲜明特质的服装店铺经营者。

目前的网红模式指的是网红店主主导服装经营和话题，消费者参与，其中庞大的粉丝群体积极购买并加入社群讨论，主动分享和贡献了大量的评论信息，进而促进了网络口碑的形成和销量的增长。从本质上来说，网红模式仍然是KOL(Key Opionion Leader)模式，由网红单向主导，消费者在限定范围内踊跃参与交互。例如，淘宝商家将中差评评价的消费者加入黑名单，以及在官方微博只允许已发生购买行为的老顾客评价等，可以看出网红在人为干预用户口碑。此模式凭借网红店主的“魅力人格体”自生流量，能够迎合消费者打发无聊时光以及追逐潮流热点的心理需求，已经显现出较强的变现能力。但是，这显然不利于服装企业在网络平台上发展壮大的长远目标。本书得到的“信息交互”不是影响网络消费者满意度的显著因素这一结论足以说明问题，表明用户的参与度不够。网红群体善于驾驭多平台联动的传播造势策略，从网络零售平台、论坛、微博、微信到视频、直播，从PC端到移动端，扩展了消费者的参与广度，但参与深度仍然欠缺。需要从网红单向主导转到网红和消费者共同主导方向上来，赋予消费者充分的能动性和主动权。消费者不仅能参与服装试穿、拍摄、评论，而且能参与产品设计、发起产品购买、设定消费场景，成为网络服装生态系统的一部分。消费者能够结合自身需求，调动人际资源，创造契合需求、具有实效的信息交互方式。因此，为了进一步增强消费者体验和口碑，提升满意度和忠诚度，需要推动网红模式由单向主导向双级共生发展。

6.5.4 建立多平台联动机制

“互联网+”背景下，多屏互动、多平台转换、O2O成为主流趋势，消费者注意力分散会进一步加剧。因此，对多平台的综合运用能力成为B2C电子商务企业把握市场机会、巩固市场地位的关键因素之一。多平台联动及全渠道营销已成为企业顺应时代趋势的战略举措。本研究的结论表明，不同类型平台的网络消费者满意度的影响因素既有差异又存在共性。这在一定程度上说明，企业在多平台上提供服务既能够满足共性需求又有所侧重，从而让消费者从物质层面到精神层面都感到满意，突出用户的主体地位。但是，电子商务企业在开展多平台联动时并非一帆风顺。因此，建立多平台联动机制是当务之急。

建立多平台联动机制，是在立足于网络零售平台的基础上，将企业资源在社交媒体平台及独立第三方评价平台进行布局，形成以网络零售为目标、交流互动为手段、用户参与为根本、社会关系为支撑、顾客满意为保障的多平台联动机制。充分利用移动互联网技术带来的便利，激励消费者通过多屏互动及时分享消费评价，形成社群效应和良好网络口碑；发挥消费者主观能动性和参与意识，通过推荐和信任激活熟人资源，有效提高传播影响力；借力网红经济，提高经营者个人的人格魅力和号召力，塑造企业品牌，从而提升消费者满意度，形成更强的社会影响力和知名度。

6.6 本章小结

本章基于计量分析方法构建了网络消费者满意度影响因素模型，并对不同类型平台的网络消费者满意度影响因素进行了对比研究。运用多元线性回归方法，分别分析了网络零售平台和社交媒体平台的网络消费者满意度影响因素。在此基础上，对比研究了不同类型平台的消费者满意度影响因素并得到相应结论。两类平台的差异性表现在：第一，质量体验（质量、面料）、感知价值（价值）、感知便利是影响网络零售平台消费者满意度的主要因素；而功能体验（款式）、社会化促销、信任是影响社交媒体平台消费者满意度的主要因素。第二，功能体验（颜色、款式）、社会化促销不是影响网络零售平台消费者满意度的显著因素；而感知便利、感知响应和推荐不是影响社交媒体平台消费者满意度的显著因素。两类平台的相似性表现在：第一，感官体验（如穿着效果、搭配）和社会关系（如朋友、亲人）对两类平台的消费者满意度均产生显著影响。第二，“信息交互”对两类平台的消费者满意度均不产生显著影响。本书从网络消费行为的特点、不同类型平台的特点和B2C电子商务企业经营的特点三个方面分析了差异性的原因。在研究结论的基础上，进一步提出对策和建议：构建社交电商全过程购物体验；针对不同类型平台的消费者满意度开展差异化营销；推动网红模式由单向主导向双级共生发展；建立多平台联动机制。

7 跨平台网络营销实践

7.1 问题描述

本书对服装企业网络消费者评论进行挖掘，发现和总结了不同类型平台的网络消费者满意度影响因素，有助于企业树立“以消费者为中心”的意识，着力研究提升消费者体验的策略；有助于企业重视社交媒体平台的作用，积极推动社交电商的发展；有助于企业投身全渠道营销的浪潮，快速提升综合竞争实力。如何利用前面的研究成果，指导企业开展跨平台网络营销实践，是本章研究的主要内容。需要在本章完成以下三个任务：进行体验营销实践并总结服装企业体验营销策略；进行社交电商营销实践并总结服装企业社交电商营销策略；进行全渠道营销实践并总结服装企业全渠道营销策略。

为了顺利完成以上三个任务，需要明确并解决以下问题。

第一，如何奠定跨平台网络营销实践的基础？跨平台网络营销实践的基础是体验营销，而消费体验是相对主观的概念，指消费者与企业及其代表之间的直接或间接地互动，体现出的消费者对企业所提供的产品或服务的感知、情绪、情感和评价等一系列社会反应。借助清晰直观的可视化工具对消费体验进行分析，从客户画像、客户体验图和客户旅程图三个方面把分析结果呈现出来，有助于全面客观分析消费体验，从而针对性地提出服装企业体验营销策略。

第二，如何体现跨平台网络营销实践？本书研究的对象是网络零售平台和社交媒体平台，结合两大平台谈服装企业的网络营销实践，实际上就是探讨社交电商模式下的营销实践，而后者从2011年发展至今已成为业内关注的一大热点。

第三，如何把握跨平台网络营销实践的趋势？移动互联网时代，大数据、人工智能、物联网等网络技术和信息技术的发展促使不同渠道相融合、线上线下相融合，网络零售业即将全面进入全渠道营销的阶段。消费者渠道迁徙行为十分普遍，全渠道购物群体已经形成。全渠道营销是零售企业战略决策的关键问题，也是学术界研究的重要课题。

7.2 体验营销实践

在体验经济时代，消费体验是一种独特的经济提供物，具有十分重要的价值。体验营销是研究跨平台网络营销的基础，有助于企业提升消费者满意度和忠诚度。

7.2.1 体验营销

体验营销理论是20世纪末在西方社会兴起的一种新的营销理论。从心理学的角度来看，心流体验是最优体验的过程，是个体完全投入某种活动的整体感觉。但体验不仅包括积极体验，也包括消极体验，它是一种综合感受，实质是消费者在消费过程中心理产生的感觉。从管理学角度而言，体验实质是消费者对企业相关活动的反应。本书将消费体验(也称为“客户体验”)界定为通过消费者与企业及其代表之间的直接或间接地互动，而体现出的消费者对企业所提供的产品或服务的感知、情绪、情感和评价等一系列社会反应。消费体验源于企业对消费者进行的感官刺激、情感调动、思考促进等行为，消费体验内生于客户个体，而外显为语言、文字或行动，表现为交互反馈、商品评价、口碑宣传、活动参与、购买行为等。

体验营销被定义为通过看、听、用、参与的手段，充分刺激和调动消费者的感官（sense）、情感（feel）、思考（think）、行动（act）、关联（relate）等感性因素和理性因素的一种思考式营销方式。体验营销的重点在于认为消费者是理性与感性的集合，消费者在消费前、消费中以及消费后的体验是产生购买行为以及消费品牌的关键。体验营销更注重客户的体验，强调企业与客户的互动，强调客户的参与。

7.2.2 可视化客户体验分析

自体验营销概念被提出以来，国内外学者和企业积极地开展相关研究及实践。体验营销越来越受到重视，其在提升消费者满意度，保持客户，培养消费者忠诚度方面发挥着重要的作用。初期的研究成果主要集中在理论研究和策略分析等方面，缺少清晰直观、简便易行的可视化客户体验工具。近年来，伴随着信息技术的快速发展，服务设计和创新成为热点，客户画像、客户体验图和客户旅程图等可视化客户体验工具受到实业界的关注。移动互联网时代背景下，本书在网络消费者评论挖掘的结论的基础上，进一步探讨如何在实践中提升客户体验和满意度，从而提升网络消费者忠诚度。可视化客户体验工具可以用于客户体验规划、客户体验问题分析，以及客户体验的改进建议等情境。目前主要的可视化客户体验工具包括：客户画像、客户体验图、客户旅程图等。

(1)客户画像

大数据时代，用户的浏览、搜索、社交、购物等行为均产生相应的数据，企业面临着存储、处理和利用海量数据的挑战。客户画像能帮助企业分析客户行为习惯、消费特点、兴趣偏好等重要特征，从而更好地开展客户体验优化设计。

结合大数据时代的特征，国内学者提出客户画像是根据用户的人口属性、行为、习惯或心理偏好等信息挖掘出来的抽象化、标签化的客户模型。①② 客户画像的构成维度分为客户相关、情境相关两个类别。客户相关的维度主要体现客户变化不大的一些普遍特征，包括自然属性维度、兴趣维度、社交维度、能力维度、行为维度、信用维度等；情境相关的维度主要体现动态变化的、与研究场景相关的特征，如位置、时间维度等。③ 从另一个视角，客户画像可以分为静态维度和动态维度，静态维度主要利用统计学特征描述客户是“谁”，说明性别、年龄、职业、婚姻等；动态维度则重点描述客户的行为特征，结合情境说明客户的消费习惯和偏好，如消费目标、动机、行为、情绪或态度等。

现代企业基于丰富的客户行为数据构建了客户数据库，其中网络消费者评论的作用和地位日益突出。结合文本挖掘能有助于总结客户群体特征，精准形成客户画像。以服装企业的网络零售平台为例，其客户画像可以从个体特征分析和群体特征分析两方面着手。

个体特征分析主要是描述单个客户的情况，用于精准掌握和分析客户信息，从而服务于客户沟通和营销决策，并为群体特征分析奠定基础。选取本书的研究对象之一——淘宝某女装店铺为例，该店铺为创建了十余年的金冠级别女装卖家，同时通过微博平台开展社会化电商，尝试多渠道营销。对该服装企业的一个网络客户进行个案分析，其客户画像如图 7-1 所示。

该客户的基本信息：淘宝昵称 justyourm，女，38 岁，已婚，企事业单位职员，中层管理者，女装店铺 6 年老客户，属于忠诚型客户。通过消费时的沟通记录、物流及评价信息，可以得知其真实姓名、所在城市、邮寄地址、个人相片等信息。根据以上信息能够

① 曾鸿，吴苏倪．基于微博的大数据用户画像与精准营销[J]．现代经济信息，2016(16)：306-308.

② 余传明，田鑫，郭亚静，等．基于行为-内容融合模型的用户画像研究[J]．图书情报工作，2018，62(13)：54-63.

③ 赵雅慧，刘芳霖，罗琳．大数据背景下的用户画像研究综述：知识体系与研究展望[J]．图书馆学研究，2019(24)：13-24.

<table>
<tr><td rowspan="2">照片
</td><td>昵称
justyourm</td><td>差异提炼
工作中优雅、有气场，生活中舒适、有调性</td></tr>
<tr><td>基础属性
女，38岁，有1个孩子（女儿）</td><td>社会属性
企事业单位职员
中层管理者
6年老客户</td></tr>
<tr><td rowspan="2">行为描述
和朋友一起两家人去云南，出发前买了两套美美的度假服装</td><td>目标
夏季旅游服装搭配</td><td>动机
出门转转，想要又美又飒，还要舒服</td></tr>
<tr><td>行为
平时上班通勤装穿得多，比较喜欢穿套装，趁着休假改变风格，尝试度假风</td><td>情绪/态度
照着抄作业，买的两套非常美腻，超级喜欢相片里的自己。闺蜜要了链接了</td></tr>
<tr><td colspan="3">消费习惯
在本店月均消费额为2000余元，商品单价主要集中在300～2000元，退货率约11%，属于铁杆粉丝（忠诚型客户）。对所买商品主要持喜欢、满意、认同态度，偶有抱怨发货慢，喜欢看直播，愿意参与店铺活动，希望获得大额优惠券</td></tr>
</table>

图 7-1　某服装企业的一个网络客户画像

建立客户档案，解释客户是“谁”的问题，完成客户基本画像。根据该客户多年的消费情况能进一步获取行为信息：在本店月均消费额为 2000 余元，商品单价主要集中在 300～2000 元，退货率约为 11%，属于铁杆粉丝。该客户具有一定社会地位和经济能力，在职场和生活中对服装有不同的需求，在工作中的着装强调优雅、专业、有气场，偏好套装，在生活中追求款式、舒适，偏好法式浪漫风格。虽然不同的情境存在需求差异，但有一个共同点也十分突出，即对品质的要求，无论是面料和材质，还是剪裁和做工，客户对其都有较高要求。通过对该客户的消费目标、动机、行为、情绪或态度的描述，解释客户是“什么样”的问题，完成客户的完整画像。

群体特征分析主要是通过对客户群体的研究，提炼现实和潜在客户的共性特征，从而细分市场和选择目标市场，为企业制定营销战略提供决策支持。上述服装企业的网络客户群体画像如图 7-2 所示。

图 7-2 某服装企业的网络客户群体画像

该客户群体的基本信息：女性，主要集中在 30～45 岁，已婚居多，大专及以上学历为主，一线和二线城市，小资，具有一定经济基础，职场女性或全职太太。该客户群体的行为信息：热爱生活，追求高品质的生活体验，对服装的质量有要求，愿意并且能够为此支付较高的成本，热销商品单价主要集中在 100～500 元以及 1000～2000 元；喜欢打扮，时尚潮流，穿着场景多样化，但以职场和家居风格为主体；高素质群体，忠诚度高，客单价较高，关注物流速度，退货率中等偏下；愿意分享和互动，喜欢刷微博和抖音，经常参加店铺活动，重视性价比，大额优惠券和专属福利能对其产生一定激励作用。

(2)客户体验图

一般认为，客户体验图是指描述某个或某类客户群体在某个特定领域经历和体验的可视化图形。客户体验图的使用主体为产品经理、设计师、开发者和战略管理者，主要用于创新产品和服务，以及通过设计提升产品和服务的水平。

Shaw 等在 2002 年提出的客户体验图，构成要素包括两个部分：一是客户行为过程，他们以去饭店就餐为例，将其分为预定、空白、路途、抵达停车场、进入饭店和开始点餐等步骤；二是描述客户在每一个步骤的体验，包括期望、风险、满足感官期望的机会、满足情感期望的机会以及激起情感的方面。① 其内容描述的是客户的行为和体验，不直接涉及服务提供者的工作内容，将客户体验和解决方案分开，它被认为是第一幅客户体验图。

伴随着移动通信网络和智能终端快速发展，消费者购买行为发生了明显的变化，消费者的主动搜索和互动行为十分突出。移动互联网时代的消费者行为 SCIAS 理论揭示，网络消费者的主要购买步骤为：Search 主动搜索→Compare 同类比较→Interest 产生兴趣→Action 促成行动→Show 秀出宝贝。SCIAS 模型的客户购买行为不仅仅是一次单一的线性行为，令人满意的客户体验能促进消费行为形成闭环。因客户体验不同，客户在秀出宝贝后的行为也有差异，如果体验良好则会进入下一阶段的主动搜索(Search)或产生兴趣(Interest)；如果体验不佳则会放弃该店铺。另外，秀出宝贝后对他人的主动搜索行为也会造成不同程度的影响。假定分享者体验良好并正面评价时，如果与浏览者需求一致，无论二者是强关系还是弱关系均能产生正向影响，当浏览者与分享者认识(强关系)时，则可能直接促成浏览者下单，当浏览者与分享者通过社交网站建立弱关系时，则有助于浏览者产生兴趣(Interest)；如果与浏览者需求不一致，也能有效提升品牌知名度。可见，客户秀出宝贝的行为

① Shaw C, Ivens J. Building Great Customer Experiences [M]. London: Palgrave Macmillan, 2002.

具有很强的裂变效应和销售促进作用，帮助消费者形成良好的客户体验，该行为对于企业而言至关重要。

根据 Shaw 的客户体验图以及 SCIAS 理论，并以上述服装企业为例，分析可以得到其客户体验表(其中横向为客户行为阶段，纵向为客户相应的体验)，见表 7-1。

表 7-1　　网络女装店铺购物的客户体验表

阶段	主动搜索	同类比较	产生兴趣	促成行动	秀出宝贝
期望	快速搜索到心仪的宝贝	店铺/平台推荐同类宝贝	进一步提供契合需求的信息	支付流程简单、快捷	多种渠道秀出宝贝和交互
风险	搜索不到或宝贝下架	推荐宝贝不合适	兴趣减退甚至遗忘	过程繁琐、价格计算不清晰、物流慢等	分享渠道不畅通或分享内容被屏蔽等
满足感官期望机构	显示历史记录：浏览、加购、购买	宝贝具有完整的介绍、评论和优惠信息	展示或推送有价值的信息	客服及时解答和解决问题，且服务态度好	分享内容正常展示且受到关注
满足情感期望期会	知道我是谁	基于个人兴趣进行推荐	客服推送专属礼遇	专属客服主动确认订单，提醒注意事项，跟踪发货等	分享内容被置顶或被认真回应
激起情感	操作很便捷	商家很智能、用心	商家很重视我	我很特别	他们是我朋友

移动互联网时代，网络客户的主动性和交互性更加突出。在主动搜索阶段，女装客户通过移动智能终端能随时随地访问网络零售平台和店铺，根据需求、喜好或口碑主动搜索商品，在此过程中特别关注操作的便捷性，口碑因素能起到一定的导流作用；在同类比

较阶段，多数购买决策是在充分搜索并在同类比较后完成，购买服装这一类典型的体验型商品时尤其如此，客户期望借助多渠道高效地获取与自己需求相匹配的商品及信息；在产生兴趣阶段，客户对商品已建立基本认知，并对某一个或多个商品产生了兴趣，此时需要获取有价值的信息或者专属礼遇增强好感，从而做出决策；在促成行动阶段，简洁的支付流程、贴身服务及高品质的商品显得十分重要，能够有效提升用户体验；在秀出宝贝阶段，很多客户下单后愿意评论商品，已经养成了分享和互动的习惯，在此环节需要有多种畅通的渠道秀出宝贝并进行有效互动。综合而言，客户在网络购物的不同阶段均有不同的期望，如期望实现则客户能获得轻松、愉悦、满意、认同的良好体验，对服装店铺和企业而言则形成持久的助动力；反之，形成压抑、烦躁、厌恶、排斥的恶劣体验，对服装店铺和企业而言则形成潜在或现实风险。从客户行为过程和客户体验两个维度形成客户体验图，有助于企业精准了解客户的需求和行为特征，从而为产品和服务设计提供依据。

(3)客户旅程图

关于客户旅程图(Customer Journey Map)概念源于何时，学者们存在着较大的争议。有人认为是服务蓝图理论的延伸，还有人直接将“客户旅程图”称为“接触点图”(Touchpoint Map)或“关键时刻图”(Moment of Truth Map)。客户旅程图的使用主体为市场、销售和服务等营销相关人员，主要用于增加销售、改善客户关系和提升品牌形象。

2016年，麦肯锡客户体验专家详细解释了客户旅程的含义：第一，它是客户的一个经历，而非仅仅是接触点，是接触点连接起来的完整旅程；第二，不是关注单个接触点的体验，而是关注整个旅程的体验，每个接触点满意并不一定旅程满意；第三，描述旅程的语言是基于客户的视角，例如“我想进行产品换代”；第四，涉及线上线下多种渠道的接触点；第五，旅程持续时间较长，同时是可以重复的。

客户旅程图一般包括客户画像、客户旅程阶段、客户行为(步骤）、需求、接触点、情感或体验、痛点、满意度和机会点等因素。同样以上述服装企业为例，分析可以得到其客户旅程图，如图 7-3 所示。

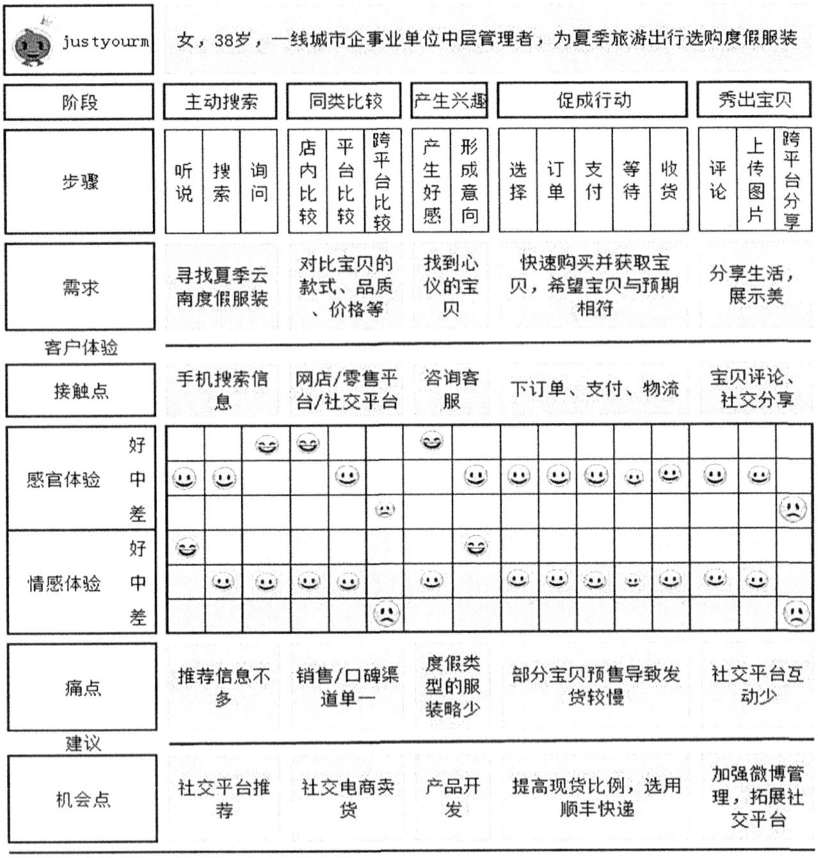

图 7-3 网络女装店铺的客户旅程图

仍以淘宝客户 justyourm 为研究对象，分析得到其客户体验表，见表 7-1。根据移动互联网时代的消费者行为 SCIAS 理论，将客户旅程阶段划分为五个阶段，依次为：主动搜索、同类比较、产生兴趣、促成行动、秀出宝贝。该客户的基本信息为女，38 岁，一线城市企事业单位中层管理者，为夏季旅游出行选购度假服装。该客户具有一定的代表性。分析在不同阶段客户的行为步骤、需求、实现需求的接触点、在购买服装过程中的情感或体验、存在的痛点、机会点和可行性建议。以可视化的形式直观展现该客户在实现购买度假女装这一目标所经历的全过程。在不同的旅程阶段，客户具有不同的子目标，与企业之间出现多个接触点。随着购买行为步骤的演进，客户的感官体验和情感体验也随之产生，其满意度在图中以表情图标表示：将满意度分为好、中、差三个级别，不同的表情图标代表不同级别的满意度，表情图标的大小代表不同级别满意度的强弱程度，其中，图标越大，程度越强。如图 7-3 所示，该客户对跨平台比较和跨平台分享的体验不佳，这与该客户喜欢刷微博看抖音有一定关系，急切希望在这些社交平台上看到店铺更多的信息。另外，该客户向客服反馈发货较慢的问题，也可以通过开设更多的社交渠道辅助解决，如通过征集粉丝意愿进行选品或预售，提前告知发货时间，通过创建形式多样的交互活动形成网络口碑，从而更好地帮助客户优化购买决策，提升用户体验。

7.2.3 服装企业体验营销策略

客户通过网络购买服装这种典型体验型商品产生的体验十分丰富，对产品特征和交互特征具有自己的理解和偏好。在产品特征部分，不仅关注服装的功能、质量和感官，而且对服务中的感知便利、感知响应以及感知价值都有所要求，这一点因人而异。不同的人对价值的理解不尽相同，侧重点也会不同，比如：品牌、面料、价格、便捷等；穿衣表现生活态度，不同生活背景、经济收入的人对美有各自的定义，比如：时尚、个性、舒适、少女感等，因此服装企业的网络店铺需要在接触点精准提供有价值的信息以帮助客户形成购买意向，并促成购买行动。

(1)综合型体验营销策略

体验营销是 1998 年美国战略地平线 LLP 公司的两位创始人 B-josephpine Ⅱ 和 JamesHgilmore 提出来的。他们对体验营销的定义是:“从消费者的感官、情感、思考、行动、关联五个方面重新定义,设计营销理念。”因此,从综合的角度而言,体验营销策略包括感官式营销策略、情感式营销策略、思考式营销策略、行动式营销策略和关联式营销策略。

感官式营销策略是通过视觉、听觉、触觉与嗅觉建立感官上的体验的营销策略。它的主要目的是创造知觉体验。本书的研究结论显示,在网络零售平台,服装消费者更关注产品体验、服务体验和价值体验,产品“质”的因素对消费者的满意度影响很大。服装产品的质量、面料、穿着效果等能显著影响消费者购买意愿。同样,通过运用可视化客户体验工具分析特定网络服装店铺的客户画像、客户体验图、客户旅程图时,发现客户的感官体验较好,客户对店内服装的衣品及质量持正面评价,这也正是该服装店铺具有一定业内口碑和美誉度的原因。网络女装企业还可以通过图片、视频和直播等形式,强化产品的视觉感染力。另外,感官式营销的核心在于通过视觉、听觉、触觉甚至味觉冲击,形成产品和品牌的个性,因此塑造产品品牌的调性也十分重要。本章选择的网络女装企业主要定位为小资女性的时尚品质衣柜,在关注服装品质之外,还需满足一二线城市女性对时尚风格的认知和需求,提高产品品类和单品数量。

情感式营销策略是在营销过程中,要触动消费者的内心情感,创造情感体验的策略。本书基于文本挖掘的方法分析了网络服装消费者的满意度影响因素,通过情感分析将评论特征转化为结构化数据,从而采用定量分析的方法得出相应结论。研究的基本假设为消费者的在线评论中蕴含着丰富的观点和情感,并且它们具有极性和强弱。情感成为本研究的基础,也具有十分重要的营销意义。网络服装企业不仅要提供受众群体心仪的服装,更要从建立情感纽带上培养客户的忠诚度。本章的研究对象表现出对客服较为满意,但对于店铺在交互口碑方面的努力感到不满意,这种相对负面的情感需要引起足够的重视。

思考式营销策略是启发人们的智力,创造性地让消费者获得认识和解决问题的营销策略。一般而言,体验营销应该和高附加值、高利润、高科技、高期望值的产品相结合，才能最好地体现体验营销的价值。当今社会，消费者对服装的首要期待是“美”，怎样赋予“美”高附加值、高利润、高科技、高期望值是值得思考的问题。虽然企业需要在客户决策时尽可能提供便利，减少犹豫思考的时间，让选择更简单，但是“让客户帮忙思考”将有利于客户的深度参与，从而提升满意度和忠诚度。就本章的研究对象而言，客户justyourm想购买夏季度假服装，但选择的宝贝有限，选购的不便利容易引起客户负面的评价。网络服装店铺可以考虑经常使用社交网站征集客户的需求，动态了解消费者对服装的期望；采用投票的方式选出一定数量的新品，这些新品可以被赋予潮流性和科技性。这样既有助于企业精准把握客户偏好，又能启发受众群体思考，吸引他们参与到设计、选品等环节中来。C2M(customer to manufacturer，顾客对制造商)模式已经开始被消费者熟悉，并展现巨大的潜力。正如小米公司一样，消费者的改进意见和设计构想被企业采纳或重视的机会越多，则消费者积极思考和参与的热情越大，归属感和消费黏性越强。

行动式营销策略是通过偶像、大V或明星来激发消费者，使其生活形态发生改变，从而实现产品销售的营销策略。意见领袖在网络时代的影响力已被反复验证，它提醒服装企业也能通过偶像、大V或明星的号召力来影响受众群体。第一，企业可以联合知名设计师推出联名品牌或系列，从而增加产品附加值，提升品牌效应；第二，在预算充裕的情况下，选择合适的流量明星带货具有事半功倍的效果；第三，选择社交平台大V助力，产生网络口碑和关注度，如果策略得当，网络发酵的效果也不可小觑；第四，企业内部灵魂人物自己就是客户的偶像，能与客户形成更加牢固的关系，带货一姐薇娅和带货一哥李佳琪就是不错的示范。

关联式营销策略是指包含感官、情感、思考和行动的营销策略的综合。通过灵活地、艺术性地将以上四种营销策略进行组合，能产生不同的效果，但有一点相同的是，策略的取舍和主次决定于是否能有效提高客户体验。

(2)过程型体验营销策略

从体验营销的过程角度入手，分析服装企业的体验营销策略需要包括消费前、消费中和消费后三个阶段。

消费前的体验主要表现为消费者在主动搜索、同类比较和产生兴趣时出现的体验。消费前的体验十分重要，决定了目标顾客做出消费决策的可能性。体验主要集中在口碑的影响性、搜索的便利性、推荐的智能性、信息的价值性、服务的周到性等方面，因此，消费前的体验营销策略需要从以上方面展开。服装的购买往往从看到或听说某件衣服开始，消费者获取商品信息的渠道能够有效影响后续行为。除了在网络零售平台内外投放广告外，网络口碑往往具有低成本高收益的属性。借助社交媒体拓宽渠道、提高曝光率是个不错的选择。基于消费者行为分析，个性化搜索和个性化推荐能够帮助企业开展精准营销，比如搜索中的“以图搜图”，推荐中的基于兴趣的推送，其中的“个性化”主要在系统技术层面实现。另外，从系统流程和人员服务方面紧跟消费者需求，为消费者营造良好的购物氛围，也能帮助消费者产生强烈的兴趣，从而明确购买的理由。

消费中的体验主要表现为消费决策时产生的体验，具体包括选择商品、下订单、完成支付、等待发货和确认收货几个步骤。消费中的体验是营销管理中至关重要的部分，主要集中在流程的精简性、发货的及时性、物流的便捷性、实物与描述的一致性等方面。在前期良好的铺垫下，消费者往往具有美好的期待，此阶段重点保障时效、穿着效果和会员待遇，确保消费者在第一时间试穿与预期相符的衣服，如果商品需要预售，也应提前告知，如能提供一定的补偿措施则更佳。在消费中，会员专属服务需进一步满足消费者的现实需求和情感体验。

消费后的体验主要表现为消费行为完成后秀出宝贝时产生的体验，具体包括评论商品、上传图片和跨平台分享几个步骤。该阶段既体现了消费者分享的诉求，也符合企业进行品牌宣传和培养顾客忠诚度的目标。因此，如何引导消费者自发产生正面商品内容，并通过形式多样的交互活动保持粉丝的热度、激发圈层效应成为十分重要的课题。本章后续将从社交电商的角度重点阐述和讨论。

7.3 社交电商营销实践

2019年7月，中国互联网大会发布的《2019中国社交电商行业发展报告》显示，2019年社交电商保持高速增长，预计市场规模达20605.8亿元，同比增长高达63.2%。据统计，2019年社交电商消费者人数已达5.12亿人，成为电子商务创新的主要力量。2019年社交电商从业人员规模预计达到4801万人，同比增长58.3%，社交电商行业的参与者已经覆盖了社交网络的多个领域。2018年中国网络零售市场规模达9万亿，社交电商市场规模达12624.7亿，占整个网络零售交易规模14%。预计2019年社交电商在网络零售规模中占比超过20%，2020年社交电商市场规模在网络零售中占比超过30%。社交电商已成为电子商务不可忽视的规模化、高增长的细分市场。

2020年4月，中国互联网络信息中心(CNNIC)发布的第45次《中国互联网络发展状况统计报告》显示，截至2020年3月，我国网络购物用户规模达7.10亿，较2018年年底增长1亿，占网民整体的78.6%；手机网络购物用户规模达7.07亿，较2018年年底增长1.16亿，占手机网民的78.9%。社交电商、直播电商成为网络消费增长的新动能。作为网络消费模式的一种创新，社交电商和直播电商有效满足了消费者的多元需求，成为网络消费的重要支撑。一是社交电商增长势头迅猛，已发展成为网络消费的新生力量。据国家统计局的数据估算显示，2019年社交电商交易额同比增长超过60%，远高于全国网络零售整体增速。社交电商借助社交媒体或互动网络媒体，通过分享、内容制作、分销等方式，实现了对传统电商模式的迭代创新。二是直播电商不断拓展网络消费空间。截至2020年3月，电商直播用户规模达2.65亿，占网络用户的37.2%，占直播用户的47.3%。直播电商通过“内容种草”、实时互动的方式激活用户感性消费，提升购买转化率和用户体验。①

7.3.1 社交电商

社交电商(social commerce)也称为社会化商务、社会化电商、社会化电子商务，是基于人际关系网络，利用互联网社交工具，从事商品交易或服务提供的经营活动，涵盖信息展示、支付结算以及快递物流等电子商务全过程，是新型电子商务的重要表现形式之一。

7.3.2 社交电商典型案例分析

近年来，我国涌现了一大批社交电商的实践者，其中不乏新兴的明星企业，拼多多、云集、微盟、蘑菇街、小红书、贝店等平台给消费者带来了不一样的电子商务体验。完美日记也是社交电商的典型代表之一。完美日记成立于2017年，创始人黄锦峰曾是御泥坊COO(首席运营官)，于同年3月上线淘宝店，2017年8月升级天猫旗舰店；2018年第一次参加"双十一"，90分钟突破1亿销售额；2019年第二次参加"双十一"，总成交额超过MAC等国际品牌，成为首个天猫"双十一"销售额破亿的国货彩妆品牌，并且全年实现线上35亿销售额。完美日记如何实现高增长，三年成为国产彩妆第一品牌？这一论题值得社交电商研究者的深入探讨。

(1)精准选择目标客户，定位为"极致性价比"

通过电商销售数据和社交媒体用户互动数据挖掘客户需求，发现85后、90后及95后消费者是美妆的核心消费群体，其中"95后"消费者销售额和人数同比增速表现突出。随着Z世代(指在

① 中国互联网络信息中心(CNNIC). 第45次《中国互联网络发展状况统计报告》[EB/OL]. [2020-04-28]. http://cnnic.cn/hlwfzyj/hlwxzbg/hlwtjbg/202004/P020200428399188064169.pdf.

1995—2009 年出生的人）消费新势力的崛起，追求个性审美，不迷恋大牌，好用才是硬道理成为新的消费观念。完美日记的用户精准定位为 18～28 岁的年轻女性，其中 00 后占比 50%，95 后占比 70%。他们更加注重个性化和便捷度，消费方式也从炫耀式转变为体验式，对新事物接受度高，青睐选择更具有个性的产品。针对年轻女性消费群体对品质追求的心理，完美日记强调产品与大牌同厂、与大牌同质，从而形成了极致性价比的定位。

（2）社交媒体传播，打造网红爆款

社区生活平台小红书的用户 90%以上都是年轻女性，与完美日记的定位圈层十分吻合。在移动互联网时代，95 后消费者在决策前更愿意在内容平台上搜索消费者的评价信息。完美日记通过在小红书上投放明星、头部 KOL、腰部 KOL 及素人笔记，营造全民带货的氛围，从而打造出“小黑钻口红”“动物眼影盘”“Discovery 联名眼影”“牛奶肌气垫 BB 霜”等网红爆款，使消费者深度种草小红书。完美日记逐步把口碑营销拓展到微信、抖音、腾讯、微博等社交媒体，精准触达大量目标客户。在私域流量运营方面是完美日记的战略级投入，从线上线下多触点把用户拉到微信群中“强运营”，提供福利促进消费者复购，发布新品信息和促销信息，培养顾客忠诚度。完美笔记负责近千万粉丝的运营和维护，其社交电商销售额占主营收入的 20%左右。

（3）产品快速迭代，跨界营销突出

优异的产品才能吸引消费者的青睐。完美日记天猫店一年就上架了近千个 SKU（Stock Keeping Unit，库存量单位），不仅满足了消费者多样化和个性化的需求，而且能激发购买兴趣，提高复购率。同时，完美日记以消费者为中心进行产品开发，社交媒体是征集消费者、KOL 设计意向的互动平台，每个消费者都可能是产品设计师。完美日记品牌美誉度快速提升，很多 IP 联名款成为爆款产品，与其实施跨界营销紧密相关。完美日记在进行跨界联名创意时关注国际时尚趋势，比如关注环境、保护动物、可持续时尚等。

其中，合作 IP 涵盖了 Discovery、国家地理、大都会博物馆、大英博物馆、权力的游戏、奥利奥等。

(4)线上线下结合，多渠道营销

2019 年年初，完美日记在广州正佳广场开出首家线下旗舰店。从 2019 年 1 月到 2020 年 1 月底，完美日记一共开了 54 家直营店，且集中分布在南方一线城市和内陆的新一线时尚城市。从线上拓展到线下后，借助线上积累的用户标签体系和客户画像，强化线上线下互相推荐引流，从而进一步稳固品牌影响力。

7.3.3 对比研究

完美日记是当前备受关注的社交电商成长案例，发展速度之快、模式之代表性值得剖析和学习。虽然完美日记属于美妆行业，与服装行业不尽相同，但通过对比研究发现，两者在诸多方面具有明显的相似性，服装行业与美妆行业的对比见表 7-2。

表 7-2 **服装行业与美妆行业对比表**

比较点	服装行业	美妆行业
是否“相对消费品”	是	是
是否“她经济”占主导	是	是
是否具有渠道红利	是	是
是否具有营销红利	是	是
是否关注性价比	是	是

第一，如果用“绝对-相对”和“耐用-快消”两个维度对商品进行分析，服装和美妆都属于相对消费品，因为这两大品类的商品既比空调等大家电(绝对耐用品)和电饭煲等传统小家电(相对耐用品)使用时间短，消费频次快，又比零食饮料(绝对消费品)使用时间长，消费频次慢。第二，“她经济”时代已经来临，现代女性具

有较强的经济能力和旺盛的消费需求，是消费市场上的重要客户群体。“她经济”具有明显的情感化、个性化、自主化、多样化和休闲化特征。女性群体成为服装和美妆行业的主要助动力。第三，“新渠道”的出现为服装行业和美妆行业带来了渠道红利。微博、微信公众号、小程序、抖音等社交媒体革命性地降低获客成本，提高营销效率。拼多多、小红书、蘑菇街等凭借社交电商模式参与市场竞争，获得差异化优势，由此可见，社交媒体对于服装及美妆品类的商品而言是一片蓝海市场。第四，短视频和直播模式为服装行业和美妆行业带来了营销红利。近年来，短视频和直播深受消费者特别是女性群体的青睐，用户规模迅速增长。第五，无论是低端商品还是中高端商品的网络消费者，在购买服装或者美妆时，“性价比”都是一个重要的关注点。

综上所述，服装行业和美妆行业在商品属性和市场特点等诸多方面具有共性，因此，美妆品牌完美日记的经验值得服装行业借鉴。

7.3.4 服装企业社交电商营销策略

现阶段，网络服装企业需要借助社交媒体和社交电商模式获取渠道红利和营销红利。社交媒体平台是区别于网络零售平台的另一种类型的渠道，该渠道不仅可以降低获客成本，而且能够通过建立网络口碑，裂变式的快速传播企业产品和理念，从而形成粉丝圈层。如何有效借力社交媒体实现服装企业发展网络市场的目标呢？总结而言，开展社交电商有营销三部曲：打造爆款、精准营销、品牌提升。相应的社交电商营销策略分析如下。

(1)爆款营销策略

网络市场是一个广阔的空间，蕴含着无数的机会和可能，但也增大了营销的难度。消费者的情感表达越来越强烈，个性化特征明显。网络服装企业在开展社交电商的初期，需要选准抓手和着力点，起到以点带面的作用。根据实践经验来看，打造爆款是一个不错的选择，其优点是目标集中、行动迅速、试错成本小，转换灵活。

第一，明确选品逻辑。服装是典型的快消品，新品数量大，换季快，同一时期只能选出少数几款打造成爆款。在选品的时候，通常涉及以下几种情况：选择高性价比款(百搭神器小吊带)；选择流行主打款(复古风印花连衣裙)；选择独特款，如独特工艺(一线成型无缝针织)、品质面料款(巴宝莉风衣同款面料)、明星同款(杨幂同款西装裙)、博主种草款(小红书推荐发箍)、设计师联名款(鼠年迪士尼联名系列)。高性价比的产品更适合社交电商，主打性价比是相对稳妥的爆款选品逻辑。但不容忽视的是，服装是一种体验度很高的消费品，消费者的心理和情感需要十分突出，时尚流行元素也是能吸引眼球、刺激购买欲望的重要原因。最后需要提出的是，目前主打优质产品的全球海外购和主打低价商品的拼多多都形成了消费热点，说明优质特色的商品也能成为内容传播的基础。企业能否成功将单品打造成爆款，很大程度上取决于选品是否正确，能否得到消费者的认可和支持。

第二，总结爆款打造流程。在具体选品决策上，与传统以卖家为中心的产品研发不同，借助大数据客户资源可以转感性猜测为理性分析，总结出爆款打造流程，如图 7-4 所示。首先通过网络零售平台销售数据和社交媒体平台互动数据发掘消费者需求，列出目标群体的重点需求和新需求；然后深挖市场机会开发新产品，由产品经理定义新产品并提炼产品卖点；随后采用专业营销团队，针对产品特点和目标群体需求进行内容精准策划；进而由销售经理充分运用短视频、直播、社群等形式进行内容分发和改进，或者通过具备一定内容策划、内容分发和内容改进能力的 KOL 型经销商铺货，在产品销售过程中对内容持续投放引发共振、结合市场反馈改进内容强化营销效果、打造爆款并延长爆款生命周期。

第三，保持爆款热度。爆款能带来强大的引流效果，保持爆款热度能在相对低成本运营的条件下提升品牌在互联网领域的知名度和销售量，为服装企业的互联网拓展提供解决方案。爆品的基础是过硬的品质，针对爆品总结卖点，持续产生优质内容，通过明星、

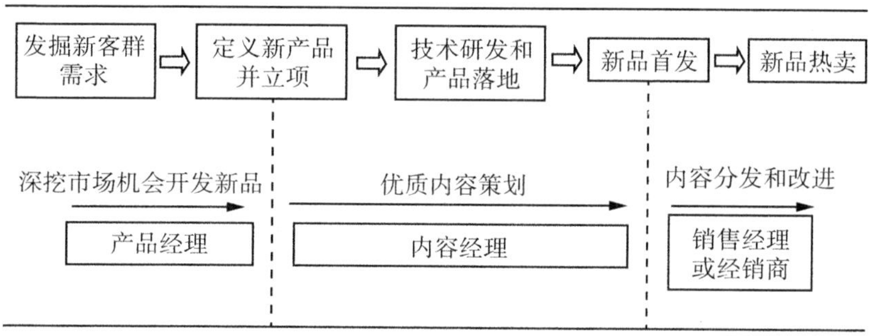

图 7-4　爆款打造流程

网红、大 V、素人笔记或者消费者的评论不断制造热点，吸引潜在用户的关注和参与；针对消费者的反馈对爆款进行升级迭代，打造经典产品形象，契合消费者的实际需求和情感需要；结合专属福利和促销活动进一步延长消费者的购买热情，使爆品的相关信息长时间出现在公众视野，进一步强化其受欢迎度和大众接受度。

（2）精准营销策略

在打造网红爆品的基础上，借助大数据分析手段，寻找与服装品牌调性相符的社交媒体平台，将优质的产品内容精准直达目标受众，逐渐形成粉丝圈层，持续打造网络口碑效应。开展社交电商能促进服装电商渠道下沉，实现精准营销和全网营销。充分利用社交媒体的用户高聚集性、高圈层性、高活跃度的优势，运用多种形式开展精准营销。

第一，基于内容的精准营销。以消费者为中心，销售商创作的内容通过社交媒体传播，从而精准触发消费者体验和购买并最终实现销售目标。由于传播的内容是基于消费者兴趣进行创作、分享和扩散，使得更多的潜在客户有机会看到相关内容，并在反复接收信息的过程中被影响和种草。基于内容的精准营销已在美妆、小家电、零食等多类产品上实践，只要内容足够精良，其效果已被市场反复验证过。和服装有关的内容包括：流行预测、穿衣搭配（身材搭配、场景搭配、颜色搭配、明星穿搭）、素人示范、穿衣陷阱、品牌折扣、服装黑科技等。具体的内容形式需要结合时下最热门的话题进行加工和植入，比如综艺节目《乘风破浪的姐姐》获得超高女性关注度的时候，在微淘、微博、微信公众号等社交平台推送“职场这样穿，我们也能乘风破浪”的内容引发粉丝热议和效仿；在新冠疫情期间切合受众需求提出“宅在家，舒适的家居服真的很重要”。优质的内容还可以挖掘服装电商沉淀的客户信息，发现消费者最关心的问题，推送如“5 件单品打造一个高利用率的夏季衣橱”“夏天到了！试试这 4 个能一键复制的法式穿搭”。这些内容正好是目标群体感兴趣的话题，对消费者而言有价值，因此他们很容易在舒适主动的参与过程中潜移默化地接受商家传递的信息。

第二，基于网红直播的精准营销。把服装企业的创始人或专职主播塑造成网红，或者选取淘宝、抖音、快手、小红书、蘑菇街等平台上成熟的网红，为服装品牌代言，通过短视频或直播的方式向粉丝群体推荐商品，从而完成商品销售，提升电商流量转化。粉丝运营、IP 打造和优质创意视频内容都会影响转化效率。选取那些从事服装配饰、美妆等相关品类带货的垂直型网红，他们已经形成了明晰的定位，拥有一定规模且需求细分的受众群体，粉丝对网红信任度高，网红的号召力强。网红与粉丝的直播互动直观、生动、即时，可以极大提升购物体验，使消费者易于融入购物场景。只要服装品牌的受众与网红的粉丝相重叠，则精准营销的效果十分突出。服装企业自己塑造网红代言人，虽然投入的精力和时间更多，但一旦形成粉丝聚合效应，网红直播模式带来的收益是稳定而持续的。网红直播所产生的粉丝经济，归根结底是依赖 IP 打造和优质创意视频内容吸引具有相同兴趣和需求的消费者，形成粉丝圈层，从而高效精准地达成营销目的。

第三，基于拼团的精准营销。通过特色、低价商品吸引社交流量参与拼团、砍价消费。拼多多是拼团型社交电商的典型代表，它把追求高性价比的消费者通过拼团形式聚集到一起，利用社交流量传播产品信息，实现拉新，用户留存效率高。拼团通过消费者主动扩散的方式，有助于渠道下沉，将更多三、四线城市的目标客户吸引到社交电商平台上。服装企业也能发挥拼团的能动作用，通过利益驱动的方式调动消费者带货的积极性，帮助服装企业精准地筛选顾客并促进渠道下沉，实现目标客户群体的快速积累。另外，服装企业再选择拼团单品的时候，除了选择单价较低商品，还可以把往年的旧款拿出来低价销售，这样有助于清理库存，一举两得。

第四，基于社区团购的精准营销。围绕线下生活社区，以社群为主要交易场景，以熟人社交关系为纽带，融合拼团和会员分销的新零售模式，平台团长直接触达社区用户。最常见的是微信群团购，这种在新冠疫情期间作用尤其显著。完美日记也把微信私域流量管理纳入战略级别，精准定位社区流量，依靠微信生态巨大的流量红利，获客成本极低。因此，基于社区团购的精准营销值得关注。在移动互联网时代，服装企业借助智能终端设备，和消费者通过微信群、公众号、小程序建立紧密的联系，把上新的各种流行单品推送给社区成员，并提供社区团购福利吸引用户复购，持续输出品牌价值，留住目标用户。

(3)品牌营销策略

一个电商企业要想持续地发展壮大，享受品牌红利，仅凭单一渠道远远不够，还需要整合线上网络零售渠道和社交媒体渠道，并实现线上线下相融合，打造供应链，塑造品牌形象，实现品牌价值。

第一，打造供应链。社交电商注重人和社群的聚集，但目前商品供应链尚未完善，核心能力有待提高。服装行业的供应链指的是服装从原材料到消费者手中的整个链条关系，主要包括原材料采购、产品设计、生产和销售等环节。供应链管理是品牌营销的基础，供应链不完善成为了制约网络服装企业品牌赋能的重要因素。一般而言，当服装企业的销售规模增长到一定程度时，都会着手上游供应链的管理及整合，否则将长期面临同质化严重、质量无法保证、库存和成本等问题。为了保证商品品质，网络服装企业会逐渐增强对上游供应链中原材料、设计、生产等环节的把控，比如海外直采优质的面料，选择贴牌加工或原创设计，甚至拥有自己的工厂和熟练工人，从而快速响应市场需求。

第二，实现 C2M。设计是服装企业的核心，设计的水准直接决定了品牌的价值。社交网络集合了呈现移动化、社交化、碎片化特征的流量，企业更能够近距离地接触到目标群体，收集消费者的意见或建议，甚至使消费者参与到设计、生产环节成为可能。消费者在购买商品的同时，产生情感的心理需求，认同感和归属感驱使他们中的一些人愿意建言献策，深度分享产品偏好或设计理念。社交电商具有天然的让消费者决定商品的基因，即 C2M(customer to manufacturer)。现阶段，虽然有一些企业正在积极地尝试，但 C2M 仍处于探索阶段，尚未实现消费者全面深入到生产制造环节，实现个性化的大规模定制。但是，社交电商模式提供了这种可能性。消费者越深入参与到设计和生产环节，对服装品牌的认同感会越强。

第三，线上线下相融合。网络服装品牌的价值增值过程，除了整合线上的网络零售渠道和社交媒体渠道外，更需要融合线上和线下资源。首先，线上和线下相互引流，从而扩大受众群体。注意力经济时代，注意力是稀缺资源，通过更多的渠道协同引流，带来更多的口碑。打造良好的口碑能够增强企业无形资产，进一步巩固品牌价值。其次，线下实体店或体验店的“展厅”有助于强化服装品牌形象。服装企业成长到一定规模时，无论是客户需求还是企业生态，都需要通过开设实体店来实现。实体店是展现品牌形象、提供体验环境，以及整合企业资源的重要载体。最后，“O2O”适应移动互联网时代的不同消费场景，增加品牌价值。消费者的渠道迁徙行为成为常态，线上线下消费场景的频繁切换和无缝连接是市场赋予品牌的新使命。融合线上线下资源，是开展品牌营销的基本前提。

社交电商模式中，服装企业的规模扩张、综合实力增强，往往伴随着渠道的打通、资源的共享，如何实现全渠道营销成为当今零售企业共同的话题。

7.4 全渠道营销实践

科学技术是推动零售业发展的根本动力，物联网、大数据、人工智能等网络技术和信息技术的发展使消费者全渠道购买成为可能。近年来，社交化、本地化和移动化(简称 SOLOMO)商业模式受到青睐，消费者渠道迁徙行为十分普遍，全渠道购物群体已经形成。消费者在购买过程中，先选择渠道再选择品牌成为常态。全渠道营销是零售企业战略决策的关键问题，也是学术界研究的重要课题。

零售渠道发展变革经历了一个很长的时期，不同阶段的特征有所不同。2013 年，法国零售专家 Burdin 把零售渠道的发展划分为四个阶段。第一阶段，单渠道：砖头加水泥（brick and mortar)，主要是传统的实体商店渠道。第二阶段，多渠道：鼠标加水泥(click and mortar)，主要是出现了线上网店渠道。第三阶段，跨渠道：砖头加鼠标加移动(brick，click and mobile)，线下实体店铺与线上网店开始出现融合，实体店为主，网店为辅。第四阶段，全渠道：鼠标加砖头加移动(click，brick and mobile)，实体店地位弱化，移动网店地位上升。① 在社交电商、O2O 营销快速发展的基础上，全渠道营销已成为业界未来的发展趋势。

7.4.1 全渠道营销

(1) 全渠道

2009 年美国专家最早提出了全渠道零售(omni-channel retailing)的概念。最有影响力的是 2011 年美国贝恩咨询公司研究

① Burdin T. Omni-channel retailing：The brick，ick and mobile revolution [J]. IDC Retail Insights report，2017，53(1)：12-15.

员 Rigy 在《哈佛商业评论》发表的文章“The Future of Shopping”(《购物的未来》)，首次释义了全渠道零售(Omni-channel retailing)。① 从牛津英语字典查阅“omni”，该词可翻译为“全”或“多”。“The Future of Shopping”译者将“omni”译为“全”，可能是为了与“Multi-channel retailing”相区别。Rigy 认为，全渠道模式下零售商将通过多种渠道与顾客互动，具体包括网站、实体店、服务终端、社交媒体、移动设备等。② 李飞提出全渠道中的渠道类型包括有形店铺和无形店铺，以及信息媒体(网站、呼叫中心、社交媒体、E-mail、微博、微信等)。③

(2)全渠道营销

2014 年，中国学者率先提出了全渠道营销的概念及框架，这在世界全渠道零售理论研究中也是处于前列的。全渠道营销，是指个人或组织为了实现相关利益者利益，在全部渠道范围内实施渠道选择的决策，然后根据细分目标顾客对渠道类型的不同偏好，实行不同或相同的营销定位，以及匹配的产品、价格、渠道和信息等营销要素的组合策略。④

全渠道营销和全渠道零售两个概念的内涵和外延不同，同时又有密切的相关性。营销包含销售的内容，即：销售是营销的一部分，因此全渠道营销包含着全渠道销售的内容。全渠道零售，是指个人或组织为了卖出产品或服务，以及提高分销效率，尽可能多地实施线上和(或)线下的多渠道组合和整合行为，涉及的主要营销组合要素为渠道、价格和信息等，体现的是售卖行为。在全渠道零售策略中，不包括目标客户选择和营销定位、产品策略等。全渠道

① Rigby D. The future of shopping[J]. Harvard Business Review, 2011, 89(12): 4-75.

② 康海燕. 全渠道零售文献综述[J]. 商业经济研究, 2020(4): 24-27.

③ 李飞. 全渠道零售的含义、成因及对策——再论迎接中国多渠道零售革命风暴[J]. 北京工商大学学报(社会科学版), 2013(2): 5-15.

④ 李飞. 全渠道营销理论——三论迎接中国多渠道零售革命风暴[J]. 北京工商大学学报(社会科学版), 2014, 29(3): 1-12.

营销与全渠道销售概念的最大不同在于，它增加了选择目标顾客、设定渠道数量和结构，并根据渠道偏好对目标顾客进行细分、进行营销定位，以及匹配相关产品策略等内容。

全渠道营销与O2O营销存在一定的共同点，但差异性也十分明显，主要表现在：全渠道营销中的“全渠道”是指组织和个人在进行营销规划时，把所有渠道类型作为备选对象，而最终选择的结果可能是线上和线下渠道的融合，也可能都是线上渠道，也可能都是线下渠道，其宗旨是在适合的基础上融合尽可能多的渠道类型（一般不会是所有渠道）。O2O强调的不是选用尽可能多的渠道类型，而是更加关注线上和线下两种渠道类型的融合。①

7.4.2 消费者渠道选择

(1)消费者选择渠道的影响因素

相关研究表明，在以消费者为中心的全渠道阶段，消费者进行渠道选择时更注重社会情境变量、消费者的个人因素、购物体验、企业的营销努力、零售商的竞争对手、综合因素等。② 概括而言，消费者全渠道零售的影响因素包括产品因素、个体因素、渠道因素、零售商策略和外部环境等。③

(2)消费者渠道迁徙行为

在全渠道购物阶段，消费者搜索信息和购买商品的渠道多样，为了追求自身效用最大化，消费者的渠道迁徙行为逐渐增多。涂红伟等认为，消费者渠道迁徙是指消费者从在线(离线)渠道向离线

---

① 李飞．全渠道客户旅程体验图——基于用户画像、客户体验图和客户旅程图的整合研究[J]．技术经济，2019(5)：46-56.

② 康海燕．全渠道零售文献综述[J]．商业经济研究，2020(4)：24-27.

③ 廖颖川，吕庆华．消费者全渠道零售选择行为研究综述与展望[J]．中国流通经济，2019(8)：118-128.

(在线)渠道的转移过程。① 消费者的迁徙路线除了在线上和线下渠道之间变换外，还会在在线的不同渠道之间以及线下的不同渠道之间迁徙。比如，消费者在淘宝购买服饰，除了在店铺浏览商品信息、关注商家微淘，同时也会关注商家的微博、抖音号、微信公众号(微店)，接收商家邮件和(或)短信提醒，从而获取最新的商品及促销信息，制定最佳的购买方案。全渠道模式下，展厅现象引起了学者们的关注。“展厅现象”即消费者到线下实体店实际体验产品和服务，同时通过手机端搜索关于产品价格和质量的信息，最后通过比较线上线下相同产品的差异决定其购买途径。Bell(2018)通过实证研究发现展厅可以增加消费者对于产品和服务的总体需求。

7.4.3 全渠道客户旅程体验图

全渠道零售是零售商协调多种零售渠道的优势，带给顾客卓越的无缝式消费体验的一种战略或策略。② 全渠道客户旅程体验图是在客户旅程体验图的基本结构中融入了“全渠道”的特征。其中，客户旅程体验图由客户画像、客户体验图和客户旅程图综合产生，三种可视化客户体验工具具有互补关系和继起关系。“全渠道”这个特征主要体现在四个方面：一是客户画像是单渠道客户(网络零售平台客户)、全渠道客户(网络零售平台客户、社交媒体平台客户、移动端客户以及线下客户等)的画像；二是客户旅程的各个阶段和步骤可能选择单渠道，也可能选择全渠道；三是企业旅程的各个阶段和步骤可能选择单渠道，也可能选择全渠道；四是客户体验的接触点，就是客户旅程和企业旅程交互的点，这个点同样可能选择单渠道，也可能选择全渠道。

继续以某服装企业的网络店铺为研究对象，分析其全渠道客户

① 涂红伟，周星．消费者渠道迁徙行为研究评介与展望[J]．外国经济与管理，2011，33(6)：42-49.

② Levy M，Weitz B，Grewal D. Retailing Management [M]. New York：McGraw-Hill Education Publishing，2013.

旅程体验图，如图 7-6 所示。借助全渠道客户旅程体验图，企业希望深入剖析目标客户群体的习惯和偏好，从而应对品牌销售增长明显放缓、客户开始流失的问题。研究的目标是通过分析目标客户的体验现状，发现痛点，并针对症结提出改进策略。

该服装企业客户群体的基本信息：女性，主要集中在 30~45 岁，已婚居多，大专及以上学历为主，一线和二线城市，小资，具有一定经济基础，职场女性或全职太太。该客户群体的行为信息：热爱生活，追求高品质的生活体验，对服装的质量有要求，愿意并且能够为此支付较高的成本，热销商品单价主要集中在 100~500 元以及 1000~2000 元；喜欢打扮，时尚潮流，穿着场景多样化，但以职场和家居风格为主体；高素质群体，忠诚度高，客单价较高，关注物流速度，退货率中等偏下；愿意分享和互动，喜欢刷微博和抖音，经常参加店铺活动，重视性价比，大额优惠券和专属福利能对其产生一定激励作用。

全渠道客户旅程体验图呈现了客户画像、客户旅程、客户体验、企业旅程和核心机会点等信息，可视化、逻辑化和简洁化地展现了全过程的客户体验。在客户购物的主动搜索、同类比较、产生兴趣、促成行动和秀出宝贝的五个阶段，客户和企业分别经历了一系列的行动步骤，二者之间也出现了多个接触点。当企业提供的产品和服务与客户的期望一致时，则客户感到满意，产生愉悦的体验；当企业提供的产品和服务超过客户的期望时，则客户感到非常满意，产生十分美妙的体验；当企业提供的产品和服务低于客户的期望时，则客户感到不满意，产生糟糕的体验。客户体验至少分为感官体验和情感体验，前者与产品紧密相关，后者与服务密不可分，其满意度在图中以表情图标表示：将满意度分为好、中、差三个级别，不同的表情图标代表不同级别的满意度，表情图标的大小代表不同级别满意度的强弱程度，其中，图标越大，程度越强。如图 7-5 所示，客户在购物时一般经历了从听说到跨平台分享 16 个步骤，企业也调用内外部资源进行响应。从消费者行为角度来看，客户在听说、搜索、询问、跨平台比较、产生好感、形成意向、等待和跨平台分享 8 个步骤中不满足于单一的网络零售平台，期望通

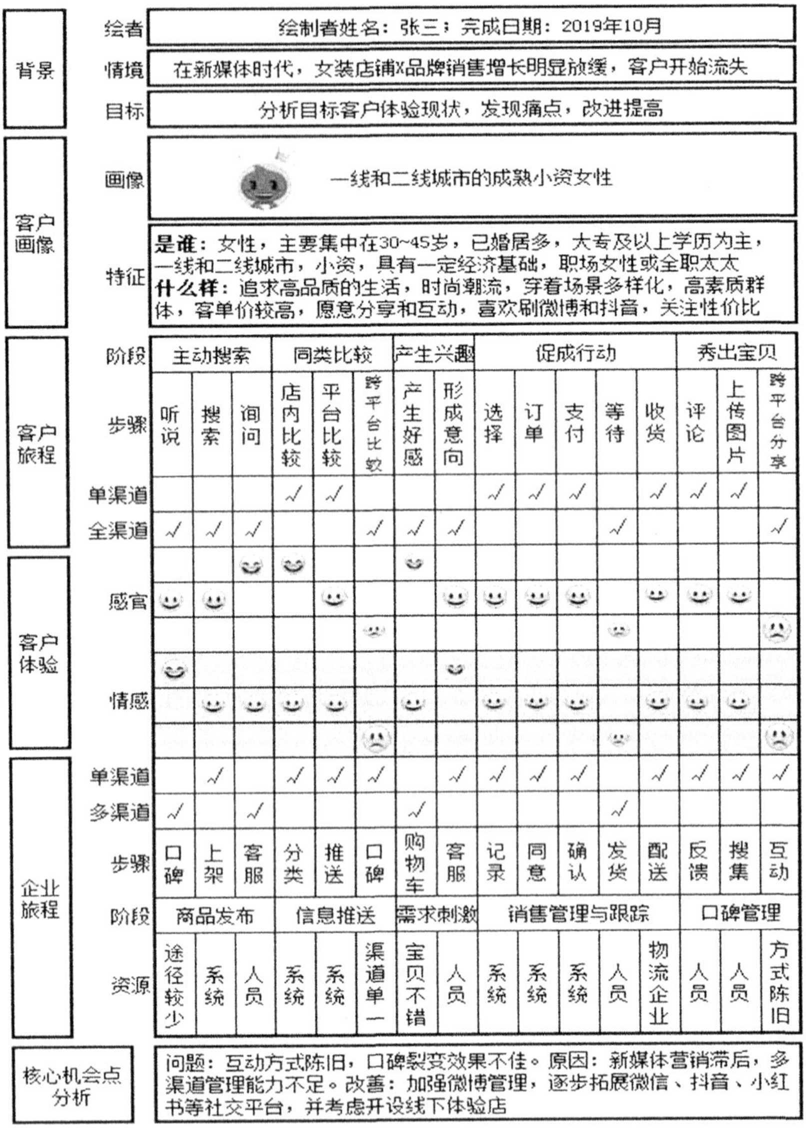

图 7-5　网络女装店铺全渠道客户体验旅程图

过全渠道获取产品和服务，而该服装企业仅能在其中的 4 个环节通过口碑、客服、购物车和发货等步骤实现，另外 4 个环节则存在明显不足，与消费者的行为习惯有一定差距。因此，客户在跨平台比较和跨平台分享时已表现出明显的不满意。另外，客户也反映部分商品发货慢，特定情境的服装款式不足等。服装企业需要密切关注接触点，优化产品和服务设计。通过分析，该企业很快聚焦了问题，主要是互动方式陈旧、口碑裂变效果不佳。应对策略是加强微博管理，逐步拓展微信、抖音、小红书等社交平台，并考虑开设线下体验店。

7.4.4 服装企业全渠道营销策略

全渠道营销不仅涵盖全渠道销售，还包括全渠道的产品设计和生产、全渠道的服务、全渠道的定价、全渠道的店铺位置和环境以及全渠道的传播或沟通。① 全渠道营销与全渠道销售概念的最大不同在于，它增加了选择目标顾客、设定渠道数量和结构，并根据渠道偏好对目标顾客进行细分和营销定位，以及匹配相关产品策略等内容。因此，全渠道营销是一个系统工程，迫切需要服装企业在全渠道客户旅程体验图的基础上，制定切实可行的方案。

(1)定位服装品牌，精准选择目标客群

通过网络市场细分，能够发现市场机会，比如目前的网络零售市场中，存在着大量的女装店铺，虽然它们的经营模式不同、服饰风格各异，但是中低档品牌相对密集，产品同质化严重，竞争激烈。通过网络市场细分发现，中高端女装品牌市场相对空缺。新兴的女装品牌如果把产品定位在高端品质，则有一定的市场机会。另外，既有的网络服装品牌已经形成了一定的品牌调性，拥有一批稳定的顾客群体，需要继续寻找自有品牌与其他品牌的差异，在市场定位时突出品牌的个性化特点和优势。本章所研究的女装企业将品牌定位为高端日系品质女装，目标客群为一线和二线城市的成熟小

① 李飞．全渠道营销理论——三论迎接中国多渠道零售革命风暴[J]．北京工商大学学报(社会科学版)，2014，29(3)：1-12.

资女性，该店铺最大的优势是通过高品质的日系面料、时尚款式以及高性价比俘获了大量对品质有较高要求的女性消费者。在确定了品牌定位和目标客群后，关键的问题是如何与目标顾客建立精准联系，如何创造渠道的接触点。

(2)调动渠道资源，全面提升顾客体验

全渠道营销的宗旨是在适合的基础上融合尽可能多的渠道类型。渠道是企业与目标客群接触的桥梁，渠道的类型和数量由消费者的需求和行为习惯决定。服装企业需要在全部渠道范围内实施渠道选择的决策，然后根据细分目标顾客对渠道类型的不同偏好，实行不同或相同的营销定位。

首先，网络服装企业选择成熟的公共或自有网络零售平台面向消费者群体，现有的第三方网络零售平台有天猫、淘宝、唯品会、京东商城、当当网、拼多多、美丽说等；社交媒体平台是现阶段热门的渠道选择，比如微博、微信、抖音、快手、小红书等；线下渠道主要表现为体验店、会员店等实体店，以及物流企业等。

其次，根据服装顾客的消费习惯，进一步确定选择渠道的类型和数量。在购买前主动搜索阶段，消费者会通过亲戚朋友、消费评论、社交网站等多种途径获取商品信息，并使用移动智能设备随时随地发起检索，主动借助强纽带或弱纽带进行询问。第一阶段至少需要网络零售渠道和社交媒体渠道。经过信息搜索和阅读，消费者会把兴趣范围缩小，聚焦在具体的款式或类别上，于是进入同类比较阶段。消费者此时有了相对明确的意向，会把信息获取的范围扩大，除了在企业店铺中比较商品外，还会在第三方平台甚至多渠道中广泛比较同类商品，不少消费者产生了线下实体店体验商品的需求。第二阶段需要网络零售渠道、社交媒体渠道和线下渠道等全渠道。经过充分比较后，如果有商品能成功吸引到消费者并使之产生好感，则商品购买意向基本形成。第三阶段一般需要线上网络零售渠道和线下渠道。当消费者认同商品卖点，则进入实质行动阶段，选择商品、下订单、支付、等待发货、确认收货，消费者期望在最短的时间内获得与自己预期相符的商品。第四阶段也需要线上网络零售渠道和线下渠道。当商品送达消费者手中，且消费者感到满意，则会主动或被动产生分享的需要。第五阶段需要网络零售渠道和社交媒体渠道。

最后，从接触点入手，选择合适的各类渠道，尽可能提高客户体验。比如案例中的服装企业，其消费者在同类比较和秀出宝贝阶段表达出明显的对社交媒体渠道的诉求，以及增设线下渠道的建议，那么，服装企业当务之急就是加强已有微博账号的内容管理，并逐步拓展到微信、抖音、小红书等社交平台。并考虑在企业资源允许的情况下，尽快开设线下体验店。不同的渠道互相配合，面向目标客群中的不同细分市场，从而巩固阵地。再比如，该服装企业的消费者虽然是中高收入群体，但也关注性价比，店铺热销商品单价主要集中在 100~500 元以及 1000~2000 元；消费者主要集中在一线和二线城市。那么增设抖音、小红书等渠道有助于渠道下沉，拉进与 100~500 元消费档次以及二线城市的消费者的距离，甚至进一步扩展到三、四线城市的目标受众；在北上广深等城市增设体验店能进一步巩固 1000~2000 元消费档次以及一线城市的消费者；增设的微信和京东商城对于扩大目标受众群体有很大帮助。针对接触点进行渠道选择和服务设计，制定不同的营销计划，有助于全面提升顾客体验。

(3) 打通线上线下，整合网店与实体店

全渠道营销，就是运用有效的手段，把信息流、资金流、物流高效组合，尽可能接触消费者。打通线上线下资源，整合网店与实体店等渠道，是目前实现三流高效组合的实现途径之一。网络服装品牌将影响力从线上向线下辐射，可以借助体验店或会员店。

第一种实体店模式，线下渠道负责信息流，网络零售平台负责资金流和物流。这种模式被称为“体验店”。通过开设体验店，一方面提供老顾客试穿体验、同类比较的场所；另一方面吸引线下新顾客的关注，为线上引流。因为线上、线下的成本结构不同，线下销售的成本一般比线上高很多，所以体验店的主要功能是展示商品、提升品牌形象，以及创造美好的消费体验。第二种实体店模式，公共或自有网络零售平台主要负责信息流、资金流，功能是获取更多的顾客并提供便捷的支付途径，而线下的直营店、加盟店负责物流，并因此获取合理利润，这种模式被称为“会员店”。比如优衣库就是会员店模式，它不仅实现线上线下价格统一，而且支持天猫下单、线下取货。这样不仅避免了排队，大幅提升了效率，而且可以增加线上网店的销量，从而吸引更多的消费者。体验店是从线下获得客户，反哺线上；会员店是从线上获得客户，反哺线下。

在服装企业粗具规模时，可以考虑先增设线下体验店，尝试打通线上和线下的渠道，整合资源。随着综合实力和品牌价值不断增强，再逐步开设会员店。不同的时期目标不同，营销的方式方法也有所变化。体验店阶段主要以吸引注意力、增加消费者体验、塑造品牌形象为主；而会员店阶段，则是系统化运营，合理分配利润，帮助消费者实现无缝连接的优质体验。

(4)借助科技力量，力求实现智能零售

近年来，阿里巴巴、苏宁、京东等中国巨型零售企业先后提出了“新零售”“智慧零售”“无界零售”等概念，这些概念都隐含着全渠道零售的内容。① 借助科技的力量，实现智能零售，开展全渠道营销，其最终目的是提升用户体验和消费者满意度，从而实现企业目标。智能零售应是商业智能闭环，具有数据动态化、场景系统化、逻辑算法化和交付服务化等特征。特斯拉是一个典型的智能企业，它的无人驾驶新能源汽车、SpaceX、脑机芯片等项目均已或即将实现“四化”。亚马逊的无人超市 Amazon Go 也有黑科技加持，通过线上线下整合提供智能服务，让消费者便捷、准确地购买到心仪的商品。对于服装企业而言，可以跟踪消费者的行为轨迹，收集消费者在不同渠道的信息数据，实现数据动态化；设定目标，比如让消费者感受沉浸式的服装消费体验，接着在线上和线下创造不同的体验场景，如线上设置智能 3D 试衣间，运用虚拟现实(AR)或

① 李飞，李达军，孙亚程．全渠道零售理论研究的发展进程[J]．北京工商大学学报(社会科学版)，2018，33(5)：33-40.

增强现实(VR)技术模拟现实试衣场景，既有趣又有用，另外在线下设置体验店，真实可接触的店员服务加上协同系统提供极致的消费体验，实现场景系统化；消费者是否能感受到沉浸式的服装消费体验，消费者能否在购物过程中感到极大的舒适度，需要让算法来保障，实现商业逻辑算法化；最后消费者购买商品，享受服务，评价体验，无需懂得服装企业内在的智能系统和商业逻辑，即实现交付服务化。

7.5 本章小结

本章基于网络消费者评论挖掘的结论以及案例分析方法完成了跨平台的网络营销实践，其中体验营销是基础，社交电商营销是主要体现，全渠道营销是趋势。以特定的服装网络店铺为研究对象，运用三种可视化客户体验工具(客户画像、客户体验图和客户旅程图)进行分析，客观化、简洁化和逻辑化地展示了研究结果，进而针对性地提出服装企业体验营销策略。通过典型案例分析和对比研究，总结了开展社交电商的营销三部曲：打造爆款、精准营销、品牌提升，并提出了服装企业社交电商营销策略。以全渠道客户旅程体验图为实践基础，总结了服装企业全渠道营销策略。

本书基于网络零售平台和社交媒体平台的在线评论对网络消费者满意度影响因素和网络营销策略进行研究，有助于服装 B2C 电子商务企业从不同的视角全面认识消费者满意度的影响因素，从不同的场景分析消费者行为和体验，为服装 B2C 电子商务企业的科学经营决策提供指导；有助于相关学者全面系统地研究消费者满意度和消费体验，为相同领域研究者提供研究方法和理论参考。

8 总结与展望

以交互为主要特征的 Web2.0 时代的来临，催生了海量的在线评论。人们在网络购物后习惯并乐于分享自己的感受、经验、技巧和评价等内容。研究表明，很多消费者在网络购物前通常会阅读其他消费者的评论以辅助决策。移动技术的迅猛发展进一步为网络交流提供了便利。多屏多平台、线上线下相结合的在线评论发布特点已经显现。消费者在线上或线下购物时，都能使用台式机、智能手机、平板电脑等终端实时地发布信息，用户生成内容遍布网络零售平台、独立第三方评价平台和社交媒体平台等类型的网络平台。淘宝/天猫网、京东商城、拼多多、大众点评网、新浪微博、微信等众多国内的网站和应用拥有大量活跃用户。如何发挥注意力的经济效益成为实践界和理论界共同的课题。目前，建立多平台联动机制成为一个有效途径。社交电商将网络零售功能和社交媒体技术巧妙结合，有助于促进销售和提升满意度水平。网红经济进一步引发在此方面的热议。

因此，如何挖掘跨平台在线评论中潜藏的有价值的信息，对于企业了解实际需求、提供精准服务、增强客户参与、提升消费者满意度、培养消费者忠诚度，以及为消费者提供购买决策具有十分重要的现实意义。目前，文本挖掘和图像匹配等技术已经积累了丰富的成果，但运用技术增强手段对复杂任务的探讨尚属起步阶段。以往对消费者满意度的研究已经奠定了坚实的理论基础，但是面对网络消费新环境，从消费体验和社会支持的角度系统分析网络消费者满意度的影响因素仍然契合时代的新需求。本书基于跨平台在线评论对网络消费者满意度的影响因素进行了详细的探讨。

8.1 研究总结

本书以服装 B2C 电商企业在网络零售平台和社交媒体平台上的在线评论为研究对象，以图像匹配、特征抽取、情感计算和计量分析为主要技术手段，以消费体验理论和社会支持理论为基础，构建了网络消费者满意度影响因素模型，对不同类型平台的网络消费者满意度影响因素进行了对比分析。本书的主要研究内容包括以下七个方面。

(1)基于结构方程模型构建了网络消费者满意度影响因素概念模型。基于消费体验理论和社会支持理论，提出网络消费者满意度的五个维度(产品体验、服务体验、价值体验、交互体验和社会支持)，构建了网络消费者满意度影响因素概念模型；通过网络问卷调查，面向服装网络消费者获取数据，并利用结构方程模型进行实证分析。研究表明：感知便利、感官体验、质量体验、社会关系、感知价值、推荐和信任对网络消费者满意度具有正向影响，消费者满意度作为中介变量对消费者忠诚度和购买意向具有正向影响。网络消费者满意度影响因素概念模型的构建，为后续的基于海量在线评论文本数据的研究提供了参考和依据。

(2)基于图像匹配技术实现了跨平台在线评论的关联。本书选取淘宝网 10 个深受用户喜爱的金冠级别的女装店铺，分别采集了它们在淘宝网及新浪官方微博的在线评论信息，两类平台的在线评论通过商品图片形成潜在联系。通过图像匹配技术实现了网络零售平台和社交媒体平台在线评论的关联。跨平台在线评论关联为后续的特征词典建立、网络消费者满意度影响因素分析以及对比研究奠定了基础。

(3)基于 LDA 模型抽取了不同类型平台的在线评论特征并构建了服装特征词典。根据本书提出的特征抽取的具体研究思路完成了以下工作：基于 LDA 模型分别对网络零售平台和社交媒体平台的在线评论进行特征抽取，并进行对比分析，发现评论特征主要包括产品特征和交互特征两大类，从而确定服装在线评论的特征构成框架，共分为类别、特征、子特征和特征项四级指标体系，并人工对各特征项的特征词进行筛选；基于同义词词林对特征词进行特征的归并和特征词的拓展，并完成遗漏词增补，分别确定了网络零售平台和社交媒体平台的特征词表；整合两个特征词表，构建了跨平台在线评论服装特征词典。特征词典兼顾考虑了服装产品在不同类型平台上的在线评论，融合了产品特征和交互特征，为细粒度情感分析的科学有效性提供了保障。

(4)基于情感分析方法完成了不同类型平台的在线评论特征的情感极性和强度计算。通过对在线评论进行情感分析，计算评论特征的情感值，从而将自然语言文本从非结构化数据转化为结构化数据。基于句法依存关系的情感计算主要由情感词典建立、“特征-观点对”抽取、情感极性和强度计算三个主要环节构成。基于中国知网 HowNet 情感词典，结合在线评论中提取的形容词、动词和副词，构建了通用情感词典，并针对服装领域加入了具有情感特性的先验知识，以提升情感分类效果，构建了领域情感词典；在跨平台在线评论特征词典和情感词典的基础上，采用依存句法分析方法抽取了“特征-观点对”；明确情感词的权值，通过情感极性和强度计算得到了各特征的情感值，实现了细粒度情感分析。情感计算为网络消费者满意度影响因素的实证研究创造了条件。

(5)基于计量分析方法构建了网络消费者满意度影响因素模型。运用多元线性回归方法，分别分析了网络零售平台和社交媒体平台的网络消费者满意度影响因素。以服装特征词典的 22 个特征项的情感值为自变量，以网络消费者满意度的代表性指标为因变量，采用逐步回归法分析了网络消费者满意度的影响因素，分别构建了两类平台的网络消费者满意度影响因素模型。

(6)基于对比研究发现了不同类型平台的网络消费者满意度影响因素的异同并分析了原因。两类平台的差异性表现在：第一，质量体验(质量、面料)、感知价值(价值)、感知便利是影响网络零售平台消费者满意度的主要因素；而功能体验(款式)、社会化促销、信任是影响社交媒体平台消费者满意度的主要因素。第二，功能体验(颜色、款式)、社会化促销不是影响网络零售平台消费者满意度的显著因素；而感知便利、感知响应和推荐不是影响社交媒体平台消费者满意度的显著因素。两类平台的相似性表现在：第一，感官体验(如穿着效果、搭配)和社会关系(如朋友)对两类平台的消费者满意度均产生显著影响。第二，“信息交互”对两类平台的消费者满意度均不产生显著影响。并从网络消费行为的特点、不同类型平台的特点和B2C电子商务企业经营的特点三个方面分析了差异性的原因。基于研究结论提出了对策和建议，分别为：构建社交电商全过程购物体验；针对不同类型平台的消费者满意度开展差异化营销；推动网红模式由单向主导向双级共生发展；建立多平台联动机制。

(7)基于案例分析方法完成了跨平台的网络营销实践。在网络消费者评论挖掘的结论的基础上，运用案例分析方法完成了跨平台的网络营销实践，其中体验营销是基础，社交电商营销是主要体现，全渠道营销是趋势。以特定的服装网络店铺为研究对象，运用三种可视化客户体验工具(客户画像、客户体验图和客户旅程图)进行分析，客观化、简洁化和逻辑化地展示了研究结果，进而针对性地提出服装企业体验营销策略。通过典型案例分析和对比研究，总结了开展社交电商的营销三部曲：打造爆款、精准营销、品牌提升，并提出了服装企业社交电商营销策略。以全渠道客户旅程体验图为实践基础，总结了服装企业全渠道营销策略。

基于网络零售平台和社交媒体平台的在线评论对网络消费者满意度影响因素和网络营销策略进行研究，有助于服装B2C电子商务企业从不同的视角全面认识消费者满意度的影响因素，从不同的场景分析消费者的行为和体验，为服装B2C电子商务企业的科学经营决策提供指导；有助于相关学者全面系统地研究消费者满意度和消费体验，为相同领域研究者提供研究方法和理论参考。

8.2 研究不足

本书基于消费体验理论和社会支持理论，针对跨平台在线评论从产品特征和交互特征两方面分析了网络消费者满意度影响因素，构建了满意度影响因素模型。本研究具有一定的理论和实践价值。但在数据处理和构建模型的过程中，本书还存在以下三点不足，并期望在后续的研究中进行改进和完善。

(1)在评论数据获取时没有考虑独立第三方评价平台。发布在线评论的网络平台可以分为三大类：网络零售平台、独立第三方评价平台和社交媒体平台。本书只考虑了网络零售平台和社交媒体平台的评论数据，没有将独立第三方评价平台的在线评论纳入研究范围。并且，只对网络零售平台和社交媒体平台的典型代表网站进行了研究，缺乏对同类型平台中不同网站的研究。另外，只验证了服装网络消费者的体验对满意度的影响，能否将本书的研究结论推广到其他类的产品还需进一步的检验。

(2)在特征抽取环节没有考虑隐性特征抽取。在抽取显性特征的同时，实现隐性特征的抽取，能够进一步提高特征抽取的效率。

(3)网络消费者满意度的量化指标存在一定局限性。网络消费者满意度是一个相对抽象的概念，选择什么指标来代替网络消费者满意度是一个重要问题。本书选择销量、评价评级、转发数、评论数和点赞数共计 5 个指标来进行综合测评，能在一定程度上实现研究目标，但仍存在局限性。

8.3 研究展望

研究表明，更高的消费者满意度能转化为更好的未来利润、重复购买和积极的口碑。目前，面向多平台大规模评论语料进行网络消费者满意度影响因素分析，成为国内外学者和管理者们关注的热点。未来将从以下 3 个方面继续拓展本书的相关研究。

(1)进一步扩大研究范围，提高研究结论的普适性。将研究对象从网络零售平台和社交媒体平台的在线评论扩展到三大类平台的在线评论；将同一平台中的一个代表性网站扩展到多个网站；将产品类别从服装产品扩展到多类产品，涵盖体验型产品和搜索性产品。

(2)进一步完善研究方法，提升特征抽取的准确性。尝试采用优化的机器学习算法，实现对显性特征和隐性特征的抽取。

(3)进一步拓展研究深度，将研究目标从网络消费者满意度延伸到网络消费者忠诚度和购买意向。未来将基于在线评论对忠诚度和购买意向进行后续研究。